U0886738

中華文化促進會主持編纂

國家"十一五"～"十四五"重點圖書出版規劃項目

中國社會科學院哲學社會科學創新工程學術出版資助項目

出品人　王石　段先念

今注本二十四史

後漢書

二三

志〔三〕

南朝宋 范曄 撰 唐 李賢等 注

卜憲群 周天游 主持校注

中國社會科學出版社

後漢書　志第十七

五行五

射妖　龍蛇孽　馬禍　人痾　人化　死復生　疫　投蜺

《五行傳》曰："皇之不極，是謂不建。[1]厥咎眊，[2]厥罰恒陰，[3]厥極弱。[4]時則有射妖，[5]時則有龍蛇之孽，[6]時則有馬禍，[7]時則有下人伐上之痾，[8]時則有日月亂行，星辰逆行。"[9]皇，君也。極，中也。眊，不明也。説云：此沴天也。不言沴天者，至尊之辭也。《春秋》"王師敗績"，以自敗爲文。

［1］【劉昭注】《尚書大傳》"皇"作"王"。鄭玄曰："王，君也。不名體而言王者，五事象五行，則王極象天也。天變化爲陰爲陽，覆成五行。《經》曰：'曆象日月星辰，敬授民時。'《論語》曰：'爲政以德，譬如北辰。'是則天之道於人政也。孔子説《春秋》曰：'政以不由王出，不得爲政。'則王君出政之號也。極，中也。建，立也。王象天，以情性覆成五事，爲中和之政也。王政不中和，則是不能立其事也。"《古文尚書》："皇極，皇建其有極。"孔安國曰："大中之道，大立其有中，謂行九疇之義。"馬

融對策曰："大中之道，在天爲北辰，在地爲人君。"【今注】案，此乃《洪範五行傳》中新增之《皇極傳》。"皇極"原本是《洪範》九疇之一，並不具有災異學的意味，到漢代則被擡升至五行、五事之上，成爲漢儒所構建的災異理論和宇宙圖式的總樞紐。"皇極"是"天"之象徵，與土爲"地"之象徵對應，又將君王德行（五事）擴展至執中的君道（皇建有極），同時統攝五行、五事無法兼及的日月亂行、星辰逆行等天文異象，完備了漢儒的五行宇宙模式。（參見蘇德昌《〈漢書·五行志〉研究》，臺大出版中心2013年版，第411—412頁）此處"皇之不極"是反向思考，凸顯君王如果不能建立大中之道將對君權帶來危害。

［2］【劉昭注】《尚書大傳》作"瞀"。鄭玄曰："瞀與思心之咎同耳，故傳曰眊（'故'字後中華本據《文獻通考》補'子駿'二字，此爲劉子駿《五行傳》）。眊，亂也。君臣不立，則上下亂矣。"《字林》曰："目少精曰眊（精，大德本作'睛'）。"【今注】字林：字書。晉呂忱著，卷數不明，分五百四十部，收字一萬二千八百二十四，兼具異體字。可補《説文》不足。唐代《字林》《説文》並重，將其納入科舉考試中。《字林》承《説文》啓《玉篇》，在字書發展史上具有重要地位。宋末以後亡佚，輯佚本有清任大椿《字林考逸》八卷、陶方琦《字林考逸補本》一卷。　目少精曰眊：案，《漢書·五行志下之上》引"説"曰："人君貌言視聽思心五事皆失，不得其中，則不能立萬事，失在眊悖，故其咎眊也。""眊"原本不在《洪範》的咎徵體系内，是漢儒新設的一個類目。

［3］【劉昭注】鄭玄曰："王極象天，天陰養萬物，陰氣失，故常陰。"【今注】案，《漢書·五行志下之上》引"説"曰："王者自下承天理物，雲起於山，而彌於天；天氣亂，故其罰常陰也。一曰，上失中，則下强盛而蔽君明也。"

［4］【劉昭注】鄭玄曰："天爲剛德，剛氣失，故於人爲弱。

《易》説亢龍之行曰：‘貴而無位，高而無民，賢人在下位而無輔。’此之謂弱。或云懦，不敬毅也（敬，中華本據今本《尚書大傳》鄭注改作‘毅’）。”【今注】案，《漢書·五行志下之上》引“説”曰：“《易》曰‘亢龍有悔，貴而亡位，高而亡民，賢人在下位而亡輔’，如此，則君有南面之尊，而亡一人之助，故其極弱也。”

［5］【劉昭注】鄭玄曰：“射，王極之度也。射人將發矢，必先於此儀之，發則中於彼矣。君將出政，亦先於朝廷度之，出則應於民心。射，其象也。”【今注】案，《漢書·五行志下之上》引“説”曰：“盛陽動進輕疾。禮，春而大射，以順陽氣。上微弱則下奮動，故有射妖。”又引《洪範五行傳》曰：“射者，兵戎禍亂之象也。”“射妖”無法與五行搭配，也是漢儒的首創，本來是針對行大射禮而衍義出來的。古代在三月行大射之禮，用以調解陽氣之運行，要求心平體正，方是聖王“合射以明禮”的目的，如此纔不會發生“上微弱則下奮動”的怪異。但從《漢書·五行志》所選事例來看，漢儒所設定的“射妖”含義其實十分模糊，最後衹要是與“射”有關的怪異皆可被納入，預示着以下犯上。

［6］【劉昭注】鄭玄曰：“龍，蟲之生於淵，行無形（‘行’後中華本據今本《尚書大傳》鄭注補‘於’字），遊於天者也，屬天。蛇，龍之類也，或曰龍無角者曰蛇。”【今注】案，《漢書·五行志下之上》引“説”曰：“《易》曰‘雲從龍’，又曰‘龍蛇之蟄，以存身也’。陰氣動，故有龍蛇之孽。”此目亦在五事之“孽”以外，是據《易》推演而出的。前已述“恒陰”之義乃雲起於山而瀰漫於天，《周易·乾卦·文言傳》有言“雲從龍”，龍多伴隨雲氣現身，《繫辭下》又言“龍蛇之蟄，以存身也”，龍蛇蟄伏，象徵着君子保存己身之道，但現在陰氣攪動以致龍蛇無法蟄伏，君子難以存身，故有龍蛇之孽。從《五行志》所列事例來看，龍蛇之孽基本都屬於禍亂敗亡之象，與龍作爲大瑞的觀念正好相反。

［7］【劉昭注】鄭玄曰："天行健。馬，畜之疾行者也，屬王極。"【今注】案，《漢書·五行志下之上》引"説"曰："于《易》，乾爲君爲馬，馬任用而强力，君氣毁，故有馬禍。一曰，馬多死及爲怪。亦是也。"

［8］【劉昭注】鄭玄曰："夏侯勝説'伐'宜爲'代'，書亦或作'代'。陰陽之神曰精氣，情性之神曰魂魄，君行不由常，侜張無度，則是魂魄傷也，王極氣失之病也。天於不中之人，恒耆其毒（'毒'前中華本據今本《尚書大傳》鄭注補'味其厚'三字），增以爲病，將以開賢代之也，《春秋傳》所謂'奪伯有魄'者是也。不名病者，病不著於身體也。"【今注】下人伐上之痾：《漢書·五行志下之上》引"説"曰："君亂且弱，人之所叛，天之所去，不有明王之誅，則有篡弒之禍，故有下人伐上之痾。"又云："一曰，天地之性人爲貴，凡人爲變，皆屬皇極下人伐上之痾云。""痾"是《洪範五行傳》發展出來的新類目，與五事相配，分别是《貌傳》的下體生上之痾、《言傳》的口舌之痾、《視傳》的目痾、《聽傳》的耳痾、《思心傳》的心腹之痾，加上《皇極傳》的下人伐上之痾，但自《漢書·五行志》始，所有關於"痾"的災異基本都集中到"下人伐上之痾"一目下，可知班固是受到了"一曰"解説的影響。　夏侯勝：字長公。西漢大臣，任博士、光禄大夫、長信少府、太子太傅等。少學《尚書》《洪範五行傳》等，通災異之學，善以陰陽災異推論時政。因直言上書，宣帝時被彈劾入獄，後被赦。受詔撰《尚書》《論語説》，宣揚經學，是今文《尚書》大夏侯氏學的創始者，子夏侯建創立小夏侯氏學。有《大小夏侯章句》各二十九卷、《大小夏侯解故》二十九篇，均已佚。清陳喬樅輯有《尚書歐陽夏侯遺説考》，收入《皇清經解續編》。傳見《漢書》卷七五、卷八八。　侜張：侜，欺騙。《詩·陳風·防有鵲巢》："誰侜予美？心焉忉忉。"毛亨傳："侜張，誑也。"《爾雅·釋訓》："侜張，誑也。"

[9]【劉昭注】鄭玄曰："亂謂薄食鬭並見，逆謂縮反明（'謂'後中華本據《後漢書校補》補'贏'字），經天守舍之類也。"《太公六韜》曰："人主好武事兵革，則日月薄蝕（蝕，殿本、大德本作'食'），太白失行。"【今注】太公六韜：古代兵書，相傳爲太公望所作，一般認爲成書於西漢以前。北宋國子監編定《武經七書》，將《六韜》納入其中，定爲六十篇，此後《六韜》六十篇本廣爲流傳，一些文字遂散佚。　案，《漢書·五行志下之上》引"説"曰："凡君道傷者病天氣，不言五行沴天，而曰'日月亂行，星辰逆行'者，爲若下不敢沴天，猶《春秋》曰'王師敗績于貿戎'，不言敗之者，以自敗爲文，尊尊之意也。"此類天文現象代表的是"天"的意旨，《思心傳》中已然是"金水木火沴土"，再往上已經超出了五行所能論及的範疇，故此處無法再采用之前"五行相沴"的叙述模式。

恒陰，中興以來無録者。[1]

[1]【劉昭注】臣昭案：本傳陽嘉二年，郎顗上書云："正月以來，陰闇連日。久陰不雨，亂氣也。得賢不用，猶久陰不雨也。"【今注】郎顗：字雅光，北海安丘（今山東安丘市西南）人。其父郎宗，善觀天象、占卜吉凶。傳見本書卷三〇下。

靈帝光和中，[1]雒陽男子夜龍以弓箭射北闕，[2]吏收考問，[3]辭"居貧負責，無所聊生，因買弓箭以射"。近射妖也。[4]其後車騎將軍何苗，[5]與兄大將軍進部兵還相猜疑，[6]對相攻擊，戰於闕下。苗死兵敗，殺數千人，雒陽宮室内人燒盡。[7]

［1］【今注】靈帝：東漢靈帝劉宏，公元168年至189年在位。紀見本書卷八。　光和：東漢靈帝劉宏年號（178—184）。

［2］【今注】北闕：古代宮殿北面的門樓，是臣子等候朝見或上書奏事之處。《漢書》卷一下《高帝紀下》："蕭何治未央宮，立東闕、北闕、前殿、武庫、大倉。"顔師古注："未央殿雖南嚮，而上書、奏事、謁見之徒皆詣北闕。"後引申爲宮禁或朝廷的别稱。

［3］【今注】案，考，大德本作"弩"。

［4］【劉昭注】《風俗通》曰："龍從兄陽求臘錢，龍假取繁數，頗厭患之，陽與錢千，龍意不滿，欲破陽家，因持弓矢射玄武東闕，三發，吏士呵縛首服。因是遣中常侍、尚書、御史中丞、直事御史、謁者、衛尉、司隸、河南尹、雒陽令悉會發所。劭時爲太尉議曹掾，白公鄧盛：'夫禮設闕觀，所以飾門，章於至尊，懸諸象魏，示民禮法也。故車過者下，步過者趨。今龍乃敢射闕，意慢事醜，次於大逆。宜遣主者參問變狀。'公曰：'府不主盜賊，當與諸府相候。'劭曰（曰，大德本作'宜'）：'丞相邴吉以爲道路死傷，既往之事，京兆、長安職所窮逐，而住車問牛喘吐舌者，豈輕人而貴畜哉，頗念陰陽不和，必有所害。掾史爾乃悅服，漢書嘉其達大體。今龍所犯，然中外奔波（然，大德本作"於"），邴吉防患太豫（太，紹興本、大德本作"大"），況於已形昭晰者哉！明公既處宰相大任（任，紹興本作"住"），加掌兵戎之職，凡在荒裔，謂之大事，何有近目下而致逆節之萌者（目下，中華本疑當作"日下"）？孔子攝魯司寇，非常卿也。折僭溢之端，消纖介之漸，從政三月，惡人走境，邑門不闔，外收强齊侵地，内虧三桓之威。區區小國，尚於趣舍，大漢之朝，焉可無乎？明公恬然謂非己。《詩》云："儀刑文王，萬國作孚。"當爲人制法，何必取法於人！'於是公意大悟，遣令史謝，申以鈴下規應掾自行之，還具條奏。時靈帝詔報，惡惡止其身，龍以重論之，陽不坐。"【今注】繁數：頻繁。《韓詩外傳》："其後在位者驕

奢，不恤元元，税賦繁數，百姓困乏，耕桑失時。” 呵縛：怒責捆綁。 首服：坦白服罪。本書卷八二下《華佗傳》：“操大怒，使人廉之，知妻詐疾，乃收付獄訊，考驗首服。” 御史中丞：官名。本爲御史大夫之佐，西漢末御史大夫轉爲司空後，御史中丞成爲御史臺長官，掌王宫政令、糾察執法等，秩千石。 直事御史：直事，值班。御史，官名。東漢分治書侍御史、侍御史，前者掌以法律審理疑事，後者掌察舉、彈劾等，皆秩六百石。 謁者：官名。掌朝儀、上章報問等職。分給事謁者，秩四百石；灌謁者郎中，秩比三百石。 衛尉：官名。掌宫門衛士、宫中巡查之事，秩中二千石。 河南尹：官名。東漢都城洛陽所在政區稱河南尹，其行政長官亦稱河南尹，掌京畿政務與秩序，秩中二千石。 雒陽令：官名。雒陽縣行政長官，掌治其縣，秩千石。雒陽縣，治所在今河南洛陽市東。 太尉議曹掾：太尉府所置議曹之官吏，主參議，秩比三百石。太尉，掌兵事軍權，位次三公。東漢三公至州郡官署開府者，置諸曹，各有主事，曹置掾、史、屬。本書《百官志》：“本注曰：‘漢舊注東西曹掾比四百石，餘掾比三百石，屬比二百石，故曰公府掾，比古元士三命者也。’” 鄧盛：字伯能，弘農（今河南靈寶市東北）人。東漢大臣，任秭歸令、并州刺史、太僕、太尉。爲官正義，曾保釋提攜因直言入獄的王允。善於聽取意見，與議曹掾應劭討論過分内職務。東漢靈帝中平二年（185）因久病罷免。事見本書卷六六《王允傳》。 邴吉：又作丙吉，字少卿，魯國（今山東曲阜市）人。西漢大臣，任魯國獄史、廷尉右監、車騎將軍軍市令、大將軍長史、光禄大夫給事中等，後官至丞相。西漢武帝後元二年（前87），治巫蠱案時，閉門拒納武帝旨意，保得武帝曾孫宣帝性命。宣帝即位後，邴吉未表舊恩。爲官寬厚，識大體，舉薦賢才。去世後，被畫於麒麟閣，爲麒麟閣十一功臣。傳見《漢書》卷七四。

［5］【今注】何苗：本姓朱，因其母改嫁何真而改姓何。字叔達，南陽宛（今河南南陽市卧龍區）人。東漢外戚大臣，靈帝皇后

同母兄，大將軍何進異父異母弟。任越騎校尉、河南尹，破滎陽農民軍有功，遷車騎將軍，封滎陽侯。靈帝去世後，何進計劃誅殺宦官，何苗及其母被宦官收買，告密太后，勸阻何進。後何進被宦官誅殺，其部下吴匡因此忌恨何苗，又懷疑何苗通謀宦官，遂與董卓弟董旻攻殺何苗，棄尸苑中。事見本書卷六九《何進傳》。

［6］【今注】大將軍進：即何進。字遂高，南陽宛（今河南南陽市卧龍區）人。屠户出身，其妹在靈帝時被選入宫爲貴人，又爲皇后。傳見本書卷六九。

［7］【劉昭注】應劭曰："龍者陽類，君之象也。夜者，不明之應也。此其象也。"

安帝延光三年，[1]濟南言黄龍見歷城，[2]琅邪言黄龍見諸。[3]是時安帝聽讒，免太尉楊震，[4]震自殺。又帝獨有一子，以爲太子，信讒廢之。[5]是皇不中，故有龍孽，是時多用佞媚，故以爲瑞應。明年正月，東郡又言黄龍二見濮陽。[6]

［1］【今注】安帝：東漢安帝劉祜，公元106年至125年在位。紀見本書卷五。　延光：東漢安帝劉祜年號（122—125）。

［2］【今注】濟南：郡國名。治東平陵縣（今山東濟南市章丘區龍山街道閻家村）。　歷城：縣名。治所在今山東濟南市歷城區。

［3］【今注】琅邪：王國名。治開陽縣（今山東臨沂市北）。

［4］【今注】楊震：字伯起，弘農華陰（今陜西華陰市東）人。好學博覽，任荆州刺史、東萊太守、太僕、太常、司徒、太尉。爲官正直，多次上書進諫。傳見本書卷五四。又，楊震碑原刻在河南陜州閿鄉縣，首題"漢故太尉楊公神道碑銘"，碑陰有題名，石佚。碑刻信息見歐陽修《集古録》卷二、《廣川書跋》卷五、洪适《隸釋》卷一二等，翻刻本拓片見《北京圖書館藏中國歷代石

刻拓本彙編》册一。

[5]【今注】案，延光三年，安帝乳母王聖、大長秋江京、中常侍樊豐誣陷皇太子劉保乳母王男、厨監邴吉，將他們殺死，太子數次歎息。王聖等人懼怕太子繼位後報復，乃構陷太子。九月丁酉，廢皇太子劉保爲濟陰王。

[6]【今注】東郡：治濮陽縣（今河南濮陽市華龍區西南）。濮陽：縣名。治所在今河南濮陽市華龍區西南。

桓帝[1]延熹七年六月壬子，[2]河内野王山上有龍死，[3]長可數十丈。[4]襄楷以爲夫龍者爲帝王瑞，[5]《易》論大人。[6]天鳳中，黄山宫有死龍，漢兵誅莽而世祖復興，此易代之徵也。[7]至建安二十五年，[8]魏文帝代漢。[9]

[1]【劉昭注】干寶《搜神記》曰“桓帝即位，有大蛇見德陽殿上，雒陽市令淳于翼曰：‘蛇有鱗，甲兵之象也。見於省中，將有椒房大臣受甲兵之誅也。’乃棄官遁去。到延熹二年，誅大將軍梁冀，捕治宗屬，揚兵京師”也。【今注】桓帝：東漢桓帝劉志，公元146年至167年在位。紀見本書卷七。　雒陽市令：官名。掌市場交易，屬河南尹，秩四百石。市令，春秋楚置，西漢京兆尹所屬稱市令，其餘稱市長，東漢雒陽市令亦稱雒陽市長。《後漢紀》卷二二《孝桓帝紀》：“縣民故洛陽市長淳于翼學問淵深，大儒舊名，常隱於田里，希見長吏。”　淳于翼：字叔通，會稽上虞（今浙江紹興市上虞區）人。東漢大臣，任徐州縣令、雒陽市長。少習《易經》《春秋》，受術於青州徐從事，善觀乾坤、處災異。補遺《三相類》上下二篇，後序一篇，撰《大丹賦》《鼎器歌》等，參與著《周易參同契》。另有史載淳于長通、淳于斟，皆同一人。　椒房：漢皇后所居宫殿，以椒和泥塗壁，使其温暖芳香，象

徵多子，稱“椒房”，故用以代稱皇后。本書卷三四《梁冀傳》：“明將軍以椒房之重，處上將之位，宜崇賢善，以補朝闕。”

［2］【今注】延熹：東漢桓帝劉志年號（158—167）。

［3］【今注】河内：郡名。治懷縣（今河南武陟縣）。

［4］【劉昭注】《袁山松書》曰（山松，大德本作“崧”）：“長可百餘丈（丈，紹興本作‘文’）。”

［5］【今注】襄楷：字公矩，平原隰陰（今山東齊河縣東北）人。好學博古，善天文陰陽之術。傳見本書卷三〇下。

［6］【今注】易論大人：大人，指天子。《易·乾》“九五”曰：“飛龍在天，大人造也。”乾卦九五處天子之位，故以飛龍作喻。案：此處記載源自延熹九年的襄楷上疏，内有云：“又七年六月十三日，河内野王山上有龍死，長可數十丈。扶風有星隕爲石，聲聞三郡。夫龍形狀不一，小大無常，故《周易》況之大人，帝王以爲符瑞。或聞河内龍死，諱以爲蛇。夫龍能變化，蛇亦有神，皆不當死。昔秦之將衰，華山神操璧以授鄭客，曰‘今年祖龍死’，始皇逃之，死於沙丘。王莽天鳳二年，訛言黄山宫有死龍之異，後漢誅莽，光武復興。虚言猶然，況於實邪？”

［7］【今注】案，此事載於《漢書》卷九九《王莽傳》：“訛言黄龍墮死黄山宫中，百姓奔走往觀者以萬數。莽惡之，捕繫問語所從起，不能得。”天鳳，新朝王莽年號（14—19）。

［8］【今注】建安：東漢獻帝劉協年號（196—220）。

［9］【劉昭注】臣昭曰：夫屈申躍見，變化無方，非顯死之體，横强之畜。《易》況大聖（況，紹興本作“沉”），實類君道。野王之異，豈桓帝將崩之表乎？妖等占殊，其例斯衆。苟欲附會以同天鳳，則帝涉三主，年踰五十，此爲迂闊，將恐非徵矣。【今注】魏文帝：曹丕，字子桓，沛國譙郡（今安徽亳州市）人。曹魏開國皇帝。制定實施九品中正制，統一北方地區，平定邊患。愛好文學，詩、賦、文學皆有成就，擅長五言詩，與曹操、曹植並

稱“三曹”。黄初七年（226）卒，謚號“文”。今存《魏文帝集》二卷。紀見《三國志》卷二。

永康元年八月，[1]巴郡言黄龍見。[2]時吏傅堅以郡欲上言，[3]内白事以爲走卒戲語，不可。太守不聽。嘗見堅語云：“時民以天熱，欲就池浴，見池水濁，因戲相恐‘此中有黄龍’，語遂行人間。聞郡欲以爲美，故言。”時史以書帝紀。桓帝時政治衰缺，而在所多言瑞應，皆此類也。又先儒言：瑞興非時，則爲妖孽，[4]而民訛言生龍語，皆龍孽也。

［1］【今注】永康：東漢桓帝劉志年號（167）。

［2］【今注】巴郡：郡國名。治江州（今重慶市江北區）。

［3］【今注】傅堅：東漢桓帝時巴郡郡吏。

［4］【今注】瑞興非時則爲妖孽：意指衰世出現祥瑞，反倒成爲妖孽。

熹平元年四月甲午，[1]青蛇見御坐上。是時靈帝委任宦者，王室微弱。[2]

［1］【今注】熹平：東漢靈帝劉宏年號（172—178）。

［2］【劉昭注】楊賜諫曰：“皇極不建，則有龍蛇之孽。《詩》云：‘惟虺惟蛇，女子之祥。’宜抑皇甫之權，割豔妻之愛，則蛇變可消者也。”案《張奂傳》，建寧二年夏，青蛇見御坐軒前。奂上疏：“陳蕃、竇氏未被明宥（氏，大德本、汲本、殿本作‘武’），妖眚之來，皆爲此也。”《敦煌實録》曰：“蛇長六尺，夜於御前當軒而見。”【今注】楊賜：字伯賜，弘農華陰（今陝西

華陰市東）人。東漢大臣，少習儒學，初因病未仕，後任侍中、越騎校尉、少府、光禄勳、光禄大夫、司徒、太常、司空等職。重視經學典籍，與蔡邕等奏請正訂《六經》文字。多次直言進諫，借異象之説彈劾内官、佞臣，上書獻計制裁張角。東漢靈帝中平二年（185）卒，謚號文烈。傳見本書卷五四。　抑皇甫之權割豔妻之愛：典出《詩·小雅·十月之交》："皇父卿士，番維司徒，家伯維宰，仲允膳夫，聚子内史，蹶維趣馬，楀維師氏，豔妻煽方處。抑此皇父，豈曰不時?"毛亨傳："豔妻，褒姒。美色曰豔。煽，熾也。"鄭玄箋："皇父、家伯、仲允，皆字。番、聚、蹶、楀，皆氏。厲王淫於色，七子皆用后嬖寵方熾之時竝處位。"　張奐：字然明，敦煌淵泉（今甘肅瓜州縣東）人。東漢大臣。撰《尚書記難》三十餘萬字，所著銘、頌、書、教、誡述、志、對策、章表二十四篇。傳見本書卷六五。　案，御座是皇位的象徵，青蛇屬陰，象徵着女子、小人、臣下，故青蛇見御座是皇權不振的預兆。

更始二年二月，[1]發雒陽，欲入長安，司直李松奉引，[2]車奔，觸北宫鐵柱門，三馬皆死。馬禍也。時更始失道，將亡。

［1］【今注】更始：更始帝劉玄年號（23—25）。

［2］【今注】李松：南陽宛（今河南南陽市卧龍區）人，更始大臣，任丞相司直、丞相。與申屠建等率義軍進攻武關，迎更始帝劉玄遷都長安，討伐方望等勢力。東漢光武帝建武元年（25），大敗於赤眉軍，被擒獲。事見本書卷一一《劉玄傳》。

桓帝延熹五年四月，驚馬與逸象突入宫殿。[1]近馬禍也。是時桓帝政衰缺。

[1]【今注】逸象：奔走的象。逸，奔走，逃跑。

靈帝光和元年，司徒長史馮巡馬生人。[1]《京房易傳》曰："上亡天子，諸侯相伐，厥妖馬生人。"後馮巡遷甘陵相，黄巾初起，[2]爲所殘殺，而國家亦四面受敵。其後關東州郡各舉義兵，卒相攻伐，天子西移，[3]王政隔塞。其占與京房同。

[1]【劉昭注】《風俗通》曰："巡馬生胡子，問養馬胡蒼頭，乃好此馬以生子（好，汲本、殿本作'奸'，中華本疑當作'奸'）。"【今注】司徒長史：官名。司徒僚佐之長，掌司徒府諸曹事務，秩千石。　馮巡：字季祖，南陽冠軍（今河南鄧州市西北）人。東漢大臣，任司徒長史、常山相、甘陵相。其名見於《三公之碑》《無極山碑》《白石神君碑》。

[2]【今注】黄巾初起：即張角兄弟領導的東漢末年黄巾軍起事。

[3]【今注】天子西移：指漢末袁紹等起兵討伐董卓，董卓焚洛陽城，挾漢獻帝西入長安。

光和中，雒陽水西橋民馬逸走，遂齧殺人。是時公卿大臣及左右數有被誅者。

安帝永初元年十一月戊子，[1]民轉相驚走，棄什物，去廬舍。

[1]【今注】永初：東漢安帝劉祜年號（107—113）。

靈帝建寧三年春，[1]河内婦食夫，河南夫食婦。[2]

［1］【今注】建寧：東漢靈帝劉宏年號（168—172）。

［2］【劉昭注】臣昭曰：案此二食，夫妻不同，在河南北，每見死異，斯豈怪妖復有徵乎？河者，經天亘地之水也。河内，河之陽也。夫婦參配陰陽，判合成體。今以夫之尊，在河之陽，而陰承體卑，吞食尊陽，將非君道昏弱，無居剛之德，遂爲陰細之人所能消毁乎？河南，河之陰。河視諸侯，夫亦惟家之主，而自食正内之人（正，大德本作“主”）。時宋皇后將立（宋，紹興本作“不”，誤），而靈帝一聽閹官（官，汲本、殿本作“宦”），無所厝心。夫以宫房之愛惡（以，大德本作“於”），亦不全中懷抱，宋后終廢，王甫挾姦，陰中列侯，實應厥位。天戒若曰，徒隨嬖豎之意（嬖，殿本作“閹”），夫噉其妻乎？【今注】案，中古《五行志》中關於“人相食”者僅此一例，《漢書·五行志》無載，故無解説，此處是劉昭從“陰陽尊卑”的角度試圖作出解釋。

熹平二年六月，雒陽民訛言虎賁寺東壁中有黄人，[1]形容鬚眉良是，觀者數萬，省内悉出，道路斷絶。[2]到中平元年二月，[3]張角兄弟起兵冀州，自號黄天，[4]三十六方，四面出和，將帥星布，吏士外屬，因其疲餧，牽而勝之。[5]

［1］【今注】虎賁寺：官署名。位於雒陽，指虎賁所居之署，疲弱不勝軍事者留住。虎賁，皇宫中禁衛兵的一種，負責護送保衛君主，父死子繼。本書卷七《桓帝紀》：“八月庚子，詔減虎賁、羽林住寺不任事者半奉，勿與冬衣。”李賢注引《東觀漢記》：“以京師水旱疫病，帑藏空虚，虎賁、羽林不任事者住寺，減半奉。”李賢曰：“據此，謂簡選疲弱不勝軍事者，留住寺也。”

［2］【劉昭注】應劭時爲郎。《風俗通》曰：“劭故往視之，

何在其有人也！走漏汙處，膩赭流漉，壁有他剥數寸曲折耳。劭又通之曰：季夏土黄，中行用事，又在壁中，壁亦土也。以見於虎賁寺者，虎賁國之秘兵，扞難禦侮。必是於東（是，汲本、殿本作‘示’，是），東者動也，言當出師行將，天下摇動也。天之以類告人，甚於影響也。”【今注】膩赭流漉：意指寺院壁畫剥落處，在雨水侵襲下，顔料浸染滲透黄土之狀。膩，細密的黄土。赭，赤紅如赭土的顔料。流漉，流動滲下。《釋名·釋地》：“土黄而細密曰埴。埴，膩也，黏膩如脂之膩也。”

［3］【今注】中平：東漢靈帝劉宏年號（184—189）。

［4］【今注】案，東漢末年，鉅鹿人張角奉事黄老，創太平道，自稱“大賢良師”。靈帝時，借治病傳教，十餘年間，徒衆達數十萬人，遍及青、徐、幽、冀、荆、揚、兖、豫八州。靈帝中平元年，張角提出“蒼天已死，黄天當立，歲在甲子，天下大吉”，興兵反漢。他自稱天公將軍，響應部衆來自沿海及内陸多州，連結郡國，皆以頭纏黄巾爲標誌，稱“黄巾軍”，人數達數十萬，焚燒官府，劫掠城邑，州郡失守。不久張角病逝，第二年黄巾起事也被漢廷鎮壓下去。

［5］【劉昭注】《物理論》曰：“黄巾被服純黄，不將尺兵，肩長衣，翔行舒步，所至郡縣無不從，是日天大黄也。”【今注】物理論：魏晉之際楊泉著，十六卷。旨在探討天地萬物本源及各種關係、變化，認爲世間萬物由水和氣組成，是實有，具有樸素唯物主義觀點。已佚。清孫星衍輯本，收入《平津館叢書》；黄奭輯本收入《漢學堂叢書》；王仁俊輯本收入《玉函山房輯佚書續編》。

光和元年五月壬午，何人白衣欲入德陽門，[1]辭“我梁伯夏，教我上殿爲天子”。中黄門桓賢等呼門吏僕射，[2]欲收縛何人，吏未到，須臾還走，求索不得，不知姓名。時蔡邕以成帝時男子王褒絳衣入宫，上前殿非常室，曰“天帝令我居此”，後王莽簒位。[3]今此與成帝相似而有異，[4]被服不同，又未入雲龍門而覺，稱梁伯夏，皆輕於言。以往況今，將有狂狡之人，欲爲王氏之謀，其事不成。其後張角稱黄天作亂，竟破壞。[5]

［1］【今注】德陽門：東漢北宫德陽殿之門。

［2］【今注】中黄門：官名。掌給事禁中，秩比百石，後增比三百石。　桓賢：東漢宦官。桓，大德本、殿本作“相”。

［3］【今注】案，此事見載於《漢書·五行志下之上》：“成帝綏和二年八月庚申，鄭通里男子王褒，衣絳衣小冠，帶劍入北司馬門殿東門，上前殿，入非常室中，解帷組結佩之，招前殿署長業等曰：‘天帝令我居此。’業等收縛考問，褒故公車大誰卒，病狂易，不自知入宫狀，下獄死。是時，王莽爲大司馬，哀帝即位，莽乞骸骨就第，天知其必不退，故因是而見象也。姓名章服甚明，徑上前殿路寢，入室取組而佩之，稱天帝命，然時人莫察。後莽就國，天下冤之，哀帝徵莽還京師。明年，帝崩，莽復爲大司馬，因是而簒國。”古代社會，皇帝所居宫殿是全國最爲核心機要之所，守備歷來嚴密。秦漢以降，宫廷侍衛制度就已經建立，進出宫門者都需要事先造册登記，入宫手續繁瑣，因此普通百姓如無特許，幾乎不可能進入皇宫。《漢志》以及本志所載百姓闖宫之舉並非個例，其他正史《五行志》亦有記載，均置於“下人伐上之痾”一目，後世更簡化爲“狂人”。歷來認爲，這些人之所以能夠進入宫殿，不是門衛之過，而是天降怪異，干寶有言：“夫禁庭，尊秘之處，今賤人徑入，而門衛不覺者，宫室將虚，而下人逾之之妖也。”此論可作代表。闖宫意味着對皇帝權威的挑戰，意圖破壞天地固有的秩序，所以是臣下反叛的徵兆。

［4］【今注】案，大德本、殿本“成帝”後有“時”字。

［5］【劉昭注】《風俗通》曰："光和四年四月，南宫中黄門寺有一男子（有，紹興本作'不'），長九尺，服白衣。中黄門解步呵問：'汝何等人？白衣妄入宫掖。'曰：'我梁伯夏後，天使我爲天子。'步欲前收取，因忽不見。劭曰：《尚書》《春秋左傳》曰，伯益佐禹治水，封於梁。飂叔安有裔子曰董父，實甚好龍，龍多歸之，帝舜嘉之，賜姓董氏。董氏之祖，與梁同焉。到光熹元年，董卓自外入，因間乘釁，廢帝殺后，百官總己，號令自由，殺戮決前，威重於主。梁本安定，而卓隴西人，俱涼州也。天戒若曰，卓不當專制奪矯，如白衣無宜蘭入宫也（蘭，殿本作'闌'）。白衣見黄門寺，及卓之末，中黄門誅滅之際，事類如此，可謂無乎？"《袁山松》曰："案張角一時狡亂，不足致此大妖，斯乃曹氏滅漢之徵也。"案劭所述，與志或有不同，年月舛異，故俱載焉。臣昭注曰（昭，紹興本作"而"）：檢觀前通，各有未直。尋梁即魏地之名，伯夏明於中夏，非溥天之稱，以内臣孫夫得稱王（夫，當作"未"，中華本據何焯校本改），徵驗有應，有若符契。復云"伯夏教我爲天子"，後曹公曰"若天命在吾，吾爲周文王矣"，此乃魏文帝受我成策而陟帝位也。《風俗通》云"見中黄門寺曹騰之家"，尤見其證。【今注】伯益佐禹治水：伯益，又作"伯翳""柏翳""益""大費"，東夷部落首領。舜時任爲"虞"，掌管火、山林鳥獸。佐禹治水，被賜"嬴"姓，發明打井之法，平三苗之亂等。爲秦、趙、徐等姓的始祖。　飂叔安有裔子曰董父：飂，古國名。叔安，飂國國君，廖姓始祖，其後裔董父，爲董姓始祖。　曹公：曹操，字孟德，沛國譙郡（今安徽亳州市）人。東漢末權相，魏文帝曹丕之父。東漢末，消滅二袁、吕布、劉表等割據勢力，降服南匈奴、烏桓、鮮卑等，通過擴大屯田、興修水利等促進生産發展，於文學、書法等方面頗有造詣。東漢獻帝建安十八年（213），得封魏公，其後又封魏王，位次諸王之上，比天子之儀。建安二十五年卒，曹魏建立後，被追封爲皇帝，

謚號“武”。著有《魏武帝集》《兵書》等，多已佚，存《孫子注》。紀見《三國志》卷一。　曹騰：字季興，沛國譙（今安徽亳州市）人。東漢宦官，曹操父親曹嵩之養父。任黄門從官、小黄門、中常侍、大長秋等。奉事四帝，舉薦賢才。傳見本書卷七八。

二年，雒陽上西門外女子生兒，兩頭，異肩共胸，俱前向，以爲不祥，墮地棄之。自此之後，朝廷霿亂，政在私門，上下無別，二頭之象。[1]後董卓戮太后，[2]被以不孝之名，放廢天子，後復害之。漢元以來，禍莫踰此。

[1]【今注】案，從現代醫學角度來看，此處所載爲連體兒。《京房易傳》曰：“‘睽孤，見豕負塗’，厥妖人生兩頭。下相攘善，妖亦同。人若六畜首目在下，兹謂亡上，正將變更。凡妖之作，以譴失正，各象其類。二首，下不壹也；足多，所任邪也；足少，下不勝任，或不任下也。凡下體生於上，不敬也；上體生於下，媟瀆也；生非其類，淫亂也；人生而大，上速成也；生而能言，好虚也。群妖推此類，不改乃成凶也。”《漢書·五行志》無解，本志所謂“上下無別，二頭之象”實本之《京房易傳》。

[2]【今注】董卓：字仲穎，隴西臨洮（今甘肅岷縣）人。傳見本書卷七二。

四年，魏郡男子張博送鐵盧詣太官，[1]博上書室殿山居屋後宫禁，落屋讙呼。[2]上收縛考問，辭“忽不自覺知”。[3]

[1]【今注】魏郡：治鄴縣（今河北臨漳縣西南）。

[2]【今注】落屋讙呼：停留屋中振臂高呼。

[3]【劉昭注】臣昭曰：魏人入宫，既奪漢之徵（漢，紹興本作“遊”），至後宫而讙呼，終亦禍廢母后。【今注】案，此條所言亦屬於狂人闖宫，當置於“光和元年五月壬午何人白衣欲入德陽門”條後。

中平元年六月壬申，雒陽男子劉倉居上西門外，妻生男，兩頭共身。[1]

[1]【今注】案，此條所言亦屬於連體兒，當置於“光和二年雒陽上西門外女子生兒”條之後。

靈帝時，江夏黄氏之母，浴而化爲黿，[1]入于深淵，其後時出見。初浴簪一銀釵，及見，猶在其首。[2]

[1]【今注】黿（yuán）：動物名。大鼈，背部呈緑、灰緑等顔色，腹部呈灰黄、白等，脚蹼較寬。《爾雅·釋魚》：“黿，鼈之大者，闊至一二丈。”案，此處所述爲“人化”現象。人與其他生物互化的觀念出現較早，《淮南子》中就載有人化爲虎的現象，但《漢書·五行志》無載，似乎表明漢代人還没有把人化爲動物與政治、道德的缺失聯繫起來考慮。本志首次記載該現象，但也未能給出合理的解説，衹是潛意識中感覺到這是不尋常的事情。

[2]【劉昭注】臣昭曰：黄者，代漢之色。女人，臣妾之體。化爲黿，黿者元也。入于深淵，水實制火。夫君德尊陽，利見九五，飛在于天，乃備光盛。俯等龜黿，有愧潛躍；首從戴釵，卑弱未盡。後帝者三（三，大德本、汲本、殿本作“王”，是），不專權極，天德雖謝，蜀猶傍纘。推求斯異，女爲曉著矣。【今注】

黄者代漢之色：古代“五德終始説”之下的讖語。“五德終始説”是一種把王朝更替與德運聯繫起來的政治學説，意指朝代的交替興廢，是按照水德、火德、木德、金德、土德五德相生相克、周而復始的。五德與五色相配，即水爲黑、火爲赤、木爲青、金爲白、土爲黄。漢爲火德，崇尚赤色，火生土，土德代替火德，即黄代赤。東漢末黄巾軍起義，藉德運之説，稱“黄天當立”，曹魏行“土德”，皆奉“黄”爲代漢之色。

獻帝初平中，[1]長沙有人姓桓氏，死，棺斂月餘，其母聞棺中聲，發之，遂生。占曰：“至陰爲陽，下人爲上。”[2]其後曹公由庶士起。[3]

［1］【今注】獻帝：東漢獻帝劉協，公元189年至220年在位。紀見本書卷九。　初平：東漢獻帝劉協年號（190—193）。

［2］【今注】案，此處所述爲“人死復生”現象。《漢書·五行志下之上》解釋此現象：“《京房易傳》曰：‘干父之蠱，有子，考亡咎’。子三年不改父道，思慕不皇，亦重見先人之非，不則爲私，厥妖人死復生。’一曰，至陰爲陽，下人爲上。”可見班固的時代還是兩種説法並存。自本志始則全部采用了後一種解釋。按照古人的觀念，人死後進入另外一個世界，是爲“陰”，人死復生是從“陰”返“陽”，而陰陽分别代表了下和上，所以“至陰爲陽，下人爲上”更容易與現實政治聯繫起來，預示了臣下作亂。

［3］【今注】曹公：曹操。

建安四年二月，武陵充縣女子李娥，[1]年六十餘，物故，以其家杉木槥斂，[2]瘞於城外數里上，已十四日，有行聞其冢中有聲，[3]便語其家。家往視聞聲，便發出，遂活。[4]

［1］【今注】武陵：郡名。治臨沅縣（今湖南常德市西武陵區）。　充縣：縣名。治所在今湖南桑植縣。

［2］【今注】槥斂：槥，小棺木。《漢書》卷一下《高帝紀下》："令士卒從軍死者爲槥，歸其縣。"顔師古注引應劭曰："小棺也，今謂之櫝。"

［3］【今注】案，冢，大德本、殿本作"塚"。

［4］【劉昭注】干寶《搜神記》曰："武陵充縣女子李娥，年六十餘，病死，埋於城外，已十四日。娥比舍有蔡仲，聞娥富，謂殯當有金寶，盗發冢剖棺（冢，殿本作'塚'）。斧數下，娥於棺中言曰：'蔡仲，汝護我頭。'驚遽，便出走。會爲吏所見，遂收治，依法當棄市。娥兒聞，來迎出娥將去。武陵太守聞娥死復生，召見問事狀。娥對曰：'聞謬爲司命所召，到得遣出，過西門，適見外兄劉伯文，爲相勞問，涕泣悲哀（涕，大德本作"淚"）。娥語曰："伯文，一日誤見召，今得遣歸（今，紹興本作'令'，誤），既不知道，又不能獨行，爲我得一伴不？又我見召在此，已十餘日，形體又當見埋藏，歸當那得自出？"伯文曰："當爲問之。"即遣門卒與户曹相問："司命一日誤召武陵大女李娥，今得遣還。娥在此積日，尸喪又當殯斂，當作何等得出？又女弱獨行，豈當有伴邪？是吾外妹，幸爲便安之。"荅曰："今武陵西男民李黑，亦得遣還，便可爲伴。"輒令黑過，敕娥比舍蔡仲，令發出娥也。於是娥遂得出，與伯文别。伯文曰："書一封以與紀佗（紀，紹興本、殿本作'兒'）。"娥遂與黑俱歸，事狀如此。'太守慨然嘆曰：'天下事真不可知也！'乃表以爲'蔡仲雖發冢（冢，殿本作"塚"），爲鬼神所使，雖欲無發，勢不得已。宜加寬宥。'詔書報可。太守欲驗語虚實，即遣馬吏於西界推問李黑得之。黑語協，乃致伯文書與佗。佗識其紙，乃是父亡時送箱

中文書也。表文字猶在也，而書不可曉。乃請費長房讀之（大德本無‘費’字），曰：‘告佗：當從府君出案行，當以八月八日日中時，武陵城南溝水畔頓，汝是時必往。’到期，悉將大小於城南待之。須臾果至，但聞人馬隱隱之聲，詣溝水，便聞有呼聲曰：‘佗來！汝得我所寄李娥書不邪？’曰：‘即得之，故來至此。’伯文以次呼家中大小問之，悲傷斷絶。曰：‘死生異路，不能數得汝消息。吾亡後，兒孫乃爾許人！’良久謂佗曰：‘來春大病，與此一丸藥，以塗門户，則辟來年妖厲矣。’言訖忽去，竟不得見其形。至前春，武陵果大病，白日見鬼，唯伯文之家，鬼不敢向。費長房視藥曰：‘此方相臨也。’”《博物記》曰：“漢末關中大亂，有發前漢宫人冢者，宫人猶活。既出，平復如舊。魏郭后愛念之，録置宫内，常在左右。問漢時宫中事，説之了了，皆有次緒。郭后崩，哭泣哀過，遂死。漢末，發范明友奴冢，奴猶活。明友，霍光女婿。説光家事，廢立之際，多與《漢書》相應。此奴常旦走居民間（常，大德本作‘嘗’。汲本、殿本作‘遊’，是），無正住處（正，汲本、殿本作‘止’，是），遂不知所在。”【今注】棄市：古代死刑的一種，在鬧市執行死刑，以示恥辱。《釋名·釋喪制》：“市死曰棄市。市，衆所聚，與衆人共棄之也。”《禮記·王制》：“刑人于市，與衆棄之。”　司命：神官名。掌人壽與命運。

費長房：汝南（今河南平輿縣北）人，東漢方士。曾爲市掾，後隨買藥老翁學道，擅長符術，醫治衆病，鞭笞百鬼，後失其符，爲衆鬼所殺。傳見本書卷八二下。　方相：舊時民間信仰中驅疫避邪之神。《周禮·夏官·方相氏》：“方相氏掌蒙熊皮，黄金四目，玄衣朱裳，執戈揚盾，帥百隸而時難，以索室毆疫。”　魏郭后：字女王，安平廣宗（今河北廣宗縣）人。曹魏文帝皇后。有謀略，助曹丕承嗣王位，因受寵致明帝生母甄宓被賜死，黄初三年（222）爲皇后。性儉約，忌驕奢。明帝即位後，追痛生母甄氏之死，青龍三年（235），郭氏以憂暴薨。傳見《三國志》卷五。

七年，越巂有男化爲女子。[1]時周群上言，[2]哀帝時亦有此異，[3]將有易代之事。至二十五年，獻帝封于山陽。[4]

[1]【今注】越巂：郡名。治邛都縣（今四川西昌市東南）。案，男化爲女，此爲性别變亂，《京房易傳》曰："女子化爲丈夫，兹謂陰昌，賤人爲王；丈夫化爲女子，兹謂陰勝，厥咎亡。"

[2]【今注】周群：字仲直，巴西閬中（今四川閬中市）人。少隨父學占驗之術，預言多有應驗。東漢末，爲益州師友從事。後被劉備任爲儒林校尉，曾勸諫劉備不要爭奪漢中，否則不利，未被采納，果應驗，被舉薦爲茂才。卒後，子周巨傳其術。傳見《三國志》卷四二。

[3]【今注】哀帝：西漢哀帝劉欣，公元前7年至前1年在位。紀見《漢書》卷一一。

[4]【今注】山陽：縣名。治所在今河南焦作市東北。漢魏禪代漢獻帝被封爲山陽公。

建安中，女子生男，兩頭共身。[1]

[1]【今注】案，此條所言爲連體兒，當置於"中平元年六月壬申雒陽男子劉倉居上西門外妻生男兩頭共身"條後。

安帝元初六年夏四月，[1]會稽大疫。[2]

[1]【今注】元初：東漢安帝劉祜年號（114—120）。

[2]【劉昭注】《公羊傳》曰："大災者何？大瘠也。大瘠者何？痢也。"何休曰："民疾疫也，邪亂之氣所生。"《古今注》曰：

"光武建武十三年，揚徐部大疾疫，會稽江左甚。"案傳，鍾離意爲督郵，建武十四年會稽大疫。案此則頻歲也。《古今注》曰："二十六年，郡國七大疫。"【今注】瘠：本意爲瘦弱，此處指疾疫。　何休：字邵公，任城樊（今山東濟寧市兖州區西南）人。東漢大臣，今文經學家。傳見本書卷七九下。　揚徐部：揚州、徐州刺史部。揚州，治歷陽縣（今安徽和縣）。徐州，治郯縣（今山東郯城縣西北）。部，古代行政區域名。　鍾離意：字子阿，會稽山陰（今浙江紹興市）人。東漢光武帝、明帝時期大臣，清正廉潔，勇於直諫。傳見本書卷四一。　督郵：官名，本名督郵書掾，執掌都送郵書，代表太守督查縣鄉，宣達政令兼司法等。　案，"疫"之類目未見於《洪範五行傳》及《漢書·五行志》，乃本志新增，應與東漢時疾疫大規模流行有關。疾疫造成大量人口死亡，故時人將之作爲災異事件記録下來，並置於"下人伐上之痾"一目下。至於其成因，並無權威的解説，何休所謂"邪亂之氣所生"是從"氣論"來解釋。

延光四年冬，京都大疫。[1]

[1]【劉昭注】張衡明年上封事："臣竊見京師爲害兼所及，民多病死，上并猥死有滅户（大德本、汲本、殿本無'上并猥'三字，當係衍文）。人人恐懼，朝廷燋心，以爲至憂。臣官在於考變禳災，思在防救（在，大德本、汲本、殿本作'任'，是），未知所由，夙夜征營。臣聞國之大事在祀，祀莫大於郊天奉祖。方今道路流言，僉曰'孝安皇帝南巡路崩，從駕左右行慝之臣欲徵諸國王子，故不發喪，衣車還宫，僞遣大臣（僞，大德本、殿本作"偽"，是），並禱請命'。臣處外官，不知其審，然尊靈見罔，豈能無怨！且凡夫私小有不蠲（夫私，中華本據《後漢書校補》改作'大祀'），猶爲譴譴，況以大穢，用禮郊廟？孔子曰：'曾

謂泰山不如林放乎！’天地明察，降禍見災，乃其理也。又聞者，有司正以冬至之後，奏開恭陵神道。陛下至（大德本、殿本‘至’後有‘孝’字，當據補），不忍距逆，或發冢移尸。《月令》：‘仲冬土事無作，慎無發蓋，及起大衆，以固而閉。地氣上泄，是謂發天地之房，諸蟄則死，疾疫（大德本、汲本、殿本“疾疫”前有“民必”二字，當據補），又隨以喪。’厲氣未息，恐其殆此二年（年，中華本據《後漢書校補》改作‘事’），欲使知過改悔。《五行傳》曰：‘六沴作見，若時共禦，帝用不差，神則不怒，五福乃降（五，大德本、汲本、殿本作“萬”），用章于下。’臣愚以爲可使公卿處議，所以陳術改過，取媚神祇，自求多福也。”【今注】張衡：字平子，南陽西鄂（今河南南陽市北）人。東漢大臣。學貫五經六藝，專研於天文、陰陽、曆法，發明了地動儀、渾天儀等。著詩、賦、銘、七言、《靈憲》、《七辯》等三十二篇。傳見本書卷五九。

桓帝元嘉元年正月，[1]京都大疫。二月，九江、廬江又疫。[2]

[1]【今注】元嘉：東漢桓帝劉志年號（151—153）。

[2]【今注】九江：郡名。治壽春縣（今安徽壽縣）。　廬江：郡名。治舒縣（今安徽廬江縣西南）。

延熹四年正月，大疫。[1]

[1]【劉昭注】《太公六韜》曰：“人主好重賦役，大宮室，多臺遊，則民多病温也（温，汲本、殿本作‘瘟’）。”

靈帝建寧四年三月，大疫。

熹平二年正月，大疫。

光和二年春，大疫。

五年二月，大疫。

中平二年正月，大疫。

獻帝建安二十二年，大疫。[1]

[1]【劉昭注】魏文帝書與吴質曰："昔年疾疫，親故多離其災。"魏陳思王常説疫氣云："家家有彊尸之痛，室室有號泣之哀，或闔門而殪，或舉族而喪者。"【今注】吴質：字季重，兗州濟陰（今山東菏澤市定陶區）人。曹魏大臣，任北中郎將、振威將軍、假節、都督河北諸軍事等。助曹丕被立爲太子，向明帝舉薦司馬懿，影響了曹魏後期政局。有書箋三篇，見《文選》卷四〇、卷四二；詩一首，見《三國志》卷二一《魏書·王粲傳》注。　魏陳思王：即曹植，字子建，沛國譙縣（今安徽亳州市）人。曹操之子，曹魏著名詩人。少善屬文，性簡易，曾一度被曹操計劃立爲太子，後因失寵作罷。曹丕即位後，受猜忌壓迫，多次徙封。曹魏明帝太和六年（232）改封陳王，同年卒，謚號"思"，故稱"陳思王"。有《曹子建集》十卷。傳見《三國志》卷一九。

靈帝光和元年六月丁丑，有黑氣墮北宫温明殿東庭中，[1]黑如車蓋，起奮訊，[2]身五色，有頭，體長十餘丈，形貌似龍。上問蔡邕，對曰："所謂天投蜺者也。[3]不見足尾，不得稱龍。《易傳》曰：'蜺之比無德，以色親也。'《潛潭巴》曰：'虹出，后妃陰脅王者。'又曰：'五色迭至，照于宫殿，有兵革之事。'《演孔圖》曰：'天子外苦兵，威内奪，臣無忠，則天投蜺。'[4]變不空生，占不空言。"[5]先是立皇后何氏，皇后每齋，當謁祖廟，輒有變異不得謁。中平元年，黄巾賊張角等立三十六方，起兵燒郡國，山東七州處處應角。遣兵外討角等，内使皇后二兄爲大將統兵。其年，宫車宴駕，[6]皇后攝政，二兄秉權。譴讓帝母永樂后，令自殺。陰呼并州牧董卓欲共誅中官，中官逆殺大將軍進，兵相攻討，京都戰者塞道。皇太后母子遂爲太尉卓等所廢黜，皆死。天下之敗，兵先興於宫省，外延海内，二三十歲，其殃禍起自何氏。[7]

［1］【今注】温明殿：宫殿名。位於東漢北宫。

［2］【今注】奮訊：即奮迅，形容迅疾而有氣勢。《爾雅·釋畜》"絶有力，奮"，郭璞注："諸物有氣力多者，無不健自奮迅，故皆以名云。"

［3］【今注】案，"投蜺"《漢書·五行志》不載，是本志新增的天文異象類目。

［4］【劉昭注】案邕《集》稱曰："《演孔圖》曰：'蜺者，斗之精也。失度投蜺見態，主惑於毁譽。'《合誠圖》曰：'天子外苦兵者也。'"【今注】演孔圖：書名。即《春秋演孔圖》，又稱《春秋緯演孔圖》，漢無名氏撰，宋均注，《春秋緯》十四種之一。《春秋緯》是關於《春秋》的緯書，共十四種，以神學解釋孔子作《春秋》之事與《春秋》之文。其中，《演孔圖》即《公羊》一派神化孔子及《春秋》之作。篇中叙述孔子因獲麟而作《春秋》，九月成書，端門受命，天降血書，中有作圖製法之狀，故名《演孔圖》。有明孫瑴《古微書》、清趙在翰《七緯》、喬鬆年《緯捃》等輯本。　合誠圖：書名。即《春秋合誠圖》，又稱《春秋緯合誠圖》，漢無名氏撰，宋均注，《春秋緯》十四種之一。述黄帝、赤

帝形貌及受命福瑞。謂天人感應，以誠相通，人神相感，以圖示意，故名《合誠圖》。有明孫瑴《古微書》、清趙在翰《七緯》、喬鬆年《緯捃》等輯本。

［5］【劉昭注】邕對又曰："意者陛下樞機之內，衽席之上（衽，殿本作'袵'），獨有以色見進，陵尊踰制，以昭變象。若群臣有所毀譽，聖意低迴，未知誰是。兵戎未息，威權漸移，忠言不聞，則虹蜺所在生也。抑內寵，任中正，決毀譽，分直邪，各得其所；勒守衛，整武備，威權之機不以假人，則其救也。"【今注】衽席：卧席，藉指男女色慾之事。《莊子·達生》："人之所取畏者，衽席之上，飲食之間，而不知爲之戒者，過也。"郭象注："至於色欲之害，動皆之死地，而莫不冒之，斯過之甚也。"成玄英疏："況飲食之間，不能將節；衽席之上，恣其淫蕩，動之死地，萬無一全。"

［6］【今注】宫車晏駕：車駕晚出，古代稱帝王死亡的諱辭。《史記》卷七九《范雎蔡澤列傳》："宫車一日晏駕，是事之不可知者一也。"裴駰《集解》引韋昭曰："凡初崩爲'晏駕'者，臣子之心猶謂宫車當駕而晚出。"

［7］【劉昭注】《袁山松書》曰："是年七月，虹晝見御坐玉堂後殿前庭中，色青赤也。"

後漢書　志第十八

五行六

日蝕　日抱　日赤無光　日黄珥　日中黑　虹貫日　月蝕非其月[1]

[1]【今注】案，《洪範五行傳·皇極傳》最後是“日月亂行，星辰逆行”，《漢書·五行志》載日食、日白、日赤、兩月重現、星隕、星孛、隕石等類目，《天文志》雖然也載星變異象，但與《五行志》則多不重疊，且不涉及日食、隕石二類。本志前已將“隕石”置於“鼓妖”下，從本志始，《五行志》不再記録與“星變”有關的災異。

光武帝[1]建武二年正月甲子朔，[2]日有蝕之。[3]在危八度。[4]《日蝕説》曰：“日者，太陽之精，人君之象。君道有虧，爲陰所乘，故蝕。蝕者，陽不克也。”[5]其候雜説，《漢書·五行志》著之必矣。[6]儒説諸侯專權，則其應多在日所宿之國。[7]諸侯附從，[8]則多爲王者事。人君改修其德，則咎害除。[9]是時世祖初興，[10]天下賊亂未除。虚、危，齊也。[11]賊張步擁兵據齊，[12]上遣伏隆諭步，許降，旋復叛稱王，至五年中乃破。

［1］【劉昭注】《古今注》曰："建武元年正月庚午朔，日有蝕之。"即更始三年。【今注】光武帝：東漢開國皇帝劉秀，公元25年至57年在位。謚號光武，廟號世祖。紀見本書卷一。

［2］【今注】建武：東漢光武帝劉秀年號（25—56）。

［3］【今注】案，蝕，殿本作"食"。

［4］【劉昭注】杜預曰："曆家之説，謂日光以望時遥奪月光，故月蝕。日月同會，月奄日，故日蝕。蝕有上下者，行有高下。日光輪存而中食者，相奄密，故日光溢出。皆既者，正相當而相奄間疏也。然聖人不言月食日（食，殿本作'蝕'），而以自蝕爲文，闕於所不見。"《春秋潛潭巴》云："甲子蝕，有兵敵强。"臣昭案：《春秋緯》六旬之蝕，各以甲子爲説，此偏舉一隅，未爲通證，故於事驗不盡相符。今依日例注，以廣其候耳。京房占曰："北夷侵，忠臣有謀，後大水在東方。"【今注】危八度：危，危宿，二十八宿之一，屬北方七宿。二十八宿是指分布在天赤道及黄道附近的二十八個星座，包括東方青龍七宿：角、亢、氐、房、心、尾、箕；北方玄武七宿：斗、牛、女、虚、危、室、壁；西方白虎七宿：奎、婁、胃、昴、畢、觜、參；南方朱雀七宿：井、鬼、柳、星、張、翼、軫。古代天文學中以人事比附星象，二十八宿各司其職，反映了"天人合一"的思想。　杜預：字元凱，京兆杜陵（今陝西西安市）人。西晉武帝時官至度支尚書，太康元年（280）領兵伐吴。精於《左傳》，撰有《春秋左氏經傳集解》，此處所引即出其書。傳見《晉書》卷三四。　春秋潛潭巴：《春秋緯》的一種，漢代無名氏撰，關於《春秋》的讖緯類典籍，言災異天人相感之道。宋代以後散佚。存世佚文見安居香山、中村璋八《緯書集成》。

［5］【今注】案，日蝕或作日食，上古三代即有相關記載，古人很早就將之與天命、人事聯繫在一起，《春秋》記災異，“莫若日蝕大”，日蝕被看作是天意的展現。關於日蝕的成因，主流的看法是陰陽氣論，日爲陽，日蝕發生時天地昏暗，是爲陰，日蝕即陽被陰所遮蔽，很容易與君臣關係聯繫在一起。這就是此處《日蝕説》之義。這種看法在漢代知識精英中是一種共識。如西漢文帝二年（前178）所下日食詔中説：“朕聞之，天生蒸民，爲之置君以養治之。人主不德，布政不均，則天示之以菑，以誡不治。”《漢書》卷八一《孔光傳》載哀帝元壽元年（前2）正月朔日食，孔光對曰：“臣聞日者，衆陽之宗，人君之表，至尊之象。君德衰微，陰道盛彊，侵蔽陽明，則日蝕應之。”此説幾乎與《日蝕説》一致。

［6］【劉昭注】《春秋緯》曰：“日之將蝕，則斗第二星變色（斗，大德本作‘十’），微赤不明，七日而蝕。”【今注】春秋緯：緯書的一種，包含《演孔圖》《元命苞》《文曜鉤》《運斗樞》《感精符》《合誠圖》《考異郵》《保乾圖》《漢含孳》《佐助期》《握誠圖》《潛潭巴》等篇，包括解釋《春秋》經文和星象、災異的內容，並宣揚孔子爲漢制法。《隋書·經籍志》有著録，宋以後散佚，存世佚文豐富，見安居香山、中村彰八《緯書集成》。此段所引出自《潛潭巴》。

［7］【劉昭注】《春秋漢含孳》曰：“臣子謀，日乃蝕。”《孝經鉤命決》曰：“失義不德，白虎不出禁，或逆枉矢射（矢，紹興本作‘失’，誤），山崩日蝕。”《管子》曰：“日掌陽，月掌陰，星掌和。陽爲德，陰爲刑（刑，紹興本作‘則’，誤），和爲事。是故日蝕，則失德之國惡之；月蝕，則失刑之國惡之；彗星見，則失和之國惡之。是故聖王日蝕則修德，月蝕則修刑，彗星見則修和。”【今注】日所宿之國：日蝕發生時太陽所在星宿的對應分野國。分野是中國古代的一種天地對應學説，認爲天上的星宿與地面的區域存在一一對應的關係，天文現象發生在某個星宿，其星占

就應驗在對應的分野。　孝經鉤命決：《孝經緯》的一種，成書於漢代，《白虎通》中已有引用，是《孝經緯》中形成較早的篇章，宋以後散佚，存世佚文見安居香山、中村彰八《緯書集成》。

［8］【今注】案，侯，紹興本、大德本、殿本作“象”，是。

［9］【劉昭注】《孝經鉤命決》曰：“日蝕修孝，山崩理惑。”

［10］【今注】世祖：即劉秀，廟號世祖。

［11］【今注】虛危齊也：虛宿、危宿對應的是齊地。虛，虛宿，二十八宿之一，屬北方七宿。

［12］【今注】張步：字文公，琅邪不其（今山東青島市即墨區）人。傳見本書卷一二。

三年五月乙卯晦，日有蝕之，[1]在柳十四度。柳，河南也。[2]時世祖在雒陽，赤眉降賊樊崇謀作亂，[3]其七月發覺，皆伏誅。[4]

［1］【劉昭注】《潛潭巴》曰：“乙卯蝕，雷不行，雪殺草不長，姦人入宫。”

［2］【今注】柳河南也：柳，柳宿，二十八宿之一，屬南方朱雀七宿。《漢書·地理志》柳三度至張十二度對應的是周國，即“三河”。柳十四度對應的是“三河”中的河南。

［3］【今注】赤眉：西漢末年的農民起義軍，以琅琊樊崇爲首。爲與王莽軍隊區别，將眉塗成赤紅色，故稱“赤眉”。《漢書》卷九九下《王莽傳下》：“赤糜聞之，不敢入界。”顔師古曰：“糜，眉也。以朱塗眉，故曰赤眉。古字通用。”　樊崇：字細君。王莽天鳳五年（18）率百餘人起事於莒，得饑民擁護大破王莽軍。所部發展至十餘萬，號赤眉軍，爲統帥。更始三年（25）擁立劉盆子，進軍長安，推翻劉玄政權。東漢光武帝建武三年（27）爲劉秀所困，敗降。力圖再起，被殺。

［4］【劉昭注】《古今注》曰："四年五月乙卯晦，日有蝕之。"【今注】案，誅，殿本作"謀"。

六年九月丙寅晦，日有蝕之。[1]史官不見，郡以聞。[2]在尾八度。[3]

［1］【劉昭注】《潛潭巴》曰："丙寅蝕，久旱，多有徵。"京房曰："有小旱災。"

［2］【劉昭注】本紀"都尉詡以聞"。

［3］【劉昭注】朱浮上疏，以郡縣數代，群陽騷動所致，見《浮傳》。【今注】尾：尾宿，二十八宿之一，屬東方青龍七宿。尾八度在《漢書·地理志》的分野中對應的是燕地。　案，朱浮時爲幽州牧，故其有上疏，見本書卷三三《朱浮傳》："臣聞日者衆陽之所宗，君上之位也。凡居官治民，據郡典縣，皆爲陽爲上，爲尊爲長。若陽上不明，尊長不足，則干動三光，垂示王者。五典紀國家之政，《鴻範》别災異之文，皆宣明天道，以徵來事者也。陛下哀愍海内新離禍毒，保宥生人，使得蘇息。而今牧人之吏，多未稱職，小違理實，輒見斥罷，豈不粲然黑白分明哉！然以堯舜之盛，猶加三考，大漢之興，亦累功効，吏皆積久，養老於官，至名子孫，因爲氏姓。當時吏職，何能悉理；論議之徒，豈不諠嘩。蓋以爲天地之功不可倉卒，艱難之業當累日也。而閑者守宰數見换易，迎新相代，疲勞道路。尋其視事日淺，未足昭見其職，既加嚴切，人不自保，各相顧望，無自安之心。有司或因睚眦以騁私怨，苟求長短，求媚上意。二千石及長吏迫於舉劾，懼於刺譏，故争飾詐僞，以希虚譽。斯皆群陽騷動，日月失行之應。夫物暴長者必夭折，功卒成者必亟壞，如摧長久之業，而造速成之功，非陛下之福也。天下非一時之用也，海内非一旦之功也。願陛下遊意於經年之外，望化於一世之後。天下幸甚。"

七年三月癸亥晦，日有蝕之，[1]在畢五度。[2]畢爲邊兵。秋，隗囂反，[3]侵安定。[4]冬，盧芳所置朔方、雲中太守各舉郡降。[5]

[1]【劉昭注】《潛潭巴》曰："癸亥日蝕，天人崩。"鄭興曰："頃年日蝕，每多在晦，行疾也（'行'前當據鄭興本傳所引上疏補'皆月'二字）。君亢急，臣下促迫。"【今注】鄭興：字少贛，河南開封（今河南開封市）人。兩漢之際經學大家，善《左傳》，與另一經學大家賈逵合稱鄭賈。傳見本書卷三六。此處所引出自其更始七年三月上疏："《春秋》以天反時爲災，地反物爲妖，人反德爲亂，亂則妖災生。往年以來，謫咎連見，意者執事頗有闕焉。案《春秋》'昭公十七年夏六月甲戌朔，日有食之'。《傳》曰：'日過分而未至，三辰有災，於是百官降物，君不舉，避移時，樂奏鼓，祝用幣，史用辭。'今孟夏，純乾用事，陰氣未作，其災尤重。夫國無善政，則謫見日月，變咎之來，不可不慎，其要在因人之心，擇人處位也。堯知鯀不可用而用之者，是屈己之明，因人之心也。齊桓反政而相管仲，晉文歸國而任郤縠者，是不私其私，擇人處位也。今公卿大夫多舉漁陽太守郭伋可大司空者，而不以時定，道路流言，咸曰'朝廷欲用功臣'，功臣用則人位謬矣。願陛下上師唐、虞，下覽齊、晉，以成屈己從衆之德，以濟群臣讓善之功。夫日月交會，數應在朔，而頃年日食，每多在晦。先時而合，皆月行疾也。日君象而月臣象，君亢急則臣下促迫，故行疾也。今年正月繁霜，自爾以來，率多寒日，此亦急咎之罰。天於賢聖之君，猶慈父之於孝子也，丁寧申戒，欲其反政，故災變仍見，此乃國之福也。今陛下高明而群臣惶促，宜留思柔剋之政，垂意《洪範》之法，博采廣謀，納群下之策。"見本書《鄭興傳》。

[2]【今注】畢：畢宿，二十八宿之一，屬西方白虎七宿。畢五度對應的分野爲趙國、冀州，不管是十三國系統還是十二州系

統，冀州都在華夏的最北方，屬於邊地。

[3]【今注】隗囂：字季孟，天水成紀（今甘肅静寧縣西南）人。王莽末爲當地豪强擁立據隴西起兵，初附劉玄，旋自稱西州上將軍。後歸光武帝，又叛附公孫述。後屢爲漢軍所敗，憂憤死。傳見本書卷一三。

[4]【今注】安定：郡名。治臨涇縣（今甘肅鎮原縣東南）。

[5]【劉昭注】《古今注》曰："九年七月丁酉，十一年六月癸丑，十二月辛亥，並日有蝕之。"【今注】盧芳：字君期，安定三水（今寧夏同心縣東）人。傳見本書卷一二。 朔方：郡名。治臨戎縣（今内蒙古磴口縣北）。 雲中：郡名。治雲中縣（今内蒙古托克托縣東北）。

十六年三月辛丑晦，日有蝕之，[1]在昴七度。[2]昴爲獄事。時諸郡太守坐度田不實，世祖怒，殺十餘人，然後深悔之。[3]

[1]【劉昭注】《潛潭巴》曰："辛丑蝕，主疑王（王，中華本據《後漢書集解》引錢大昕説改作'臣'）。"

[2]【今注】昴：昴宿，二十八宿之一，屬西方白虎七宿。

[3]【今注】案，本書卷一下《光武帝紀下》："秋九月，河南尹張伋及諸郡守十餘人，坐度田不實，皆下獄死。"

十七年二月乙未晦，日有蝕之，[1]在胃九度。[2]胃爲廩倉。時諸郡新坐租之後，天下憂怖，以穀爲言，故示象。或曰：胃，供養之官也。其十月，廢郭皇后，[3]詔曰"不可以奉供養"。

［1］【劉昭注】《潛潭巴》曰："乙未蝕，天下多邪氣，鬱鬱蒼蒼。" 京房曰："君責衆庶暴害之。"

［2］【今注】胃：胃宿，二十八宿之一，屬西方白虎七宿。

［3］【今注】郭皇后：即光武帝第一任皇后郭聖通。劉秀附於更始政權時，爲了招降河北，迫切需要得到河北地方勢力的支持，當時真定王劉揚實力最强，劉秀遂迎娶劉揚的外甥女郭聖通，得到了劉揚的十萬兵馬，以此最終控制了整個黄河以北，爲東漢王朝的建立奠定基礎。東漢建立後，郭氏被立爲皇后。建武十七年（41），她在后宫的争鬬中失敗，被廢爲中山王太后。紀見本書卷一〇上。

二十二年五月乙未晦，日有蝕之，在柳七度，京都宿也。柳爲上倉，祭祀穀也。近輿鬼，[1]輿鬼爲宗廟。十九年中，有司奏請立近帝四廟以祭之，[2]有詔"廟處所未定，且就高廟祫祭之"。[3]至此三年，遂不立廟。有簡墮心，奉祖宗之道有闕，故示象也。

［1］【今注】輿鬼：鬼宿，二十八宿之一，屬南方七宿。

［2］【今注】近帝四廟：此前四任皇帝的宗廟，此處指平帝、哀帝、成帝、元帝宗廟。光武帝此前僅祭祀親廟與高廟，親廟供奉自己的四代直系祖先，高廟供奉高祖、文帝、武帝，此年有司以"爲人主者事大宗，降其私親"爲由，建議改親廟爲近帝四廟，事見本書《祭祀志下》。

［3］【今注】祫祭：合祭。《穀梁傳》文公二年《傳》："祫祭者，毁廟之主陳于大祖，未毁廟之主，皆升，合祭于大祖。"范甯注："祫祭者，皆合祭諸廟已毁、未毁者之主於大祖廟中，以昭繆爲次序。"

二十五年三月戊申晦，日有蝕之，[1]在畢十五度。畢爲邊兵。其冬十月，以武谿蠻夷爲寇害，[2]伏波將軍馬援將兵擊之。[3]

[1]【劉昭注】《潛潭巴》曰："戊申蝕，地動摇，侵兵强。一曰：亡兵弱（亡，殿本作'主'，是），諸侯争。"

[2]【今注】武谿蠻夷：即武陵郡五溪的少數民族。本書卷二四《馬援傳》："二十四年，武威將軍劉尚擊武陵五溪蠻夷。"李賢注曰："酈元注《水經》云：'武陵有五溪，謂雄溪、樠溪、酉溪、潕溪、辰溪，悉是蠻夷所居，故謂五溪蠻。'皆槃瓠之子孫也。土俗'雄'作'熊'，'樠'作'朗'，'潕'作'武'，在今辰州界。"

[3]【劉昭注】《古今注》曰："二十六年二月戊子，日有蝕之，盡。"【今注】馬援：字文淵，扶風茂陵（今陝西興平市東北）人，東漢開國功臣。一生東征西討，與西羌、交趾、烏桓多次交戰，立下赫赫戰功，累官至伏波將軍，世稱"馬伏波"，是中國古代名將之一。傳見本書卷二四。

二十九年二月丁巳朔，日有蝕之，[1]在東壁五度。[2]東壁爲文章，一名娵訾之口。[3]先是皇子諸王各招來文章談説之士，去年中，有人上奏："諸王所招待者，或真僞雜，受刑罰者子孫，宜可分别。"於是上怒，詔捕諸王客，皆被以苛法，死者甚多。[4]世祖不早爲明設刑禁，一時治之過差，故天示象。世祖於是改悔，遣使悉理侵枉也。

[1]【劉昭注】《潛潭巴》曰："丁巳蝕，下有敗兵。"

［2］【今注】東壁：壁宿，二十八宿之一，屬北方七宿。

［3］【今注】娵（jū）訾（zī）：十二星次之一。漢代開始將十二星次與二十八星宿配合起來，娵訾與二十八宿中的室宿（營室）、壁宿（東壁）均在亥宫，二者大概位置相當，故相對應。《爾雅·釋天》："娵觜之口，營室、東壁也。"郭璞注："營室、東壁，星四，方似口，因名云。"

［4］【今注】案，本書卷一下《光武帝紀下》：二十八年（52）六月丁卯，"沛太后郭氏薨，因詔郡縣捕王侯賓客，坐死者數千人"。卷四二《沛獻王輔傳》："時禁網尚疏，諸王皆在京師，競修名譽，争禮四方賓客。壽光侯劉鯉，更始子也，得幸於輔。鯉怨劉盆子害其父，因輔結客，報殺盆子兄故式侯恭，輔坐繫詔獄，三日乃得出。自是後，諸王賓客多坐刑罰，各循法度。"沛太后即光武廢后郭氏，建武十七年廢爲中山王太后，故劉輔徙爲中山王。二十年劉輔徙爲沛王，故郭氏爲沛太后。劉鯉爲更始帝劉玄之子，赤眉軍入長安，劉玄降，被封爲長沙王，不久被劉盆子派人縊殺。劉鯉爲報父仇，乃依附劉輔，結交了不少賓客，借助他們之手殺了劉盆子兄劉恭。諸侯王賓客擅殺列侯，自然引起光武帝的重視，故有此舉。

三十一年五月癸酉晦，日有蝕之，[1]在柳五度，京都宿也。自二十一年示象至此十年，後二年，宫車晏駕。[2]

［1］【劉昭注】《潛潭巴》曰："癸酉蝕，連陰不解，淫雨毀山，有兵。"

［2］【今注】宫車晏駕：車駕晚出，古代稱帝王死亡的諱辭。《史記》卷七九《范雎蔡澤列傳》："宫車一日晏駕，是事之不可知者一也。"裴駰《集解》引韋昭曰："凡初崩爲'晏駕'者，臣子

之心猶謂宫車當駕而晚出。”

中元元年十一月甲子晦，[1]日有蝕之，在斗二十度。[2]斗爲廟，主爵禄。儒説十一月甲子，時王日也，[3]又爲星紀，[4]主爵禄，其占重。

[1]【今注】中元：亦稱建武中元，東漢光武帝劉秀年號(56—57)。

[2]【今注】斗：斗宿，二十八宿之一，屬北方玄武七宿。

[3]【今注】王日：中國古代天文曆法中的吉日，爲春卯、夏午、秋酉、冬子，此處十一月甲子正合“冬子”之數。王日是四時正王之辰，而四正之位專屬帝王，故“王日”往往與帝王之象聯繫在一起。

[4]【今注】星紀：十二星次之一，包括斗、牛二宿。

明帝永平三年八月壬申晦，[1]日有蝕之，[2]在氐三度。[3]氐爲宿宫。是時明帝作北宫。[4]

[1]【今注】明帝：東漢明帝劉莊，公元57年至75年在位。紀見本書卷二。　永平：東漢明帝劉莊年號（58—75）。

[2]【劉昭注】《潛潭巴》曰：“壬申蝕，水滅（滅，中華本據《後漢書集解》引錢大昕説改爲‘盛’），陽潰陰欲翔。”

[3]【今注】氐：二十八宿之一，屬東方七宿。　案，三，紹興本、大德本、殿本作“二”。

[4]【劉昭注】《古今注》曰：“四年八月丙寅，時加未，日有蝕之。五年二月乙未朔，日有蝕之，京師候者不覺，河南尹、郡國三十一上。六年六月庚辰晦，日有蝕之，時雒陽候者不見。”

八年十月[1]壬寅晦，日有蝕之，既，[2]在斗十一度。斗，吴也。廣陵於天文屬吴。[3]後二年，廣陵王荆坐謀反自殺。[4]

[1]【劉昭注】《古今注》曰："十二月。"

[2]【劉昭注】《潛潭巴》曰："壬寅蝕，天下苦兵，大臣驕横。"【今注】既：食盡，指日全食。《論衡·説日》："其合相當如襲辟者，日既是也。"

[3]【今注】案，漢代蔡邕的分野理論中，斗六度至女二度對應的分野是越，即吴。廣陵是劉荆的封國，在今江蘇揚州市，屬吴越。

[4]【今注】廣陵王荆：劉荆，東漢光武帝第九子，初封山陽王。劉秀去世後，他派人慫恿東海王劉彊起兵取代明帝，事情敗露，明帝以其爲同母兄弟，隱秘其事。後西羌反，劉荆勾結星象術士欲謀反，明帝乃徙封劉荆爲廣陵王，遣之國。永平八年（65），劉荆又與巫師行詛咒之事，敗露自殺。傳見本書卷四二。

十三年十月[1]甲辰晦，日有蝕之，[2]在尾十七度。[3]

[1]【劉昭注】《古今注》曰："閏八月。"

[2]【劉昭注】《潛潭巴》曰："甲辰蝕，四騎脅大水。"

[3]【劉昭注】京房占曰："王后壽命絶（王，殿本作‘主’），後有大水。"

十六年五月戊午晦，日有食之，[1]在柳十五度。儒説五月戊午，猶十一月甲子也，[2]又宿在京都，其占重。後二歲，宫車晏駕。

［1］【劉昭注】《潛潭巴》曰："戊午蝕，久旱穀不傷。"【今注】案，食，殿本作"蝕"。

［2］【今注】案，王日爲春卯、夏午、秋酉、冬子，五月戊午對應的便是"夏午"。

十八年十一月甲辰晦，日有蝕之，在斗二十一度。是時明帝既崩，馬太后制爵禄，[1]故陽不勝。

［1］【今注】馬太后：名字失載，扶風茂陵（今陝西興平市東北）人，伏波將軍馬援的小女兒，東漢明帝劉莊的皇后。紀見本書卷一〇上。

章帝建初五年二月庚辰朔，[1]日有蝕之，[2]在東壁八度。例在前建武二十九年。是時群臣争經，多相非毁者。[3]

［1］【今注】章帝：東漢章帝劉炟，公元75年至88年在位。紀見本書卷三。　建初：東漢章帝劉炟年號（76—84）。

［2］【劉昭注】《潛潭巴》曰："庚辰蝕，彗星東至，有寇兵。"

［3］【劉昭注】又别占云："庚辰蝕，久旱（久，大德本、殿本作'大'）。"

六年六月辛未晦，日有蝕之，[1]在翼六度。[2]翼主遠客。冬，東平王蒼等來朝，[3]明年正月，蒼薨。[4]

［1］【劉昭注】《潛潭巴》曰："辛未蝕，大水。"

［2］【今注】翼：二十八宿之一，屬南方朱雀七宿。

［3］【今注】東平王蒼：劉蒼，東漢光武帝劉秀之子，明帝同母弟。爲驃騎將軍，在朝輔政，位在三公之上，深得明帝信任。傳見本書卷四二。

［4］【劉昭注】《古今注》曰："元和元年九月乙未（乙，殿本作'己'），日有蝕之。"

元和元年八月乙未晦，[1]日有蝕之。史官不見，佗官以聞。日在氐四度。[2]

［1］【今注】案，元和，中華本據《後漢書集解》引錢大昕説改爲"章和"。

［2］【劉昭注】星占曰："天下災，期三年。"

和帝永元二年二月壬午，[1]日有蝕之。[2]史官不見，涿郡以聞。[3]日在奎八度。[4]

［1］【今注】和帝：東漢和帝劉肇，公元88年至105年在位。紀見本書卷四。　永元：東漢和帝劉肇年號（89—105）。

［2］【劉昭注】《潛潭巴》曰："壬午蝕，久雨，旬望。"

［3］【今注】涿郡：治涿縣（今河北涿州市）。

［4］【劉昭注】京房占曰："三公與諸侯相賊，弱其君王，天應而日蝕。三公失國，後旱且水。"臣昭以爲三公宰輔之位，即竇憲。【今注】奎：奎宿，二十八宿之一，屬西方白虎七宿。

四年六月戊戌朔，日有蝕之，[1]在七星二度，[2]主衣裳。又曰行近軒轅，[3]在左角，爲太后族。是月十九日，[4]上免太后兄弟竇憲等官，[5]遣就國，選嚴能相，於國蹙迫自殺。

[1]【劉昭注】《潛潭巴》曰："戊戌蝕，有土殃，主后死，天下諒陰。"京房占曰："婚嫁家欲戮。"

[2]【今注】七星：即南方七宿之一的星宿。

[3]【今注】軒轅：七星的輔官星座，在星宿北，包含十七星，排列起來形狀像黄龍，位於黄龍左角的一星名爲大民，中國古代天文學認爲大民象徵太后家族。《史記·天官書》："軒轅，黄龍體。"司馬貞《正義》："軒轅十七星，在七星北，黄龍之體，主雷雨之神，後宫之象也。"

[4]【劉昭注】案本紀：庚申幸北宫，詔捕憲等。庚申是二十三日。

[5]【今注】太后：即竇太后，東漢章帝皇后，扶風平陵（今陝西咸陽市）人，竇融曾孫女。章帝去世，和帝繼位，尊竇氏爲皇太后，並臨朝攝政。紀見本書卷一〇上。　竇憲：字伯度，扶風平陵（今陝西咸陽市西北）人。以妹爲章帝皇后，拜侍中、虎賁中郎將。和帝時内主機密，出宣誥命。後迫令自殺。傳見本書卷二三。

七年四月辛亥朔，日有蝕之，[1]在觜觿，[2]爲葆旅，[3]主收斂。儒説葆旅宫中之象，收斂貪妒之象。是歲鄧貴人始入。[4]明年三月，陰皇后立，[5]鄧貴人有寵，陰后妒忌之，後遂坐廢。一曰是將入參，參、伐爲斬刈。[6]明年七月，越騎校尉馮柱捕斬匈奴温禺犢王烏居戰。[7]

［1］【劉昭注】《潛潭巴》曰："辛亥蝕，子爲雄（雄，大德本作'帷'）。"

［2］【今注】觜（zī）觿（xī）：即觜宿，二十八宿之一，屬西方七宿。

［3］【今注】葆旅：指野菜。觜宿象徵飢民收斂野菜。《史記·天官書》裴駰《集解》引"晉灼曰"："葆，菜也。禾野生曰旅，今之飢民采旅也。"司馬貞正義："觜觿爲虎首，主收斂葆旅事也。葆旅，野生之可食者。"

［4］【今注】鄧貴人：鄧綏，南陽新野（今河南新野縣）人。東漢和帝第二任皇后。祖父是東漢開國重臣太傅鄧禹。紀見本書卷一〇上。

［5］【今注】陰皇后：南陽新野（今河南新野縣）人，東漢和帝第一任皇后。紀見本書卷一〇上。

［6］【今注】參伐爲斬刈：中國古代天文學認爲參、伐象徵殺伐，故謂之。參，參宿，二十八宿之一，屬西方七宿。伐，參宿的附座。

［7］【今注】越騎校尉：官名。秩比二千石，掌宿衛兵。　馮柱：東漢和帝時人，初爲越騎校尉，戰勝烏居戰之後以功遷將作大匠。　匈奴温禺犢王烏居戰：即烏居戰，南匈奴將領，封爲右温禺犢王。南匈奴内附後，烏居戰親附安國單于，安國死後師子繼任單于，師子與安國素有矛盾，因此烏居戰被師子單于猜疑，遂於和帝永元七年（95）叛，出塞外山谷，至此被漢擊敗。事見本書卷八九《南匈奴傳》。

十二年秋七月辛亥朔，日有蝕之，在翼八度，荆州宿也。[1]明年冬，南郡蠻夷反爲寇。[2]

［1］【今注】案，東漢十二次分野體系中，翼八度對應的是楚

國、荆州。

[2]【今注】案，本書卷八六《巴郡南郡蠻傳》載其事："和帝永元十三年，巫蠻許聖等以郡收税不均，懷怨恨，遂屯聚反叛。明年夏，遣使者督荆州諸郡兵萬餘人討之。聖等依憑阻隘，久不破。諸軍乃分道並進，或自巴郡、魚復數路攻之，蠻乃散走，斬其渠帥，乘勝追之，大破聖等。聖等乞降，復悉徙置江夏。"

十五年四月甲子晦，日有蝕之，在東井二十二度。[1]東井，主酒食之宿也。婦人之職，無非無儀，[2]酒食是議。去年冬，鄧皇后立，[3]有丈夫之性，與知外事，故天示象。是年水，雨傷稼。

[1]【今注】東井：即井宿，二十八宿之一，屬南方七宿。

[2]【今注】案，儀，殿本作"議"。

[3]【今注】鄧皇后：即鄧綏。

安帝永初元年三月二日癸酉，[1]日有蝕之，在胃二度。胃主廩倉。是時鄧太后專政，去年大水傷稼，倉廩爲虚。[2]

[1]【今注】安帝：東漢安帝劉祜，公元 106 年至 125 年在位。紀見本書卷五。　永初：東漢安帝劉祜年號（107—113）。

[2]【劉昭注】《古今注》曰："三年三月，日有蝕之。"

五年正月庚辰朔，日有蝕之，在虚八度。正月，王者統事之正日也。虚，空名也。是時鄧太后攝政，安帝不得行事，俱不得其正，若王者位虚，故於正月陽不克，示象也。於是陰預乘陽，故夷狄並爲寇害，西邊諸郡皆至虚空。[1]

[1]【今注】案，此處指安帝永初元年（107）至元初五年間的西羌之亂，持續十多年，本書卷八七《西羌傳》云："自羌叛十餘年間，兵連師老，不暫寧息。軍旅之費，轉運委輸，用二百四十餘億，府帑空竭。延及内郡，邊民死者不可勝數，并涼二州遂至虚耗。"

七年四月丙申晦，日有蝕之，[1]在東井一度。

[1]【劉昭注】《潛潭巴》曰："丙申蝕，諸侯相攻。"京房占曰："君臣暴虐，臣下横恣，上下相賊，後有地動。"

元初元年十月戊子朔，[1]日有蝕之，[2]在尾十度。尾爲後宫，繼嗣之宫也。是時上甚幸閻貴人，[3]將立，故示不善，將爲繼嗣禍也。明年四月，遂立爲后。後遂與江京、耿寶等共讒太子廢之。[4]

[1]【今注】元初：東漢安帝劉祜年號（114—120）。

[2]【劉昭注】《潛潭巴》曰："戊子蝕，宫室内婬，雌必或雄（或，殿本作'成'，是）。"京房占曰："妻欲害夫，九族夷滅，後有大水。"

[3]【今注】閻貴人：閻姬。河南滎陽（今河南滎陽市東北）人，東漢安帝皇后。紀見本書卷一〇下。

[4]【今注】江京：東漢宦官，任小黄門、中常侍、大長秋。與安帝乳母王聖、中常侍樊豐共同謀廢太子劉保爲濟陰王。安帝去

世後，迎立北鄉侯劉懿爲帝，待劉懿病重，江京建議太后閻姬另選諸侯王子即位。宦官孫程等發動政變擁立劉保登基，江京被殺。事見本書卷七八《孫程傳》。　耿寶：字君達，扶風茂陵（今陝西興平市東北）人。東漢外戚、將領。其妹爲安帝生父清河王之妃。安帝即位後，耿寶享内寵，與樊豐等人進讒，廢皇太子劉保爲濟陰王，後被閻太后貶，自殺。事見本書卷一九《耿弇傳》。

二年九月壬午晦，日有蝕之，在心四度。[1]心爲王者，明久失位也。

［1］【今注】心：心宿，二十八宿之一，屬東方青龍七宿。

三年三月二日辛亥，日有蝕之，在婁五度。[1]史官不見，遼東以聞。

［1］【今注】婁：婁宿，二十八宿之一，屬西方白虎七宿。

四年二月乙亥朔，[1]日有蝕之，[2]在奎九度。史官不見，七郡以聞。奎主武庫兵。其十月八日壬戌，[3]武庫火，燒兵器也。

［1］【今注】案，亥，中華本據《後漢書集解》引洪亮吉、周壽昌説改作“巳”。

［2］【劉昭注】《潛潭巴》曰：“乙亥蝕，東國發兵（中華本據張森楷校勘記認爲‘發’係衍文，當删）。”京房占曰：“諸侯上侵以自益，近臣盜竊以爲積，天子未知，日爲之蝕。”

［3］【今注】案，其十月八日，中華本據《後漢書集解》引周

壽昌説改作“其月十八日”。

五年八月丙申朔，日有蝕之，在翼十八度。史官不見，張掖以聞。[1]

[1]【劉昭注】《潛潭巴》曰：“丙申蝕，夷狄内攘。”《石氏占》曰：“王者失禮，宗廟不親，其歲旱。”【今注】張掖：郡名。治觻得縣（今甘肅張掖市西北）。　石氏：即《石氏星經》。戰國魏人石申所撰天文星占書籍，西漢以後尊稱爲《石氏星經》。此書《史記·天官書》《漢書·天文志》多有引用，但流傳至東漢已“舊文錯亂，不可考校”。晉武帝太史令陳卓整理石申、甘德、巫咸三家《星經》，“著於圖録，並注占贊”。此後以石氏爲名的星占書繁多，《隋書·經籍志》所載“梁有隋亡”諸書有《石氏天文占》八卷、《石氏星經》七卷（陳卓記）、《石氏星官》十九卷，入唐以後，此書僅以《石氏星經簿讚》流傳，或與甘德、巫咸《星經》合爲《三氏簿讚》。案，原書早佚，漢以後人言星占又喜稱石氏，因此魏晉南北朝以後這些以石氏爲名的星占書不能徑視爲其書原本。唐《開元占經》中多有徵引“石氏曰”，日本又有殘鈔本存世，敦煌寫本 P. 2512《星占》中也有“三家星經”，當視爲上述中古所見石氏星占諸書的佚文。另有今本《星經》（或《通占大象曆星經》）二卷雖題爲“甘公、石申著”，實皆經過後人的篡補修改，更非其書。

六年十二月戊午朔，日有蝕之，幾盡，地如昏狀。[1]在須女十一度，[2]女主惡之。後二歲三月，鄧太后崩。[3]

［1］【劉昭注】《古今注》曰："星盡見。"《春秋緯》曰："日蝕既，君行無常，公輔不修德，夷狄强侵，萬事錯。"

［2］【今注】須女：即女宿，二十八宿之一，屬北方玄武七宿。

［3］【劉昭注】《李氏家書》司空李郃上書曰："陛下祗畏天威，懼天變，克己責躬，博訪群下。咎皆在臣，力小任重，招致咎徵。去二月（大德本、汲本、殿本'去'字後有'年'字，當據補），京師地震，今月戊午日蝕。夫至尊莫過乎天，天之變莫大乎日蝕（大，大德本作'過'），地之戒莫重乎震動。今一歲之中，大異兩見，日蝕之變，既爲尤深，地動之戒，摇宫最醜。日者陽精，君之象也。戊者土主，任在中宫。午者火德，漢之所承。地道安静，法當坤陽（坤，大德本、汲本、殿本作'由'，是），今乃專恣，摇動宫闕。禍在蕭牆之内，臣恐宫中必有陰謀其陽，下圖其上，造爲逆也。災變終不虚生，推原二異，日辰行度，甚爲較明，譬猶指掌。宜察宫闕之内，如有所疑，急摧破其謀，無令得成。修政恐懼，以荅天意。十月辛卯，日有蝕之，周家所忌，乃爲亡徵，是時妃后用事，七子朝令。戊午之災，近相似類。宜貶退諸后兄弟群從内外之寵，求賢良，徵逸士，下德令，施恩惠，澤及山海。"時度遼將軍遵多興師重賦出塞妄攻之事，上深納其言。建光元年（元，汲本、殿本作"二"），鄧后崩（汲本"鄧"字後有"太"字，當據補）。上收考中人趙任等，辭言地震日蝕，任中官（任，大德本、汲本、殿本作"在"，中華本認爲底本"任"下脱"在"字，大德本、汲本、殿本"在"上脱"任"字，當據補；官，殿本作"宫"，是），竟有廢立之謀（紹興本無"立"字），郃乃自知其言驗也。【今注】李郃：字孟節，漢中南鄭（今陝西漢中市）人。東漢名臣李固之父，安帝元初四年（117），出任司空。順帝時又任司徒。傳見本書卷八二上。　戊中土主任在中宫午者火德漢之所承：中國古代陰陽五行理論認爲，五方、天

干、地支等要素在五行秩序中皆有其一定的對應關係。五行中的“土”在五方中對應中央，在天干中對應“戊”，因此説“戊者土主，任在中宫”；漢自武帝以後自居火德，東漢因之，“火”又對應地支中的“午”，因此説“午者火德，漢之所承”。李郃這兩句話意在將戊午日食闡發爲漢内廷專恣危害皇帝之徵。　戊午之災：即此次發生於東漢和帝永元六年（94）十二月戊午的日食。李郃這裏是將此次日食與《詩・小雅・十月》中記載的發生在周朝的十月辛卯日食相類比，認爲同屬於後宫有事之徵。　趙任：安帝朝宦官。

永寧元年七月乙酉朔，[1]日有蝕之，[2]在張十五度。[3]史官不見，酒泉以聞。[4]

[1]【今注】永寧：東漢安帝劉祜年號（120—121）。

[2]【劉昭注】《潛潭巴》曰：“乙酉蝕，仁義不明，賢人消。”京房占曰：“君弱臣强，司馬將兵，反征其王。”

[3]【今注】張：張宿，二十八宿之一，屬南方朱雀七宿。

[4]【劉昭注】《石氏占》曰：“日蝕張，王者失禮。”【今注】酒泉：郡名。治禄福縣（今甘肅酒泉市）。

延光三年九月庚寅晦，[1]日有食之，[2]在氐十五度。氐爲宿宫。宫，中宫也。時上聽中常侍江京、樊豐及阿母王聖等讒言，[3]廢皇太子。

[1]【今注】延光：東漢安帝劉祜年號（122—125）。　案，庚寅，中華本據《後漢書集解》引洪亮吉説改作“庚申”。

[2]【劉昭注】京房占曰：“骨肉相賊，後有水。”【今注】

案，食，大德本、殿本作“蝕”。

［3］【今注】樊豐：東漢宦官，任中常侍，與安帝乳母王聖、江京構陷謀廢太子劉保爲濟陰王。後又詐作詔書，調發錢穀、材木，修建家舍園觀。太尉楊震上書告發，反遭誣陷，被逼自殺。安帝延光四年（125）隨安帝出巡，安帝中途駕崩，回京後，外戚閻顯舉發其與周廣、王聖等人的結黨行徑，樊豐被下獄處死。事見本書卷五四《楊震傳》、卷七八《孫程傳》。　阿母王聖：王聖，東漢安帝乳母，得封野王君。鄧太后臨朝時，曾與小黄門李閏進讒離間太后與安帝。其後，又與宦官樊豐、江京譖殺太子劉保乳母王男、厨監邴吉，謀廢劉保爲濟陰王。恃寵而驕、貪贓枉法，譖誅太尉楊震等。劉懿即位後，被閻顯舉發，徙鴈門。事見本書卷七八《孫程傳》。

四年三月戊午朔，日有蝕之，在胃十二度。隴西、酒泉、朔方各以狀上，[1]史官不覺。[2]

［1］【今注】隴西：郡國名。治狄道縣（今甘肅臨洮縣南）。　朔方：郡名。治臨戎縣（今内蒙古磴口縣北）。

［2］【劉昭注】案《馬融集》，是蝕融爲許令（蝕，大德本、殿本作“時”，是），其四月庚申，自縣上書曰：“伏讀詔書，陛下深惟禹、湯罪己之義，歸咎自責。寅畏天戒，詳延百僚，博問公卿，知變所自，審得厥故，修復往術，以荅天命。臣子遠近，莫不延頸企踵，苟有隙空一介之知，事願自效，貢納聖聽。臣伏見日蝕之占，自昔典籍‘十月之交’，《春秋》傳記、《漢注》所載，史官占候，群臣密對，陛下所觀覽（下，紹興本作‘不’，誤），左右所諷誦，可謂詳悉備矣。雖復廣問，陷在前志（陷，中華本據張森楷校勘記改作‘昭’），無以復加。乃者茀氣于参（于，大德本作‘干’，是），臣前得敦朴之人（人，中華本據《後漢書

校補》改作‘徵’），後三年二月，對策北宫端門。以爲參者西方之位，其於分野，并州是也，殆謂西戎、北狄。其後種羌叛戾，烏桓犯上郡，并、涼動兵，驗略效（大德本、汲本、殿本句末有‘矣’字，當據補）。今復見大異，申誡重譴（譴，紹興本作‘諱’，誤），於此二城，海内莫見。三月一日，合辰在婁。婁又西方之宿，衆占顯明者。羌及烏桓有悔過之辭，將吏策勳之名（勳，紹興本作‘動’，誤）。臣恐受任典牧者，苟脱目前，皆粗圖身一時之權（身，中華本據《後漢書校補》改作‘伸’），不顧爲國百世之利。論者美近功，忽其遠，則各相不大疢病（不大，中華本據《後漢書校補》改作‘美其’）。伏惟天象不虚。《老子》曰：‘圖難於其易也，爲大於其細也。’消災復異，宜在於今。《詩》曰：‘日月告凶，不用其行。四國無政，不用其良。’《傳》曰：‘國無政，不用善，則自取謫于日月之災，故政不可不慎也。務三而已：一曰擇人，二月安民，三曰從時。’臣融伏惟方今有道之世，漢典設張，侯甸采衞，司民之吏，案繩循墨，雖有殿最，所差無幾。其陷罪辟，身自取禍，百姓未被其大傷。至邊郡牧御失和，吉之與凶，敗之與成，優劣相懸，不誡不可。審擇其人，上以應天變，下以安民隸。竊見列將子孫（竊，大德本作‘切’），生長京師，食仰租奉，不知稼穡之艱，又希遭阨困，故能果毅輕財，施與不弱（不，汲本、殿本作‘孤’，是），以獲死生之用，此其所長也。不拘法禁，奢泰無度，功勞足以宣威，踰濫足以傷化，此其所短也。州郡之士，出自貧苦，長於撿押，雖專賞罰，不敢越溢，此其所長也。拘文守法，遭遇非常，狐疑無斷（狐，紹興本作‘孤’，誤），畏首畏尾，威恩纖薄，外内離心，士卒不附，此其所短也。必得將兼有二長之才，無二短之累，參以吏事，任以兵法。有此數姿，然後能折衝厭難，致其功實，轉災爲福。孔子曰：‘十室之邑，必有忠信如丘者焉。’以天下之大，四海之衆，云無若人，臣以爲誣矣。宜特選詳譽，審得其真，鎮守二方，以應用良擇人之義，以塞大異也。”【今注】許令：即許縣縣令。許縣，隸潁川郡，在今河南許昌市東。　案，茀（bó）氣干參，茀，彗星。茀氣干參指彗星干犯參宿。中國古代星占認爲彗星出現是兵變的象徵，因此馬融説彗星干犯參宿是參宿對應的分野區并州將要發生兵災的徵兆。唐《開元占經》引《石氏星經》：“石氏曰：彗孛干犯參，其國邊兵大敗，其君亡。近期一年，遠期三年。”案此篇上書劉昭繫年於安帝延光四年（125），王先謙《後漢書集解》卷一八已指其誤，並繫年在順帝永和元年（136），其説可從。　合辰在婁：辰，即日月合朔之所；合辰，即日月合朔，指月球公轉一周後與太陽重新相遇；合辰在婁是指日月合朔於婁宿。　侯甸采衛：即侯服、甸服、采服、衛服之地。《周禮》將王畿以外的地區依距離遠近劃分爲侯、甸、男、采、衛、蠻、夷、鎮、藩九服。這裏“侯甸采衛”是對漢所轄的地區的泛指。　案繩循墨：繩、墨是指木工用以測定曲直的墨綫，這裏引申爲準則、法度，指遵循規則行事。

順帝永建二年七月甲戌朔，[1]日有蝕之，[2]在翼九度。

［1］【今注】順帝：東漢順帝劉保，公元125年至144年在位。紀見本書卷六。　永建：東漢順帝劉保年號（126—132）。

［2］【劉昭注】《潛潭巴》曰：“甲戌蝕，草木不滋，王命不行。”京房占曰：“近臣欲戮，身戮辱（紹興本、大德本、殿本‘身’字後有‘及’字，是），後小旱。”

陽嘉四年閏月丁亥朔，[1]日有蝕之，[2]在角五度。[3]史官不見，零陵以聞。[4]

［1］【今注】陽嘉：東漢順帝劉保年號（132—135）。

［1］【劉昭注】《潛潭巴》曰："丁亥蝕，匿謀滿玉堂。"京房占曰："君臣無别。"

［3］【今注】角：角宿，二十八宿之一，屬東方青龍七宿。

［4］【劉昭注】案張衡爲太史令，表奏云："今年三月朔方覺日蝕，此郡懼有兵患。臣愚以爲可勑北邊須塞郡縣，明烽火，遠斥候，深藏固閉，無令穀畜外露。"不詳是何年三月。【今注】零陵：郡名。治泉陵縣（今湖南永州市零陵區）。

永和三年十二月戊戌朔，[1]日有蝕之，在須女十一度。史官不見，會稽以聞。[2]明年，中常侍張逵等謀譖皇后父梁商欲作亂，[3]推考，逵等伏誅也。

［1］【今注】永和：東漢順帝劉保年號（136—141）。

［2］【今注】會稽：郡名。治山陰縣（今浙江紹興市）。

［3］【今注】張逵：宦官。東漢順帝時官至中常侍，因誣陷梁商及中常侍曹騰、孟賁被下獄而死。　梁商：字伯夏，安定烏氏（今寧夏固原市東南）人。東漢外戚、大臣，女爲順帝皇后。傳見本書卷三四。

五年五月己丑晦，日有蝕之，[1]在東井三十三度。東井，三輔宿。[2]又近輿鬼，輿鬼爲宗廟。其秋，西羌爲寇，至三輔陵園。[3]

［1］【劉昭注】《潛潭巴》曰："日蝕己丑（汲本作'己丑日蝕'），天下唱之。"

［2］【今注】案，三，大德本作"二"，誤。

[3]【今注】案，本書卷八七《西羌傳》載："五年夏，且凍、傅難種羌等遂反叛，攻金城，與西塞及湟中雜種羌胡大寇三輔，殺害長吏。"

六年九月辛亥晦，日有蝕之，在尾十一度。尾主後宮，繼嗣之宮也。以爲繼嗣不興之象。

桓帝建和元年正月辛亥朔，[1]日有蝕之，在營室三度。[2]史官不見，郡國以聞。是時梁太后攝政。[3]

[1]【今注】桓帝：東漢桓帝劉志，公元146年至167年在位。紀見本書卷七。桓，大德本作"淵聖御名"，係避宋欽宗趙桓名諱。建和：東漢桓帝劉志年號（147—149）。

[2]【今注】營室：即室宿，二十八宿之一，屬北方玄武七宿。

[3]【今注】梁太后：梁妠，安定烏氏（今寧夏固原市東南）人，大將軍梁商之女，漢順帝皇后。紀見本書卷一〇下。

三年四月丁卯晦，日有蝕之，[1]在東井二十三度。例在永元十五年。東井主法，梁太后又聽兄冀枉殺公卿，[2]犯天法也。明年，太后崩。

[1]【劉昭注】《潛潭巴》曰："丁卯蝕，有旱有兵。"京房占曰："諸侯欲戮，後有裸蟲之殃。"

[2]【今注】兄冀：即梁太后兄梁冀，字伯卓，安定烏氏（今寧夏固原市東南）人。傳見本書卷三四。

元嘉二年七月二日庚辰，[1]日有蝕之，在翼四度。

史官不見，廣陵以聞。[2]冀主倡樂。時上好樂過。[3]

［1］【今注】元嘉：東漢桓帝劉志年號（151—153）。

［2］【劉昭注】京房占曰："庚辰蝕，君易賢以剛，卒以自傷，後有水。"

［3］【劉昭注】阮籍《樂論》曰："桓帝聞琴，悽愴傷心（悽，紹興本作'連'，誤），倚扆而悲，慷慨長息曰：'善乎哉！爲琴若此，一而足矣。'"【今注】阮籍：字嗣宗，陳留尉氏（今河南尉氏縣）人，三國魏人，魏文帝時官至步兵校尉，擅長詩文，所撰多收於《阮籍集》中。傳見《晉書》卷四九。

永興二年九月丁卯朔，[1]日有蝕之，在角五度。角，鄭宿也。十一月，泰山盜賊群起，劫殺長吏。[2]泰山於天文屬鄭。

［1］【今注】永興：東漢桓帝劉志年號（153—154）。

［2］【今注】案，漢代十二次分野體系中，軫六度至亢八度對應的是鄭國、兖州。東漢桓帝永興二年（154）十一月，泰山、琅琊郡東郭竇、公孫舉聚衆三萬人起事，轉戰青、兖、徐三州，永壽二年（156）七月被段熲鎮壓。

永壽三年閏月庚辰晦，[1]日有蝕之，在七星二度。史官不見，郡國以聞。例在永元四年。後二歲，梁皇后崩，[2]冀兄弟被誅。

［1］【今注】永壽：東漢桓帝劉志年號（155—158）。

［2］【今注】梁皇后：即梁太后梁妠。

延熹元年五月甲戌晦，[1]日有蝕之，在柳七度，京都宿也。[2]

[1]【今注】延熹：東漢桓帝劉志年號（158—167）。

[2]【劉昭注】《梁冀别傳》曰："常侍徐璜白言：'臣竊見道術家常言（竊，大德本、殿本作"切"），漢死在戌亥。今太歲在丙戌（太，紹興本作"大"，大通太），五月甲戌，日蝕柳宿。朱雀，漢家之貴國，宿分周地，今京師是也。史官上占，去重見輕。'璜召太史陳援詰問，乃以實對。冀怨援不爲隱諱，使人陰求其短，發擿上聞。上以亡失候儀不肅，有司奏收殺獄中。"【今注】太史：即太史令，秩六百石，掌天時、星曆。 陳援：本書卷三四《梁冀傳》作"陳授"，桓帝時官至太史令。

八年正月丙申晦，日有蝕之，在營室十三度。營室之中，女主象也。其二月癸亥，鄧皇后坐酗，[1]上送暴室，令自殺，家屬被誅。吕太后崩時亦然。[2]

[1]【今注】鄧皇后：鄧猛女，南陽新野（今河南新野縣）人。東漢桓帝第二任皇后，和熹皇后鄧綏的侄孫女。紀見本書卷一〇下。

[2]【今注】吕太后：即漢高祖皇后吕氏。紀見《史記》卷九、《漢書》卷三。吕后七年（前181）正月己丑晦，日食，在營室九度。次年，吕后死，史家認爲是此次日食的徵應。事見《漢書·五行志》。

九年正月辛卯朔，日有蝕之，[1]在營室三度。史官不見，郡國以聞。谷永以爲三朝尊者惡之。[2]其明年，宫車晏駕。

［1］【劉昭注】《潛潭巴》曰："辛卯蝕，臣伐其主（伐，紹興本、大德本作'代'）。"

［2］【今注】谷永：字子雲，京兆長安（今陝西西安市）人。西漢成帝時官至大司農，精《京氏易》，屢以災異勸説執政者。傳見《漢書》卷八五。

永康元年五月壬子晦，[1]日有蝕之，[2]在輿鬼一度。儒説壬子淳水日，而陽不克，將有水害。[3]其八月，六州大水，勃海盗賊。[4]

［1］【今注】永康：東漢桓帝劉志年號（167）。

［2］【劉昭注】《潛潭巴》曰："壬子蝕，妃后專恣，女謀王。"

［3］【今注】案，在中國古代五行觀念中，天干中的壬、地支中的子皆對應五行中的水，不雜他物爲淳，因此説"壬子淳水日"。水爲陰，淳水則爲至陰，故云"陽不克"。

［4］【今注】案，盗賊，中華本據《後漢書集解》引惠棟説改作"海溢"。

靈帝建寧元年五月丁未朔，[1]日有蝕之。[2]冬十月甲辰晦，日有蝕之。

［1］【今注】靈帝：東漢靈帝劉宏，公元168年至189年在位。紀見本書卷八。　建寧：東漢靈帝劉宏年號（168—172）。

［2］【劉昭注】《潛潭巴》曰："丁未蝕，王者崩。"

二年十月戊戌晦，日有蝕之。右扶風以聞。[1]

[1]【今注】右扶風：政區名。治槐里縣（今陝西興平市東南）。三輔之一。

三年三月丙寅晦，日有蝕之。梁相以聞。

四年三月辛酉朔，日有蝕之。[1]

[1]【劉昭注】《潛潭巴》曰："辛酉蝕，女謀王（王，紹興本、大德本、殿本作'主'，是）。"谷永上書（永，紹興本作"公"，誤）："飲酒無節，君臣不别，姦邪欲起。"《傳》曰："酒無節，兹謂荒，厥異日蝕，厥咎亡。"靈帝好爲商估，飲於宫人之肆也。

熹平二年十二月癸酉晦，[1]日有蝕之，在虚二度。是時中常侍曹節、王甫等專權。[2]

[1]【今注】熹平：東漢靈帝劉宏年號（172—178）。

[2]【劉昭注】蔡邕上書曰："四年正月朔，日體微傷，群臣服赤幘，赴宫門之中，無救，乃各罷歸。夫有大異，隱而不宣求御過，是已事之甚者。"【今注】曹節：字漢豐，南陽新野（今河南新野縣）人。傳見本書卷七八。　王甫：宦官。東漢靈帝時爲黄門令，與曹節等將兵殺竇武、陳蕃，遷中常侍。又與節誣奏勃海王劉悝謀反，殺之，以功封冠軍侯。操縱朝政，父兄子弟皆爲貴官。後爲司隸校尉陽球奏誅。事見本書卷七八《曹節傳》。

六年十月癸丑朔，日有蝕之，趙相以聞。[1]

［1］【劉昭注】谷永上書："賦斂滋重，不顧黎民，百姓虛竭，則日蝕，將有潰叛之變。"

光和元年二月辛亥朔，[1]日有蝕之。十月丙子晦，日有蝕之，在箕四度。[2]箕爲後宮口舌。是月，上聽讒廢宋皇后。[3]

［1］【今注】光和：東漢靈帝劉宏年號（178—184）。

［2］【今注】箕：箕宿，二十八宿之一，屬東方青龍七宿。

［3］【劉昭注】案：本傳盧植上書，丙子蝕自巳過午，既蝕之後，雲霧晻曖（晻，大德本、殿本作"掩"），陳八事以諫。蔡邕對問曰："詔問踐祚以來（祚，殿本作'阼'），災眚屢見，頻歲日蝕（頻，殿本作'頃'）、地動，風雨不時，疫癘流行，勁風折樹，河、雒盛溢。臣聞陽微則日蝕，陰盛則地震，思亂則風，貌失則雨，視闇則疾，簡宗廟，上不潤下（上，大德本、汲本、殿本作'水'，是），川流滿溢。明君臣，正上下，抑陰尊陽，修五事於聖躬，致精慮於共御，其救之也。"【今注】宋皇后：扶風平陵人。建寧四年（171）七月，被漢靈帝立爲皇后。光和元年十月遭中常侍王甫等人誣陷被廢，不久憂鬱而死。紀見本書卷一〇下。　盧植：字子幹，涿郡涿（今河北涿州市）人。東漢經學家，師從馬融，與鄭玄爲同門師兄弟。參加過鎮壓黄巾軍的戰爭，後上諫激怒董卓被免官。傳見本書卷六四。

二年四月甲戌朔，日有蝕之。

四年九月庚寅朔，日有蝕之，[1]在角六度。

［1］【劉昭注】《潛潭巴》曰："庚寅蝕，將相誅，大水，多

死傷。”

中平三年五月壬辰晦，日有蝕之。[1]

[1]【劉昭注】《潛潭巴》曰：“壬辰蝕，河決海（此句後中華本據《後漢書集解》引錢大昕説補‘溢’字），久霧連陰。”

六年四月丙午朔，日有蝕之。其月浹辰，[1]宫車晏駕。

[1]【今注】浹（jiā）辰：浹指遍及一周，干支紀日自子至亥輪一周爲十二日，因此浹辰即指十二日。

獻帝初平四年正月甲寅朔，[1]日有蝕之，在營室四度。[2]是時李傕、郭汜專政。[3]

[1]【今注】獻帝：東漢獻帝劉協，公元189年至220年在位。紀見本書卷九。　初平：東漢獻帝劉協年號（190—193）。

[2]【劉昭注】《潛潭巴》曰：“甲寅蝕，雷電擊殺，骨肉相攻。”

[3]【劉昭注】《袁宏紀》曰：“未蝕八刻，太史令王立奏曰：‘日晷過度，無有變也。’於是朝臣皆賀。帝密令尚書候焉，未晡一刻而蝕（一，大德本作‘二’）。尚書賈詡奏曰：‘立伺候不明，疑誤上下（誤，殿本作“悮”）；太尉周忠，職所典掌，請皆治罪。’詔曰：‘天道遠，事驗難明，且災異應政而至，雖探道知機，焉能無失，而欲歸咎史官，益重朕之不德也。’弗從。於是避正殿，寢兵，不聽事五日。”【今注】李傕：字稚然，北地（今

寧夏吴忠市西南）人。東漢末群雄之一。原爲董卓部將，幫其擊破朱儁。獻帝初平三年董卓被殺，李傕與郭汜等攻打長安，挾持漢獻帝，任大司馬、車騎將軍、司隸校尉等，掌控朝政。後與郭汜反目，獻帝被曹操迎奉到許都。獻帝建安三年（198），被梁興、張横等斬殺。事見本書卷七二《董卓傳》。　郭汜：又名郭多，張掖（今甘肅張掖市西北）人，東漢末軍閥。原爲董卓部將，與李傕等擊敗朱儁，並在董卓被殺後，聯手攻伐長安，挾持漢獻帝，任揚烈將軍、後將軍等，把持朝政。其後，與李傕反目。獻帝建安二年，被部將伍習誅殺。事見本書卷七二《董卓傳》、傳見《三國志》卷六。　袁宏紀：即袁宏所撰《後漢紀》。袁宏，字彦伯，陳郡陽夏（今河南太康縣）人，爲桓温記事，東晉孝武帝時官至東陽太守。傳見《晉書》卷九二。《後漢紀》爲東漢一代編年體史書，三十卷，自光武以至獻帝十一朝各有紀。今存。　尚書賈詡：據《三國志》卷一〇《賈詡傳》，賈詡此時爲尚書，“典選舉”，應即吏曹尚書。尚書，秩六百石，東漢置六曹尚書，其中吏部曹主選舉祠祀事。賈詡，字文和，武威姑臧（今甘肅武威市）人，漢獻帝時官至光禄大夫，魏文帝時官至太尉。傳見《三國志》卷一〇。

興平元年六月乙巳晦，[1]日有蝕之。

［1］【今注】興平：東漢獻帝劉協年號（194—195）。

建安五年九月庚午朔，[1]日有蝕之。[2]

［1］【今注】建安：東漢獻帝劉協年號（196—220）。

［2］【劉昭注】《潛潭巴》曰：“庚午蝕，後火燒官兵。”

六年十月癸未朔，[1]日有蝕之。

[1]【今注】案，十月癸未，中華本據時曆改作“二月丁卯”。

十三年十月癸未朔，日有蝕之，[1]在尾十二度。

[1]【劉昭注】《潛潭巴》曰：“癸未蝕，仁義不明（仁，大德本作‘行’）。”

十五年二月乙巳朔，日有蝕之。

十七年六月庚寅晦，日有蝕之。

二十一年五月己亥朔，日有蝕之。[1]

[1]【劉昭注】《潛潭巴》曰：“己亥蝕，小人用事，君子縶。”

二十四年二月壬子晦，日有蝕之。

凡漢中興十二世，百九十六年，日蝕七十二：朔三十二，晦三十七，月二日三。

光武建武七年四月丙寅，日有暈抱，白虹貫暈，[1]在畢八度。[2]畢爲邊兵。秋，隗囂反，侵安定。[3]

[1]【今注】日有暈抱白虹貫暈：現代天文學認爲，日暈是一種大氣光學現象，日光通過卷層雲時，受到冰晶的折射或反射，分散成不同方向、不同顏色的光，從而形成圓虹。中國古代天文學賦予了日暈以政治軍事含義，唐《開元占經》卷八《日暈》引《石氏星經》：“《石氏》曰：日暈者，軍營之象，周環匝日無厚薄，敵

與軍勢齊等，若無軍在外，天子失御，民多叛。”又引京房曰：“日暈而且冠三重，日下有虹行，正長數丈，不出其年，有反者，貴人絶後，有兵饑。”案，《漢書·五行志下之下》班固曰：“夫大人者，與天地合其德，與日月合其明，故聖王在上，總命群賢，以亮天功，則日之光明，五色備具，燭耀亡主；有主則爲異，應行而變也。色不虚改，形不虚毁，觀日之五變，足以監矣。故曰‘縣象著明，莫大乎日月’，此之謂也。”日爲陽象君，這是兩漢時期的主流看法，因此除日蝕外，衹要太陽表面或周邊出現虧損、色變、形異等情況，都會被賦予災異學的意義，表示君德有虧、君行有過、君弱臣强等政治失序的亂象。

［2］【劉昭注】《古今注》曰：“時日加卯，西面東面有抱，須臾成暈，中有兩鉤，在南北面（在，紹興本作‘征’，誤），有白虹貫暈，在西北南面，有背在景，加巳皆解也。”【今注】日加卯：太陽著於卯位的時刻。這是以十二辰計時法記述天象發生的時刻，日加卯即相當於現代二十四小時制的五至七時。

［3］【劉昭注】《皇德傳史》曰（皇，汲本作“星”，誤）：“白虹貫，下破軍，晉分也。”《古今注》曰：“章帝建初元年正月壬申，白虹貫日。五年七月甲寅，夜白虹出乙丑地西北曲入。七年四月丙寅，日加卯，西面有抱，須臾成暈，有白虹貫日。殤帝延平元年六月丁未，日暈上有半暈，暈中外有僪，背兩珥。十二月丙寅，日暈再重，中有背僪。順帝永建二年正月戊午，白虹貫日。三年正月丁酉，日有白虹貫交暈中。六年正月丁卯，日暈兩珥，白虹貫珥中。永和六年正月己卯，暈兩珥，中赤外青，白虹貫暈中。”案《郎顗傳》，陽嘉二年正月乙卯，白虹貫日。又《唐檀傳》，永建五年，白虹貫日，檀上便宜三事，陳其咎徵。《春秋元命苞》曰：“陰陽之氣，聚爲雲氣，立爲虹蜺，離爲倍僪，分爲抱珥。”《考異郵》曰：“臣謀反，偏刺日（刺，汲本作‘周’）。”《巫咸占》曰：“臣不知則日月僪。”如淳曰：“蝃蝀謂之虹，雌謂

之蜺，向外曰倍，刺日曰僪，在傍如半環向日曰抱，在傍直對曰珥。”孟康曰：“僪如僪也。”宋均曰：“黄氣抱日，輔臣納忠。”

【今注】皇德傳史：侯瑾所撰《漢皇德傳》，又稱《漢皇德紀》，東漢編年體史書，記述自光武帝以下至沖帝八朝史事。此書《隋書·經籍志》有著録，《宋史·藝文志》無，知此書宋時已佚。今人吴樹平有輯本，見《侯瑾及〈漢皇德傳〉考》。（吴樹平：《秦漢文獻研究》，齊魯書社1988年版，第364—372頁） 僪（yù）：日邊雲氣。 巫咸占：即《巫咸星經》，是托名巫咸所撰的星占著作，流行於魏晉以後。《隋書·經籍志》著録有《巫咸五星占》一卷，其後逐漸佚失，唐《開元占經》中保存了大量《巫咸占》的佚文。 如淳：三國魏人，官至陳郡丞，撰《漢書音義》。其書今佚，佚文主要見於唐顔師古《漢書注》，清楊守敬《漢書二十三家注鈔》有輯佚。 孟康：三國魏人，字公休，安平人，官至中書監，撰《漢書音》，事見《三國志》卷一六《杜恕傳》裴松之《注》引《魏略》。其書《隋書·經籍志》著録爲“梁有隋亡”，但《舊唐書·經籍志》有著録，唐顔師古《漢書注》亦多有引用，知是唐宋以後佚失，清楊守敬《漢書二十三家注鈔》有輯佚。 宋均：漢末魏晉時人，曾爲魏博士。精於讖緯，撰有《詩緯注》《禮記默房注》《樂緯注》《春秋緯注》《孝經勾命決注》《孝經援神契注》《孝經雜緯注》《論語讖注》等多種讖緯注，其書流行於唐代，《隋書·經籍志》有著録，今佚。案“黄氣抱日”此條，《開元占經》《太平御覽》等皆引自《孝經援神契》，蓋非宋均注文，安居香山、中村璋八《緯書集成》亦作《孝經援神契》本文輯出。

靈帝時，日數出東方，正赤如血，無光，高二丈餘乃有景。[1]且入西方，去地二丈，亦如之。[2]其占曰，事天不謹，則日月赤。是時月出入去地二三丈，[3]皆赤如血者數矣。[4]

［1］【今注】景：亮光。班固《東都賦》："嶽脩貢兮川效珍，吐金景兮歊浮雲。"李賢注曰："景，光也。"

［2］【劉昭注】京房占曰："國有佞讒，朝有殘臣，則日不光，闇冥不明。"孟康曰："日月無光曰薄。"

［3］【今注】案，月，殿本作"日"，是。

［4］【劉昭注】《春秋感精符》曰："日無光，主勢奪，群臣以讒術。色赤如炭，以急見伐，又兵馬發。"《禮斗威儀》曰："日月赤，君喜怒無常，輕殺不辜，戮於無罪，不事天地，忽於鬼神。時則天雨土（天，大德本、汲本、殿本作'大'），風常起，日蝕無光，地動雷降。其時不救，兵從外來，爲賊戮而不葬。"京房占曰："日無故日夕無光，天下變枯，社稷移亡（亡，大德本、汲本、殿本作'主'，是）。"【今注】春秋感精符：《春秋緯》的一種，成書於漢代，存世佚文見安居香山、中村璋八《緯書集成》。禮斗威儀：《禮緯》的一種，成書於漢代，存世佚文見安居香山、中村璋八《緯書集成》。

光和四年二月己巳，黄氣抱日，黄白珥在其表。[1]

［1］【劉昭注】《春秋感精符》曰："日朝珥則有喪孽。"又云："日已出，若其入，而雲皆赤黄，名曰日空，不出三年，必有移民而去者也。"

中平四年三月丙申，黑氣大如瓜，在日中。[1]

［1］【劉昭注】《春秋感精符》曰："日黑則水淫溢。"

五年正月，日色赤黄，中有黑氣如飛鵲，數月乃銷。

六年二月乙未，白虹貫日。[1]

[1]【劉昭注】《春秋感精符》曰："虹貫日，天下悉極，文法大擾，百官殘賊，酷法横殺，下多相告，刑用及族，世多深刻，獄多怨宿，吏皆慘毒。"又曰："國多死孽，天子命絶，大臣爲禍，主將見殺。"星占曰："虹蜺主内婬（婬，大德本、殿本作'淫'），土精填星之變。"《易讖》曰："聰明蔽塞，政在臣下，婚戚干朝（干，大德本作'于'），君不覺悟，虹蜺貫日。"【今注】案，本書卷三〇下《郎顗傳》載順帝陽嘉二年（133）正月郎顗對曰："凡日傍氣色白而純者名爲虹。貫日中者，侵太陽也；見於春者，政變常也。"

獻帝初平元年二月壬辰，白虹貫日。[1]

[1]【劉昭注】《袁山松書》曰（山松，大德本作"崧"，本卷下同不注）："三年十月丁卯，日有重兩倍。"《吴書》載韓馥與袁術書曰："凶出於代郡。"【今注】吴書：即韋昭所撰《吴書》，三國吴國官修紀傳體史書，《隋書·經籍志》著録爲二十五卷，稱"本五十五卷，梁有，今殘缺"，然《舊唐書·經籍志》亦著録爲五十五卷，宋代書目皆不著録，知宋時逐漸佚失。 韓馥：字文節，潁川（今河南禹州市）人，漢末爲冀州牧，以州讓於袁紹。事見本書卷七四《袁紹傳》。

桓帝永壽三年十二月壬戌，[1]月蝕非其月。[2]

[1]【今注】案，桓，紹興本作"淵聖御名"，係避宋欽宗趙

桓諱。

［2］【劉昭注】《古今注》曰："光武建武八年三月庚子夜，月暈五重，紫微青黄似虹，有黑氣如雲，月星不見，丙夜乃解。中元元年十一月甲辰，月中星齒，往往出入。"【今注】案：日蝕（日食）、月蝕（月食）在中國古代的政治象徵意義是不同的，日蝕已如前述，月爲陰，月蝕象徵着陽盛陰衰、君强臣弱，這被認爲是常態，如《史記·天官書》云："故月蝕，常也；日蝕，爲不臧也。"因此《漢書·五行志》不載月蝕。本志所謂"月蝕非其月"，是因爲月蝕出現的時間不對以致被認爲是異常現象。據蘇德昌推測，本條以及下條，應該都是雲氣遮蔽月亮而産生了類似月食的特殊景觀。（參蘇德昌《〈漢書·五行志〉研究》，臺大出版中心 2013 年版，第 663 頁）

延熹八年正月辛巳，月蝕非其月。[1]

［1］【劉昭注】《袁山松書》曰："興平二年十二月，月在太微端門中重暈二珥，兩白氣廣八九寸，貫月東西南北。"【今注】太微：古代星官名。三垣之一。三垣是古代天文學中北方星區名稱，包括太微垣、紫微垣、天市垣。太微位於北斗之南，軫、翼之北，大角之西，軒轅之東。諸星以五帝座爲中心，作屏藩狀。 端門：此處是指太微垣南藩二星，東曰左執法，西曰右執法，左、右執法之間叫"端門"，是太微垣的南門。

贊曰：皇極惟建，[1]五是剋端。[2]罰咎入沴，[3]逆亂浸干。火下水騰，木弱金酸。妖豈或妄，氣炎以觀。

［1］【今注】皇極：《洪範》九籌之第五籌"建用皇極"。《古文尚書》："皇極，皇建其有極。"極，中也，孔安國曰："大中之

道，大立其有中，謂行九疇之義。”

［2］【今注】五是：是，殿本作“事”，是。五事指《洪範》九籌中之第二籌“敬用五事”，分别指貌、言、視、聽、思五種行爲舉止和心理活動，“貌曰恭，言曰從，視曰明，聽曰聰，思曰睿。恭作肅，從作乂，明作哲，聰作謀，睿作聖”。恭、從、明、聰、睿是君主日常行爲的規範，肅、乂、哲、謀、聖是遵守規範後達到的效果。案，《洪範》九籌原本是平行的，不具統屬關係，漢儒作《洪範五行傳》，將之構建成一個有機的宇宙模式，除了五行、五事外，皇極居於最上，成爲漢儒所構建的災異理論和宇宙圖式的總樞紐。

［3］【今注】罰咎入沴：《洪範》九籌中第八籌是“念用庶徵”，包括雨、暘、燠、寒、風五種氣象，對應於五種咎徵：“曰狂，恒雨若。曰僭，恒暘若。曰豫，恒燠若。曰急，恒寒若。曰蒙，恒風若。”《洪範五行傳》將之與“五事”搭配起來：《貌傳》厥咎狂，厥罰恒雨；《言傳》厥咎僭，厥罰恒暘；《視傳》厥咎舒，厥罰恒奥；《聽傳》厥咎急，厥罰恒寒；《思心傳》厥咎霿，厥罰恒風。於五事之上，另設《皇極傳》厥咎眊，厥罰恒陰。至於“沴”，氣相傷也，五行相沴是漢儒構建的宇宙模式的最嚴重失序的狀況，也與五事搭配：《貌傳》金沴木，《言傳》木沴金，《視傳》水沴火，《聽傳》火沴水，《思心傳》金木水火沴土。如此，從咎到罰再到沴，漢儒建立起一套較爲嚴密的君道與災異之間的生發關係理論。

後漢書　志第十九

郡國一[1]

河南　河内　河東　弘農　京兆　馮翊　扶風

右司隸[2]

［1］【今注】案，東漢時期，全國共十三州部，即豫州、冀州、兖州、徐州、青州、荆州、揚州、益州、涼州、并州、幽州、交阯刺史部（東漢末改稱交州）及司隸校尉所部（即“中州”）。獻帝興平元年（194），析涼州之河西四郡置雍州，由此形成十四州部。獻帝建安十八年（213），曹操把持下的漢廷將十四州省併爲《禹貢》九州（但保留益州之名以代替《禹貢》之梁州），即冀州、兖州、青州、徐州、揚州、荆州、豫州、雍州、益州，此制一直延續至曹魏代漢。又，《續漢書·郡國志》内容不及《漢書·地理志》豐富詳贍，但在體例上有其獨到之處，特别是以州部統轄郡國，避免了錯亂，在體例上顯然優於《漢書·地理志》，即如清人王鳴盛《十七史商榷》卷三二“國隨郡次”條所言：“《前志》每郡注屬某州，既不如《續志》徑分各州之直捷，而將各國總聚於各郡之後，遂致東西間隔、南北錯互，亦不如《續志》隨各國道里附近之郡編次爲愜當。”

［2］【今注】司隸：司隸校尉領轄區域，或稱“中州”。獻帝建安十八年州制改革，省司隸部，所轄河南郡劃歸豫州；河内、河

東二郡歸冀州；其餘四郡歸雍州。

《漢書·地理志》記天下郡縣本末，及山川奇異，風俗所由，至矣。今但録中興以來郡縣改異，及《春秋》、三史會同征伐地名，[1]以爲《郡國志》。[2]凡《前志》有縣名，今所不載者，皆世祖所并省也。[3]前無今有者，後所置也。凡縣名先書者，郡所治也。[4]

[1]【劉昭注】臣昭案：《志》猶有遺闕，今衆書所載，不可悉記。其《春秋》土地，通儒所據而未備者，皆先列焉。【今注】三史：此指《史記》《漢書》《東觀漢記》。案，底本自劉昭注補“而未備者”至原文“前無今有者”之前，脱漏漫漶，今據紹興本、大德本、殿本補。

[2]【劉昭注】《本志》唯郡縣名爲大書，其山川地名悉爲細注，今進爲大字。新注證發，臣劉昭採集。【今注】案，中華本校勘記：“細注既進爲大字，則山川地名與郡縣名同爲大字，殊欠分曉，今郡縣名悉用黑體字以別之。”今依循此例，正文中郡縣名皆黑體，以便甄別。

[3]【今注】世祖：東漢開國皇帝光武帝劉秀的廟號。案，光武帝時確曾大規模省併西漢、新莽以來的縣邑侯國，但是《漢書·地理志》有載而本書《郡國志》失載的縣名，有相當數量是光武帝之後省併的。清人錢大昕《三史拾遺》卷五《後漢書·郡國志一》指出：“《光武紀》建武六年，大司徒、大司空二府條奏并省四百餘縣，即其事也。然《志》所書者，據順帝時版籍言之，其所不載，未必皆世祖并省。如泰山之華，《志》所無也，而《光武十王傳》稱‘永平二年以華縣益琅邪國’，是明帝之世尚有華矣。廬江之樅陽亦《志》所無也，而謝承《後漢書》稱劉騊駼除樅陽長（見《太平御覽》）。騊駼仕于鄧太后朝，是安帝之時尚有樅陽矣。

但史文闕略，不能備載其省并之由耳。”

［4］【劉昭注】《帝王世記》曰（記，殿本作“紀”，下同）：“自天地設闢，未有經界之制。三皇尚矣。諸子稱神農之王天下也，地東西九十萬里，南北八十五萬里。及黄帝受命，始作舟車，以濟不通。乃推分星次，以定律度。自斗十一度至婺女七度，一名須女，曰星紀之次，於辰在丑，謂之赤奮若，於律爲黄鍾，斗建在子，今吴、越分野。自婺女八度至危十六度（大德本無‘女’字），曰玄枵之次，一名天黿，於辰在子，謂之困敦，於律爲大吕，斗建在丑，今齊分野。自危十七度至奎四度，曰豕韋之次，一名娵訾，於辰在亥，謂之大淵獻，於律爲太蔟，斗建在寅，今衞分野（大德本‘衞’前有‘晉’字）。自奎五度至胃六度，曰降婁之次，於辰在戌，謂之閹茂，於律爲夾鍾（鍾，紹興本作‘録’），斗建在卯，今魯分野。自胃七度至畢十一度，曰大梁之次，於辰在酉，謂之作噩，於律爲沽洗（沽，紹興本、大德本、殿本皆作‘姑’，底本誤），斗建在辰，今趙分野。自畢十二度至東井十五度，曰實沈之次，於辰在申，謂之涒灘，於律爲中吕，斗建在巳，今晉、魏分野。自井十六度至柳八度，曰鶉首之次，於辰在未，謂之叶洽，於律爲蕤賓，斗建在午，今秦分野。自柳九度至張十七度，曰鶉火之次，於辰在午，謂之敦牂，一名大律，於律爲林鍾，斗建在未（斗，紹興本作‘中’），今周分野。自張十八度至軫十一度，曰鶉尾之次，於辰在巳，謂之大荒落，於律爲夷則，斗建在申，今楚分野。自軫十二度至氐四度，曰壽星之次，於辰在辰，謂之執徐，於律爲南吕，斗建在酉，今韓分野。自氐五度至尾九度，曰大火之次，於辰在卯，謂之單閼，於律爲無射，斗建在戌，今宋分野。自尾十度至斗十度百三十五分而終（斗十度，紹興本作‘斗七度’），曰析木之次，於辰在寅，謂之攝提格，於律爲應鍾，斗建在亥，今燕分野。凡天有十二次，日月之所躔也；地有十二分，王侯之所國也。故四方方七宿，四七

二十八宿，合百八十二星（百八十二，大德本、殿本作‘一百八十二’）。東方蒼龍三十二星，七十五度；北方玄武三十五星，九十八度四分度之一（齊召南以爲，蒼龍、玄武、白虎、朱雀各言星度之數，下言‘周天三百六十五度四分度之一’，不應於北方星度獨言四分度之一，‘四分度之一’五字自是衍文。中華本據删，可從）；西方白虎五十一星，八十度；南方朱雀六十四星，百一十二度。周天三百六十五度四分度之一。一度二千九百三十二里，分爲十二次，一次三十度三十二分度之十四，各以附其七宿閒。距周天積百七萬九百一十三里，徑三十五萬六千九百七十一里。陽道左行，故太歲右轉，凡中外官常明者百二十四，可名者三百二十（三，大德本作‘一’），合二千五百星。微星之數，凡萬一千五百二十星，萬物所受，咸系命焉。此黄帝創制之大略也。而佗説稱日月所照三十五萬里。考諸子所載，神農之地，過日月之表，近爲虚誕。及少昊氏之衰，九黎亂德，其制無聞矣。洎顓頊之所建，帝嚳受定，則孔子稱其地北至幽陵，南暨交阯，西蹈流沙，東極蟠木，日月所照，莫不底焉，是以建萬國而制九州。至堯遭洪水，分爲十二州，今《虞書》是也（底本‘州今虞’三字漫漶，今據諸本補）。及禹平水土，還爲九州，今《禹貢》是也。是以其時九州之地，凡二千四百三十萬八千二十四頃（底本‘也是以其時九州之地凡二千四’十三字闕漏漫漶，今據諸本補），定墾者九百三十萬六千二十四頃，不墾者千五百萬二千頃（底本‘定墾者’以下至‘墾者千’以上闕漏，紹興本作‘九百一十萬八千二十四頃不’，大德本作‘九百二十萬八千二十四頃不’，殿本作‘九百三十萬六千二十四頃不’。三説不同，黄山《後漢書集解校補》、中華本校勘記皆以殿本爲是，今據補），民口千三百五十五萬三千九百二十三人（底本‘民口千三’下脱三字。紹興本、殿本作‘百五十’，大德本作‘百三十’。今據紹興本、殿本補）。至于塗山之會，諸侯承唐虞之盛，執玉帛亦有萬國

（底本‘唐虞之’後脱漏‘盛執玉’三字，今據諸本補）。是以《山海經》稱禹使大章步自東極，至于西垂，二億三萬三千五百里七十一步（七十一，大德本作‘七十五’）。又使豎亥步南極，北盡於北垂（王先謙《後漢書集解》以爲據上文文例，‘南極’上奪一‘自’字，‘北盡’之‘北’字衍。中華本據之删補，可從），二億三萬三千五百里七十五步（五百里，紹興本作‘三百里’）。四海之内，則東西二萬八千里，南北二萬六千里，出水者八千里，受水者八千里，名山五千三百五十（三，大德本作‘二’），經六萬四千五十六里（惠棟《後漢書補注》以爲‘經’字當置於‘名山’之前）。出銅之山四百六十七，出鐵之山三千六百九。以供財用，儉則有餘，奢則不足。以男女耕織，不奪其時，故公家有三十年之積，私家有九年之儲。及夏之衰，棄稷弗務，有窮之亂，少康中興，乃復禹迹。孔甲之至桀行暴，諸侯相兼，逮湯受命，其能存者三千餘國，方於塗山，十損其七。民離毒政，將亦如之。殷因於夏，六百餘載，其閒損益，書策不存，無以考之。又遭紂亂，至周剋商，制五等之封，凡千七百七十三國，又減湯時千三百矣。民衆之損，將亦如之。及周公相成王，致治刑錯，民口千三百七十一萬四千九百二十三人，多禹十六萬一千人，周之極盛也。其後七十餘歲，天下無事，民彌以息。及昭王南征不反，穆王失荒，加以幽、厲之亂，平王東遷，三十餘載，至齊桓公二年，周莊王之十三年，五千里内，非天王九儐之御（儐，殿本作‘嬪’），自世子公侯以下至於庶民，凡千一百八十四萬七千人，除有土老疾，定受田者九百萬四千人。其後諸侯相并，當春秋時，尚有千二百國。二百四十二年之中，殺君三十六，亡國五十二，諸侯奔走不得保社稷者，不可勝數。至于戰國，存者十餘。於是從横短長之説（從，大德本、殿本作‘縱’），相奪於時，殘民詐力之兵，動以萬計。故崤有匹馬之禍，宋有易子之急。晉陽之國（國，殿本作‘圍’，底本誤。中華本據殿本改，可從)，縣釜而炊。長平之戰，血流漂鹵。周之列國，唯有燕、衞、秦、楚而已。齊及三晉，皆以篡亂，南面稱王。衞雖得存，不絶若綫。然考蘇、張之説，計秦及山東六國，戎卒尚存五百餘萬，推民口數，尚當千餘萬。及秦兼諸侯，置三十六郡，其所殺傷，三分居二；猶以餘力，行参夷之刑，收太半之賦，北築長城四十餘萬，南戍五嶺五十餘萬，阿房、驪山七十餘萬，十餘年閒，百姓死没，相踵于路。陳、項又肆其餘烈，故新安之坑，二十餘萬，彭城之戰，睢水不流。至漢祖定天下，民之死傷，亦數百萬。是以平城之卒，不過三十萬（三，紹興本作‘二’），方之六國，五損其二。自孝惠至文、景，與民休息，六十餘歲，民衆大增，是以太倉有不食之粟，都内有朽貫之錢。武帝乘其資畜（乘，大德本、殿本作‘承’），軍征三十餘歲，地廣萬里，天下之衆亦減半矣。及霍光秉政，乃務省役，至于孝平，六世相承，雖時征行，不足大害，民户又息。元始二年，郡、國百三，縣、邑千四百八十七（殿本《考證》齊召南據《漢書·地理志》，以爲‘四百’爲‘五百’之訛。中華本據此改‘四’爲‘五’，甚是)，地東西九千三百二里，南北萬三千三百六十八里，定墾田八百二十七萬五百三十六頃，民户千三百二十三萬三千六百一十二，口五千九百一十九萬四千九百七十八人，多周成王四千五百四十八萬五十五人，漢之極盛也。及王莽篡位，續以更始、赤眉之亂，至光武中興，百姓虚秏（秏，紹興本、大德本、殿本作‘耗’），十有二存。中元二年（底本‘十有’‘二年’之間漫漶不清，據諸本補‘二存中元’四字)，民户四百二十七萬千六百三十四（三十四，大德本作‘二十四’），口二千一百萬七千八百二十人。永平、建初之際，天下無事，務在養民，迄于孝和，民户滋殖。及孝安永初、元初之閒，兵飢之若（之若，大德本作‘乏苦’，殿本作‘之苦’），民人復損。至于孝桓，頗增於前。永壽二年，户千六百七萬九百六，口五千六萬六千八百五十六人，墾田亦多，單師屢征。及靈帝遭黄巾，獻帝即位而董卓興亂，大焚宫廟，劫御西遷，京師蕭條，豪桀並争（桀，大德本、殿本作‘傑’），郭氾、李傕之屬，殘害又甚，是以興平、建安之際，海内凶荒，天子奔流，白骨盈野，故陝津之難，以箕撮指，安邑之東，后裳不完，遂有寇戎，雄雌未定，割剥庶民，三十餘年。及魏武皇帝剋平天下，文帝授禪（授，殿本作‘受’，中華本據改），人衆之損，萬有一存。景元四年，與蜀通計民户九十四萬三千四百二十三，口五百三十七萬二千八百九十一人。又案正始五年，揚威將軍朱照日所上吴之所領兵户凡十三萬二千（凡，大德本、殿本作‘九’），推其民數，不能多蜀矣。昔漢永和五年，南陽户五十餘萬，汝南户四十餘萬，方之於今，三帝鼎足，不踰二郡，加有食禄復除之民，凶年飢疾之難，見可供役，裁若一郡。以一郡之人，供三帝之用，斯亦勤矣。自禹至今二千餘載，六代損益，備於玆焉。”臣昭案：謐《記》云春秋時有千二百國，未知所出。班固云周之始，爵五而土三，蓋千八百國。轉相吞滅，數百年間，列國秏盡（秏，紹興本、大德本、殿本作“耗”），至春秋時，尚有數十。【今注】案，皇甫謐《帝王世紀》所記地理、户口信息是否可信，前人多有置疑。王鳴盛《十七史商榷》卷三二專列“《世紀》荒誕”一條即云：“此等實數，皇甫謐從何處得來，乃言之鑿鑿如是？試思虞夏及周成王年數尚且不可知，乃詳述其地之頃數、民之口數，豈不可笑？謐之謬妄乃爾，而劉昭信之，可謂愚矣。”

河南尹。秦三川郡，高帝更名。世祖都雒陽，建武十五年改曰河南尹。[1]二十一城，[2]永和五年户二十萬八千四百八十六，[3]口百一萬八百二十七。

[1]【劉昭注】應劭《漢官》曰：“尹，正也。郡府聽事壁諸

尹盡贊（紹興本無‘郡’字；盡，殿本作‘畫’，中華本據改，甚是），肇自建武，訖于陽嘉，注其清濁進退，所謂不隱過，不虛譽，甚得述事之實（甚，大德本作‘其’；述，紹興本作‘迷’）。後人是瞻（瞻，紹興本作‘不’），足以勸懼，雖《春秋》采毫毛之善，貶纖介之惡（貶，紹興本作‘罰’；介，紹興本作‘鳌’），不避王公，無以過此，尤著明也。”【今注】河南尹：郡級政區名。治雒陽縣（今河南洛陽市東北）。屬司隸校尉部。長官亦稱河南尹。本爲西漢河南郡，東漢時爲京畿所在，改稱河南尹。改郡爲尹的時間，本注記在光武帝建武十五年（39）。譚其驤據歐陽歙、王梁二人在建武初先後出任河南尹史事（分見本書卷七九上《歐陽歙傳》、卷二二《王梁傳》），以爲更名時間在建武元年，而非《續漢志》所載建武十五年〔詳譚其驤《〈兩漢州制考〉跋》，《長水集（上）》，人民出版社 2011 年版，第 46 頁。又見《譚其驤全集》第一卷，人民出版社 2015 年版，第 42—43 頁〕。案，《郡國志》正文中小字爲司馬彪注，或稱“本注”。王鳴盛《十七史商榷》卷三二：“郡國名下本注亦作小字，與（劉）昭注無別；而仍有別者，本注不引他書，昭引他書以隔之。其有不引者，濟北國加‘臣昭案’字，琅邪國、遼東郡下加‘案’字，其清河國‘桓帝’云云、丹楊郡‘孫權’云云、犍爲郡‘劉璋’云云、益州郡‘諸葛亮’云云、張掖郡‘獻帝’云云無識別，例有小出入，要皆彪語，非昭注，而大字則專主永和五年，但濟北國、琅邪國既插入‘臣昭案’云云，而其末雒陽里數一句乃彪本注，闕厠錯襍，殊爲眩目。”三川郡，秦郡名。秦莊襄王元年（前 249）以所掠東周之河南、洛陽、穀城、平陰、偃師、鞏、緱氏及韓國之成皋、滎陽等縣置郡，因境内有黄河、洛水、伊水，故名三川郡，治洛陽城。楚漢之際其地屬瑕丘申陽之河南國。漢二年（前 205），河南王申陽降漢王劉邦，漢以其地爲河南郡。　建武：東漢光武帝劉秀年號（25—56）。

［2］【今注】城：秦漢時往往以城代指縣。

［3］【今注】永和：東漢順帝劉保年號（136—141）。案，本書《郡國志》郡國區劃與户口信息所據版籍的年代，史書失載，後世往往以此處所録"永和五年"作爲此志版籍斷限依據，如王鳴盛《十七史商榷》卷三二以爲，"河南尹下户口據永和五年。永和，順帝號也，則疑郡國建置亦據此年，但《志》宜據最後爲定，故《前志》據元始。永和以下，漢運尚有八十年，不知何以據此。《志》尾總論亦言順帝，蓋司馬氏偶得永和之籍，遂據之，而以後之籍未之得故也。劉昭云：'豈此是順朝時書，後史即爲本乎？'此意昭已見之，今歷考郡國下小字本注各屬縣下，大字本注或言某帝所置，或言某帝所更名，或言某號某年改，皆在永和五年以前，間有下及永和三年者，而從無五年以下，則知此志以永和五年爲定。至漢末事仍有偶見者，要無害於大字之爲專主永和，如清河國注'桓帝建和二年改爲甘陵'，然大字仍書清河則可見"。李慈銘亦持此説，"'永和五年'四字是統郡國百五之提綱，言所載皆據順帝永和五年地志也"（《後漢書劄記》卷七）。錢大昕據《續漢志》未載阜陵國，推斷本志所據版籍的年代在永嘉（145）至本初（146）之間（詳《廿二史考異》卷一四）。或以爲《郡國志》所載各郡國版圖並不完全斷於同一年，而僅是大體以永和五年爲據〔詳周振鶴、李曉傑、張莉《中國行政區劃通史·秦漢卷（下）》，復旦大學出版社2017年版，第601—602頁〕。

雒陽。[1]周時號成周。[2]有狄泉，在城中。[3]有唐聚。[4]有上程聚。[5]有士鄉聚。[6]有褚氏聚。[7]有滎錡澗。[8]有前亭。[9]有圉鄉。[10]有大解城。[11]**河南**。[12]周公時所城雒邑也，春秋時謂之王城。[13]東城門名鼎門，[14]北城門名乾祭。[15]又有甘城。[16]有蒯鄉。[17]**梁**。故國，伯翳後。[18]有霍陽山。[19]有注城。[20]**滎陽**。有鴻溝水。[21]有廣武城。[22]有虢亭，虢叔國。[23]有隴城。[24]有薄亭。有敖亭。[25]有費澤。[26]**卷**。[27]有長城，經陽武到密。[28]有垣雝城，或曰古衡雍。[29]有扈城亭。[30]**原武**。[31]**陽武**。[32]**中牟**。[33]有圃田澤。[34]有清口水。[35]有管城。[36]有曲遇聚。[37]有蔡亭。**開封**。[38]**菀陵**。有棐林。[39]有制澤。[40]有瑣侯亭。[41]**平陰**。[42]**穀城**。瀍水出。[43]有函谷關。[44]**緱氏**。[45]有鄔聚。[46]有轘轅關。[47]**鞏**。[48]有尋谷水。[49]有東訾聚，今名訾城。[50]有坎埳聚。[51]有黄亭。有湟水。[52]有明谿泉。[53]**成皋**。[54]有旃然水。[55]有瓶丘聚。有漫水。[56]有汜水。[57]**京**。[58]**密**。[59]有大騩山。[60]有梅山。[61]有陘山。[62]**新城**。[63]有高都城。[64]有廣成聚。[65]有鄤聚，古鄤氏，今名蠻中。[66]**匽師**。[67]有尸鄉，[68]春秋時曰尸氏。[69]**新鄭**。《詩》鄭國，祝融墟。[70]**平**。[71]

［1］【劉昭注】摯虞曰："古之周南，今之雒陽。"《魏氏春秋》曰："有委粟山，在陰鄉，魏時營爲圓丘。"《皇覽》曰："縣東北山萇弘冢，縣北芒山道西吕不韋冢。"【今注】雒陽：縣名。治所在今河南洛陽市東北。既是河南尹治所，亦是東漢都城。城在洛水之北，故名洛陽。據三國曹魏魚豢《魏略》記載，漢爲火德，忌水，故改"洛"爲"雒"，洛陽稱"雒陽"。至曹魏黄初元年（220）正式下詔，改"雒"爲"洛"，後世遂稱洛陽。據考古發現，東漢雒陽城是在前代周、秦、西漢故城基礎上建成的，城址平面呈長方形，周長近14000米，約合漢制三十餘里，與《帝王世紀》"城東西六里十一步，南北九里一百步"相合（參見王仲殊《漢代考古學概説》，中華書局1984年版，第18頁）。

［2］【劉昭注】《公羊傳》曰："成周者何？東周也。"何休

曰：“周道始成，王之所都也。”《帝王世記》曰：“城東西六里十一步，南北九里一百步。”《晉元康地道記》曰：“城内南北九里七十步，東西六里十步，爲地三百頃一十二畝有三十六步（頃，紹興本作‘里’）。城東北隅周威烈王冢。”【今注】成周：城名。西周時，在今河南洛陽附近修建西、東二城：西爲王城，爲西周之東都，時稱雒邑，春秋時稱王城；東爲成周，遷殷商頑民於城中，以便控制。春秋末，周敬王避王子朝之亂而由王城遷入成周，成周遂成東周都城。

［3］【劉昭注】《左傳》僖二十九年“盟于狄泉”，杜預曰城内太倉西南池水。或曰本在城外，定元年城成周乃繞之。案：此水晉時在東宫西北（宫，紹興本作“官”）。《帝王世記》曰：“狄泉本殷之墓地，在成周東北，今城中有殷王冢是也。又太倉中大冢，周景王也。”【今注】狄泉：又作翟泉。在今河南洛陽市東北漢魏洛陽故城遺址。本在成周城北，公元前509年晉大夫魏舒與諸侯之大夫會盟於狄泉，毁狄泉而擴建成周城，以安置周敬王，狄泉遂爲成周城内之地。擴建後的成周城相當於東漢洛陽城的北、中部。秦以成周城爲三川郡治所而稍微南拓，最終奠定了兩漢洛陽城的基本形制和規模。

［4］【劉昭注】《左傳》昭二十三年“尹辛敗劉師于唐”（二，紹興本作“一”）。

［5］【劉昭注】古程國，《史記》曰重黎之後，伯休甫之國也（甫，紹興本作“川”）。關中更有程地。《帝王世記》曰“文王居程，（底本‘世記’二字漫漶，今據諸本補）徙都豐”，故此加爲上程（底本“程”字漫漶，今據諸本補）。【今注】上程聚：洛陽鄉聚名。其地古爲程國。顧祖禹《讀史方輿紀要》卷四八《河南三·河南府·洛陽縣》：“在故洛城西南，古程國。”“聚”爲漢代基層行政區劃名稱，與鄉同級而略小，下轄若干“里”，治下户數約一千户。據統計，出現在史籍中的東漢“聚”共有68處，主要

分布在今河南、山東、安徽、湖北、甘肅、陝西、山西、河北等省（參見王永莉、何炳武《漢代史籍之“聚”蠡測》，《歷史地理》2014年第2期）。

［6］【劉昭注】馮異斬武勃也（也，大德本、殿本作“地”，底本誤）。【今注】士鄉聚：洛陽縣鄉聚名。顧祖禹《讀史方輿紀要》卷四八《河南三·河南府·洛陽縣》：“在故洛城東。”據本書卷一七《馮異傳》，公元25年，馮異在士鄉斬殺更始河南太守武勃，獲首五千餘級。

［7］【劉昭注】《左傳》昭二十六年“王宿褚氏”，杜預曰縣南有褚氏亭（底本“南”字漫漶，今據諸本補）。【今注】褚氏聚：洛陽鄉聚名。顧祖禹《讀史方輿紀要》卷四八《河南三·河南府·洛陽縣》：“在故洛城南。”據《左傳》，公元前516年七月，周敬王避王子朝亂而逃出王城，暫宿於褚氏。

［8］【劉昭注】《左傳》周景王“崩于榮錡氏”，杜預曰鞏縣西。

［9］【劉昭注】杜預曰縣西南有泉亭（大德本無“亭”字）。即泉戎也（戎，殿本作“城”）。【今注】前亭：或作“泉亭”。在今河南洛陽市漢魏洛陽故城遺址西南。

［10］【劉昭注】《左傳》昭二十二年單氏“伐東圉”，杜預曰縣東南有圉鄉。又西南有戎城，伊雒之戎。【今注】圉鄉：在今河南洛陽市漢魏洛陽故城遺址東南。

［11］【劉昭注】《左傳》昭二十三年晋師次于解，杜預曰縣西南有大解、小解。【今注】大解城：在今河南洛陽市漢魏洛陽故城遺址西南。

［12］【劉昭注】《帝王世記》曰：“城西有郟鄏陌，太康畋于有雒之表，今河之南。”本傳有員犢山（本，紹興本作“才”。員，當爲“負”）。【今注】河南：縣名。治所在今河南洛陽市西。本爲周之雒邑（又稱王城）。秦置河南縣，秦封泥有“河南丞□”

"河南□印"，西漢沿置，東漢因之。

［13］【劉昭注】鄭玄《詩譜》曰："周公攝政五年，成王宅雒邑，使邵公先相宅，既成，謂之王城。"《博物記》曰："王城方七百二十丈，郛方七十里（七，殿本作'一'，底本誤），南望雒水，北至陜山。"《地道記》曰去雒城四十里。《左傳》定八年"單子伐穀城"，杜預曰在縣西。【今注】王城：即雒邑。西周初修建，爲周之東都。公元前770年周平王東遷，遂爲東周都城。周敬王時以成周爲都城，周赧王時復居王城。遺址在今河南洛陽市王城公園一帶。據推測，城牆大約建於春秋中葉以前，從戰國時代至秦漢之際曾加修補，至西漢後期，在廢城址内改建河南縣城（參見中國社會科學院考古研究所編著《中國考古學·兩周卷》，中國社會科學出版社2004年版，第230—231頁）。

［14］【劉昭注】《帝王世記》曰："東南門，九鼎所從入。"又曰："武王定鼎雒陽西南，雒水北鼎中觀是也。"（北，覆刻殿本作"九"）【今注】鼎門：王城城門名。周武王遷九鼎於雒邑，故得名。《左傳》桓公二年臧哀伯曰："武王克商，遷九鼎於雒邑。"服虔注："今河南有鼎中觀。"

［15］【劉昭注】《左傳》昭二十四年"士伯立於乾祭"。《皇覽》曰："城西南柏亭西周山上周靈王冢，民祠之不絶。"

［16］【劉昭注】杜預曰縣西南有甘泉。

［17］【劉昭注】《左傳》昭二十三年尹辛攻蒯。《晉地道記》曰："在縣西南，有蒯亭。"【今注】蒯鄉：在今河南洛陽市西南。

［18］【劉昭注】有陽人聚。《史記》曰："秦滅東周，不絶其祀，以陽人地。"（《史記》卷五《秦本紀》、卷六《秦始皇本紀》並記"以陽人地賜周君"，本志脱"賜周君"三字）【今注】梁：縣名。治所在今河南汝州市西南。建武二年（26）至十三年爲鄧禹梁侯國食邑四縣之一。　故國伯翳後：伯翳，或作"伯益""柏翳"，上古部落首領。舜時爲虞官，協助禹治水有功，賜姓嬴，爲

秦、趙始祖。案，此處之梁，春秋時當爲東周之邑，並非伯翳後人封國。《漢書·地理志上》“河南郡梁縣”顏師古注引應劭曰：“梁，伯翳之後，與秦同祖。”注引臣瓚曰：“秦取梁，後改曰夏陽，今馮翊夏陽是也。此梁，周之小邑，見於《春秋》。”師古以爲臣瓚所解爲是。《晉書·地理志》以爲，此梁在戰國時稱爲南梁，以別於關中的少梁。

［19］【劉昭注】《左傳》哀四年“楚爲一昔之期，襲梁及霍”。【今注】霍陽山：一名霍山。在今河南汝州市西南。

［20］【劉昭注】《史記》曰魏文侯四十二年敗秦于注（四十二，中華本據《史記》卷一四《魏世家》改爲三十二，甚是）。《博物記》曰：“梁伯好土功，今梁多有城。”【今注】注城：古邑名。在今河南汝州市西。戰國時屬韓地，《史記》卷四四《魏世家》記魏文侯三十二年（前414）“敗秦於注”，卷四三《趙世家》記趙孝成王元年（前265）齊安平君田單率領趙軍“攻韓注人，拔之”。“注”“注人”即東漢之注城。

［21］【劉昭注】文穎曰：“於滎陽下引河東南爲鴻溝，即官度水也。”【今注】滎陽：縣名。治所在今河南滎陽市東北。　鴻溝水：即《漢書·地理志》之“狼湯渠”，又有“洪渠”　“梁溝”“大溝”“河溝”“蒗蕩渠”等名，爲戰國時期魏國修建的重要水利工程。自今河南滎陽市北引黄河水（一説自今鄭州市惠濟區鑿渠引濟水），經中牟縣北，至開封市東南折而南流，經通許縣東、太康縣西，至淮陽縣東南入潁水。戰國以來即爲中原水道交通幹綫。魏晉之後，開封以上改稱汴水，開封以下改稱蔡河。

［22］【劉昭注】《西征記》曰：“有三皇山，或謂三室山。山上有二城，東者曰東廣武，西者曰西廣武，各在山一頭，相去二百餘步，其閒隔深澗，漢祖與項籍語處。”【今注】廣武城：在今河南滎陽市東北廣武山上，分爲東、西二城，各據一山，隔澗相望。楚漢交争之際，楚霸王項羽曾據東廣武城，與漢王劉邦對峙。

《括地志》云："東廣武城有高壇，即是項羽坐太公俎上者，今名項羽堆，亦呼爲太公亭。"

［23］【今注】虢叔國：周武王封文王之弟虢叔於雍邑（今陝西寶雞市東），史稱西虢。封虢仲於制邑（今河南滎陽市汜水鎮附近），史稱東虢，公元前767年爲鄭國所滅。虢亭即東虢故地，乃虢仲之國而非虢叔之國，本志誤。

［24］【劉昭注】《左傳》文三年"盟于垂隴"（三，殿本作"二"，底本誤）。【今注】隴城：又稱垂隴城，在今河南滎陽市東北。《左傳》文公二年魯國大夫公孫敖"會宋公、陳侯、鄭伯、晉士縠，盟于垂隴"。杜預注："垂隴，鄭地。滎陽縣東有隴城。"《水經注·濟水》："有垂隴城，濟瀆出其北……京相璠曰，垂隴，鄭地。今滎陽東二十里有故隴城，即此是也。世謂之都尉城，蓋滎陽典農都尉治，故變垂隴之名矣。"

［25］【劉昭注】周宣王狩于敖。《左傳》宣十二年"晉師在敖、鄗之閒"。秦立爲敖倉。【今注】敖亭：在今河南滎陽市東北山上。地近黄河、濟水，有漕運之便，故秦漢皆建巨型糧倉於其地。《水經注·濟水》：敖山"其山上有城……秦置倉于其中，故亦曰敖倉城也"。

［26］【劉昭注】《左傳》宣十二年楚潘黨逐魏錡及熒，杜預曰縣東熒澤也。【今注】費澤：按劉昭注此應作"熫澤"。熒澤，古湖澤名。又稱"滎播""滎波"，在今河南鄭州市西北古滎鎮北。濟水在今河南滎陽市北部分出黄河後，溢成滎澤。後淤爲平地。

［27］【劉昭注】《左傳》成十年晉鄭盟脩澤，杜預曰縣東有脩武亭。【今注】卷：縣名。治所在今河南原陽縣原武鎮西北。

［28］【劉昭注】《史記》蘇秦説襄王曰："大王之地，西有長城之界。"【今注】長城：魏國於公元前361年徙都大梁（今河南開封市）之後，聞知秦國整治崤山關隘，意欲東進，遂在大梁以西修築長城以加强守備。戰國時期，魏國有東西兩條長城，東長城在

今河南中部鄭州市附近（參見史念海《黄河中游戰國及秦時諸長城遺址的探索》，《陝西師大學報》1978年第2期）。本志長城即魏國東長城。

［29］【劉昭注】《史記》无忌謂魏王曰"王有鄭地，得桓雍"者也（桓，紹興本、大德本、殿本皆作"垣"，底本誤）。杜預曰即是衡雍。又今縣所治城。【今注】垣雝城：在今河南原陽縣原武鎮西北。戰國初屬鄭，後歸韓。古稱衡雍。錢大昕《廿二史考異》卷一四《續漢書二》曰："垣、衡聲相近。"

［30］【劉昭注】《左傳》莊二十三年"盟于扈"，杜預曰在縣西北。【今注】扈城亭：在今河南原陽縣西，古黄河南岸。《水經注·河水》："河水又東北，徑卷之扈亭北……《竹書紀年》：晉出公十二年，河絶于扈。即于是也。"

［31］【今注】原武：縣名。治所在今河南原陽縣。

［32］【劉昭注】有武彊城。《史記》曰曹参攻武彊。秦始皇東遊至陽武博狼沙中（狼，大德本、殿本作"浪"），爲盜所驚。【今注】陽武：縣名。治所在今河南原陰縣東南。

［33］【劉昭注】《左傳》宣元年諸侯救鄭，遇于北林，杜預曰縣西南有林亭，在鄭北。【今注】中牟：縣名。治所在今河南中牟縣東南。

［34］【劉昭注】《左傳》曰原圃。《爾雅》十藪，鄭有圃田。【今注】囿田澤：紹興本、大德本、殿本作"圃田澤"，底本誤，當據諸本改。圃田澤，古湖澤名。在今河南中牟縣西。

［35］【劉昭注】《左傳》閔二年遇于清（二，紹興本作"一"。曹金華《後漢書稽疑》以爲"遇于清"在隱公四年，本志注誤），杜預曰縣有清陽亭（清，大德本作"青"）。

［36］【劉昭注】杜預曰管國也，在京縣東北。《漢書音義》曰："故管叔邑。"【今注】管城：在今河南鄭州市。西周爲武王弟叔鮮封國，春秋時爲鄭國邑，戰國時屬韓國。

［37］【劉昭注】《前書》遭参破楊熊（遭，紹興本、大德本、殿本作“曹”，底本誤）。【今注】曲遇聚：在今河南中牟縣東。《史記》卷五四《曹相國世家》記秦末曹参“西擊秦將楊熊軍于曲遇，破之”。

［38］【劉昭注】《左傳》哀十四年“逢澤有介麋”，杜預曰在縣東北，遠，疑（殿本“疑”字後有“非”字，應據補）。徐廣曰逢池也。【今注】開封：縣名。治所在今河南開封市祥符區西南。本名啓封，取“啓拓封疆”之意，西漢時因避景帝劉啓名諱而改爲開封（詳陳直《漢書補注》）。

［39］【劉昭注】《左傳》宣元年諸侯會于棐林，杜預曰：縣東有林鄉（東，當爲“東南”。惠棟《後漢書補注》以爲諸本皆脱“南”字，中華本據改，可從）。徐齊民《北征記》曰：“縣東南有大隧澗，鄭莊公所闕。又大城東臨潩水，水東溱水注于洧，城西臨洧水。”【今注】菀陵：縣名。治所在今河南新鄭市東北。菀，《漢書·地理志》作“苑”。　棐（fěi）林：地名。在今河南新鄭市東北。春秋時屬鄭國。《春秋》宣公元年：“宋公、陳侯、衞侯、曹伯會晉師於棐林，伐鄭。”

［40］【劉昭注】《左傳》宣十年諸侯遷於制田（惠棟《後漢書補注》以爲此爲成公十六年之事，注誤。中華本據此改“宣”爲“成”，改“十”爲“十六”。可從），杜預曰縣東有制城（惠棟《後漢書補注》以爲依杜預注，“制城”當爲“制澤”。中華本據改）。【今注】制澤：古湖澤名。在今河南新鄭市東北。《水經注·沙水》：“（沙水）出苑陵縣故城西北，縣有二城……二城以東，悉多陂澤，即古制澤也。”

［41］【劉昭注】《左傳》襄十一年諸侯之師次于瑣，杜預曰縣西有瑣侯亭。【今注】瑣侯亭：在今河南新鄭市北。即春秋時鄭國瑣邑。

［42］【今注】平陰：縣名。治所在今河南孟津縣東北黄河

南岸。

［43］【劉昭注】《博物記》曰："出潛亭山。"【今注】穀城：縣名。治所在今河南洛陽市西北。　瀍水：源出今河南洛陽市西北，東南流入洛河。

［44］【劉昭注】《西征記》曰："函谷左右絶岸十丈，中容車而已。"【今注】函谷關：關隘名。有"故關""新關"之分。"故關"在今河南靈寶市王垛村一帶，戰國秦置。其地南依崤山，北帶黄河，道路嵌在峽谷之中，自東至西形如函匣，故名函谷關，是河洛通往關中的必經之地。漢武帝元鼎三年（前 114），將關隘東徙至新安（今河南澠池縣東），是爲"新關"。

［45］【劉昭注】《左傳》曰吕相絶秦伯，"殄滅我費、滑"，杜預曰滑國都於費，今緱氏縣。案本紀，縣有百坏山（坏，曹金華《後漢書稽疑》以爲乃"岯"字之誤）。干寶《搜神記》曰："縣有延壽城。"【今注】緱（gōu）氏：縣名。治所在今河南偃師市緱氏鎮東南。本爲古滑國都城費邑，戰國時改稱緱氏。

［46］【劉昭注】《左傳》王取鄔、劉，杜預曰鄔在縣西南。【今注】鄔聚：在今河南偃師市西南。《左傳》莊公二十年："王及鄭伯入于鄔。"

［47］【劉昭注】瓚曰："險道名，在縣東南。"【今注】轘轅關：關隘名。位於今河南登封市西北太室、少室二山之間，控扼洛陽盆地東南要道。東漢靈帝中平元年（184）黄巾起義爆發，朝廷在洛陽四周設置八處關隘以守衛京師，轘轅關即"八關"之一。

［48］【劉昭注】鞏伯國。《左傳》曰"商湯有景亳之命"（亳，紹興本作"亳"），杜預曰縣西南有湯亭。《帝王世記》曰："湯亭偃師。"（惠棟《後漢書補注》以爲當作"湯亭在偃師"，諸本皆脱一"在"字。中華本據補）又曰："夏太康五弟，須于雒汭，在縣東北三十里。"【今注】鞏：縣名。治所在今河南鞏義市西北。

[49]【劉昭注】《左傳》昭二十三年王師、晉師圍鄩中。《史記》曰張儀"下兵三川，塞什谷之口"（中華本以爲注所引乃張儀説秦惠王之辭，"曰"字當在"張儀"下），徐廣曰縣有尋口。【今注】尋谷水：即鄩水。《水經注·洛水》："（尋）水出北山鄩溪，其水南流，世謂之温泉水……鄩水又東南，于訾城西北東入洛水。"

[50]【劉昭注】《左傳》昭二十三年"單子取訾"，杜預曰在縣西南。《晉地道記》曰在縣之東。【今注】東訾聚：鄉聚名。在今河南鞏義市西南。

[51]【劉昭注】《左氏》（王先謙《後漢書集解》以爲"氏"當作"傳"，此乃駁文。中華本據改），周襄王出，國人納之坎埳，杜預曰在縣東。《地道記》在南（地，大德本作"南"）。【今注】坎埳聚：鄉聚名。在今河南鞏義市東。坎埳，一作"坎欿"。《左傳》僖公二十四年，"（襄）王遂出，及坎欿，國人納之"。

[52]【劉昭注】《左傳》昭二十二年"王子猛居于皇"（二十二，紹興本作"一十二"，大德本、殿本作"二十三"。皇，大德本、殿本作"湟"），杜預曰有黄亭，在縣西北（惠棟《後漢書補注》以爲"西北"當爲"西南"。中華本據改）。【今注】湟水：古水名。在今河南鞏義市西，注入洛水。《水經注·洛水》："洛水又東，濁水注之。即古湟水也。"

[53]【劉昭注】《左傳》昭二十三年"賈辛軍于谿泉"（惠棟《後漢書補注》據《左傳》以爲事在昭公二十二年。中華本據改）。【今注】明谿泉：在今河南鞏義市西南。又稱"五道泉""明樂泉"。《水經注·洛水》："洛水又東，明樂泉水注之。水出南原下，五泉並導，故世謂之五道泉，即古明溪泉也。"

[54]【劉昭注】《史記》曰，成皋北門名王門（臯，大德本作"睾"，殿本作"臯"，下同。王，殿本作"玉"，底本誤）。

《左傳》“破燕師于北制”。杜預曰“北制，一名虎牢”，亦即此縣也。《穆天子傳》曰：“七萃之士生搏虎而獻天子，命爲柙，而畜之東虢，是曰虎牢。”《左傳》曰鄭子皮勞晉韓宣子于索氏，杜預曰縣東有大索城。《尚書·禹貢》“至于大伾”，張揖云成睾縣山。又有旋門坂，縣西南十里，見《東京賦》曰（曰，殿本無，底本誤，應删）。【今注】成睾：縣名。治所在今河南滎陽市汜水鎮西。春秋時稱“虎牢”，又稱“制”，戰國時始稱成皋。唐代避唐高祖李淵祖父李虎名諱，改稱“獸牢”。案，睾，大德本作“睪”，殿本作“皋”，《漢書·地理志》作“皋”。錢大昕《廿二史考異·續漢書二》以爲“睾”當作“皋”，字形相涉而訛。

［55］【劉昭注】《左傳》襄十八年楚伐鄭，次旃然。【今注】旃然水：水名。《左傳》襄公十八年，“楚師伐鄭，次於魚陵，右師城上棘，遂涉潁，次於旃然”。杜預注：“旃然水出滎陽成皋，東入汴。”後世稱索水，即今河南滎陽市索河。《水經注·濟水》：“（索水）出京縣西南嵩渚山，與東關水同源分流，即古旃然水也。”

［56］【今注】漫水：即“鄤水”。《水經注·河水》：“（鄤）水西出婁山，至冬則煖，故世謂之温泉。東北流逕田鄤谷，謂之田鄤溪水，東流注于汜水。”

［57］【劉昭注】《左傳》曰周襄王處鄭地汜。【今注】汜水：源出今河南鞏義市東南，北流經滎陽市汜水鎮西注入黄河。

［58］【劉昭注】鄭共叔所居（共，大德本作“恭”），《左傳》云“謂之京城大叔”。應劭曰：“有索亭。楚漢戰京、索。”《北征記》又有索水。【今注】京：縣名。治所在今河南滎陽市東南。

［59］【劉昭注】春秋時曰新城，傳曰新密。僖六年諸侯圍新城，杜預曰一名密縣。【今注】密：縣名。治所在今河南新密市東南。

［60］【劉昭注】《山海經》曰："大騩之山，其陰多鐵，多美堊。有草焉，狀如蓍而毛，青華而白實，其名曰蒗（蒗，大德本、殿本作'蔱'，中華本據改），服者不夭。"【今注】大騩（wěi）山：又名具茨山，在今河南新密市東南。南京博物院藏有秦代"大騩"銅權，高5.9釐米，面徑8.6釐米，底徑9.9釐米，呈八角棱體，腹空。重2300克。權身有秦始皇廿六年（前221）詔書和二世元年（前209）詔書，各占四面，横梁左右有陰文篆書"大騩"二字。

［61］【劉昭注】《左傳》曰襄十八年楚伐鄭，右迴梅山。在縣西北（中華本以爲"在"上脱"杜預曰"三字）。【今注】梅山：在今河南鄭州市西南。

［62］【劉昭注】《史記》魏襄王六年伐楚，敗之陘山。秦破魏華陽，地亦在縣。杜預《遺令》曰："山上有冢，或曰子産，邪東北向新鄭城，不忘本也。"【今注】陘山：在今河南新鄭市西南。一説在今河南襄城縣西南，一説在今河南漯河市召陵區。

［63］【劉昭注】《左傳》曰文十七年周敗戎于郲垂（郲，殿本作"邛"），杜預曰縣北有垂亭。《史記》秦遷西周公於惡狐，徐廣曰"與陽人聚相近，在雒陽南百五十里梁、新城之閒"。【今注】新城：縣名。治所在今河南伊川縣西南。《漢書·地理志》作"新成"。

［64］【劉昭注】《史記》蘇代説韓相國以高都與周者。【今注】高都城：在今河南伊川縣境内。戰國時期韓國城邑，後屬東周。案，高都，一作"部都"。

［65］【劉昭注】有廣成菀（菀，殿本作"苑"）。【今注】廣成聚：一作廣城苑，在今河南臨汝縣西。東漢時爲皇家游獵苑囿。本書卷五《孝安帝紀》：永初元年（107），"以廣成游獵地及被災郡國公田假與貧民"。李賢注曰："廣城，苑名，在汝州西。"本書卷七《孝桓帝紀》：延熹元年（158）"冬十月，校獵廣成，遂

幸上林苑”。馬融曾作《廣成頌》以諷諫安帝。

［66］【劉昭注】《左傳》昭十六年楚殺鄤子，杜預曰縣東南有蠻城。又祭遵獲張滿也。【今注】鄤聚：新成縣鄉邑名。在今河南臨汝縣西南汝水南岸。古爲蠻子國之地，春秋時爲楚國所滅。蠻子是戎族的一支，一作“鄤子”。

［67］【劉昭注】《帝王世記》曰：“帝嚳所都，殷盤庚復南亳，是爲西亳。”《皇覽》曰“北皋繇祠”（“北”字下諸本有“有”字，應據諸本補），又曰“有湯亭，有湯祠”。【今注】匽師：縣名。治所在今河南偃師市東。《漢書·地理志》作“偃師”。

［68］【劉昭注】《帝王世記》曰：“尸鄉在縣西二十里。”【今注】尸鄉：在今河南偃師市西。相傳商湯曾建都於此。

［69］【劉昭注】《左傳》昭二十六年劉人敗子朝之師于尸氏。《前書》田横自殺處。

［70］【劉昭注】皇甫謐曰：“古有熊國（熊，大德本、殿本作‘鄭’），黄帝之所都。”【今注】新鄭：縣名。治所在今河南新鄭市。　詩鄭國：此指《詩·國風·鄭風》。　祝融：傳説爲顓頊後裔，名重黎，任高辛氏之火正（祀大火星而掌民事），被後世尊爲火神。

［71］【今注】平：縣名。治所在今河南孟津縣東。

河内郡。[1]高帝置。[2]雒陽北百二十里。[3]十八城，户十五萬九千七百七十，口八十萬一千五百五十八。

［1］【今注】河内郡：治懷縣（故城在今河南武陟縣西南）。

［2］【今注】高帝置：此説有誤。秦統一後即置河内郡。楚漢之際屬司馬卬殷國（都朝歌縣）。漢二年（前205）歸爲漢郡。東漢沿置。

［3］【今注】雒陽北百二十里：以里數明確標出郡國至京師洛

陽的距離，爲本書《郡國志》的一大創設。王鳴盛《十七史商榷》卷三二“郡國去雒陽里數”條云：“各郡國皆注在雒陽東西南北若干里，此《前志》所無而甚有理。但又有闕書者，右扶風、魯國、常山國、北海國、太原郡、上郡、五原郡、雲中郡、定襄郡、朔方郡、廣陽郡凡十一郡國，此自亂其例也。又凡屬國皆不注去雒陽若干里一句，而遼東屬國獨有之，例皆不定（《舊唐書·地理志》各州府下皆言至京師里數，法《續漢志》也）。”

懷。有隰城。[1]**河陽**。[2]有湛城。[3]**軹**。[4]有原鄉。[5]有湨梁。[6]**波**。有絺城。[7]**沁水**。[8]**野王**。有太行山。[9]有射犬聚。[10]有邘城。[11]**温**。蘇子所都。濟水出，王莽時大旱，遂枯絶。[12]**州**。[13]**平睪**。有邢丘，故邢國，周公子所封。[14]有李城。[15]**山陽**。邑。有雍城。[16]有蔡城。[17]**武德**。[18]**獲嘉**。侯國。[19]**脩武**。故南陽，秦始皇更名。有南陽城，[20]陽樊、攢茅田。[21]有小脩武聚。[22]有隤城。[23]**共**。本國。淇水出。[24]有汎亭。[25]**汲**。[26]**朝歌**。[27]紂所都居，[28]南有牧野，[29]北有邶國，[30]南有寧鄉。[31]**蕩陰**。有羑里城。[32]**林慮**。故隆慮，殤帝改。有鐵。[33]

[1]【劉昭注】《左傳》曰王取鄭隰城，杜預曰在縣西南。傳又曰郤至與周爭鄇田，杜預曰縣西南有鄇人亭。【今注】懷：縣名。治所在今河南武陟縣西南。　隰城：一作“隰郕”。在今河南武陟縣西南。春秋時爲周邑，《左傳》隱公十一年，周王“與鄭人蘇忿生之田：温、原、絺、樊、隰郕”。僖公二十五年四月，“王入于王城。取大叔于温，殺之于隰城”。

[2]【劉昭注】《左傳》曰王與鄭盟，杜預曰縣南孟津。【今

注】河陽：縣名。治所在今河南孟州市西。

［3］【今注】湛城：在今河南濟源市南。《水經注·文水》："湛水自向城東南，逕湛城東，時人謂之椹城，亦或謂之隰城。"

［4］【劉昭注】《左傳》曰王以蘇忿生田向與鄭，杜預曰縣西北地名向上。【今注】軹（zhǐ）：縣名。治所在今河南濟源市東南。

［5］【劉昭注】《左傳》曰王與鄭原，杜預曰沁水西北有原城。【今注】原鄉：在今河南濟源市西北。原，西周初姬姓封國。春秋時爲周畿内邑，後屬晉。

［6］【劉昭注】《左傳》曰襄十六年諸侯會湨梁。【今注】湨（jú）梁：湨水防護大堤。在今河南濟源市西北。《爾雅·釋地》："梁莫大于湨梁。"郭璞注："湨，水名。梁，堤也。"《春秋》襄公十六年："公會晉侯、宋公等於湨梁。"湨水即今河南濟源市、孟州市、武陟縣境之黄河支流漭河。《水經注·濟水》："湨水出原城西北原山勳掌谷，俗謂之爲白澗水，南徑原城西……湨水又東南徑陽城東，與南源合……又南注入河。"

［7］【劉昭注】《左傳》曰王與鄭絺，杜預曰在野王縣西南。【今注】波：縣名。治所在今河南濟源市東南。　絺（chī）城：在今河南沁陽市西南。絺，一作"郗"，春秋時爲周畿内邑，後屬鄭。

［8］【劉昭注】《山海經》曰沁水出井陘東。【今注】沁水：縣名。治所在今河南濟源市東北。

［9］【劉昭注】《山海經》曰："其上有金玉，下有碧。有獸焉，其狀如麋而四角，馬尾而有距，其名曰驒還。"酈食其説曰"杜太行之道"，韋昭曰在縣北。【今注】野王：縣名。治所在今河南沁陽市。

［10］【劉昭注】世祖破青犢也。【今注】射犬聚：鄉聚名。在今河南博愛縣東。據本書卷一《光武帝紀》記載，更始二年（24），劉秀在射犬大破青犢、大彤等部農民軍。當時劉秀尚未稱帝，爲更始政權之蕭王。

［11］【劉昭注】《史記》曰紂以文王、九侯、鄂侯爲三公，徐廣曰“鄂”一作“邘”。武王子封在縣西北。【今注】邘（yú）城：古邑名。在今河南沁陽市西北。商末屬鄂侯國，西周初建，武王封子邘叔於此，故名。

［12］【劉昭注】《皇覽》曰：“縣郭東濟水南有虢公冢。”【今注】温：縣名。治所在今河南温縣西南。　蘇子所都：西周時温爲畿内國，子爵，己姓。武王時司寇蘇忿生居温，稱蘇子。　濟水出：濟水源出今河南濟源縣西王屋山，稱沇水。

［13］【今注】州：縣名。治所在今河南温縣東北。

［14］【劉昭注】臣瓚曰：“丘名也，非國，在襄國西。”【今注】平睾：縣名。治所在今河南温縣東。殿本、《漢書・地理志》作“平皋”。　邢丘：在今河南温縣平皋村。春秋時爲晉邑，戰國屬魏。

［15］【劉昭注】《史記》曰邯鄲李同却秦兵，趙封其父李侯，徐廣曰即此城。【今注】李城：在今河南温縣。

［16］【劉昭注】杜預曰古雍國，在縣西。【今注】山陽邑：山陽，縣名。治所在今河南焦作市東南。順帝封阿母宋娥爲山陽君，食邑五千户，故稱山陽邑。　雍城：在今河南焦作市中站區府城遺址。商王武丁之子“雍”封於此地，故名“雍城”。西周初封文王之子爲雍伯。

［17］【劉昭注】蔡叔邑此，猶鄭管城之類乎？【今注】蔡城：當即《水經注・沁水》之“郲城”，在今河南博愛縣清化鎮。

［18］【今注】武德：縣名。治所在今河南武陟縣東南。

［19］【今注】獲嘉：縣名。治所在今河南新鄉市西。元鼎六年（前111）春，漢武帝東巡至河内郡汲縣新中鄉，聞漢軍獲南越國丞相吕嘉首級，遂以其地置縣，更名爲獲嘉（《漢書》卷六《武帝紀》）。漢明帝永平二年（59）爲長公主劉姬湯沐邑，稱獲嘉邑（本書卷一〇《皇后紀》）。後陽邑侯馮魴之子馮柱尚獲嘉公主，

生子馮石，承襲母爵爲獲嘉侯（本書卷三三《馮魴傳》）。

［20］【劉昭注】《左傳》僖四年晉文公圍南陽。《史記》曰："白起攻韓南陽，太行道絶之。"《山海經》曰："太時之山（時，殿本作'行'，底本誤），清水出焉。"郭璞曰："脩武縣北黑山亦出清水。"【今注】脩武：縣名。治所在今河南獲嘉縣。或以爲在今河南修武縣城東南（參張新斌《武王伐紂與牧野大戰的歷史地理問題》，《中原文物》2000 年第 4 期）。　南陽城：秦代爲脩武縣治。今河南獲嘉縣城小西關有南陽故城遺址。戰國時的脩武城在今獲嘉縣西南張巨鄉附近，漢代稱"小脩武"。

［21］【劉昭注】服虔曰："樊仲山之所居，故名陽樊。"杜預曰縣西北有欑城（欑，殿本作"攢"，中華本據改）。《左傳》曰定元年魏獻子田大陸，杜預曰西北吴澤也。【今注】陽樊：在今河南濟源市西南。樊爲西周"宣王中興"名臣仲山甫封國（今陝西西安市長安區東南）。春秋時東徙至陽邑（今河南濟源市西南），故又稱陽樊。《左傳》僖公二十五年，晉文公定周王室，"次於陽樊"。　攢茅：在今河南輝縣市西南。一説在今河南焦作市馬村區大陸村遺址。又作"欑茅"。本爲商湯封地。《商君書·賞刑》："昔湯封於欑茅，文王封於岐周，方百里。"春秋時爲周邑，後襄王時賜給晉文公。

［22］【劉昭注】《春秋》曰甯。《史記》曰高祖得韓信軍小脩武，晉灼曰在城東。

［23］【劉昭注】《左傳》隱十一年"以隤與鄭"。【今注】隤城：在今河南焦作市馬村區隤城寨遺址。隤，西周初爲蘇忿生封地城邑之一。春秋時，周桓王賜予鄭國。

［24］【劉昭注】《前志》注曰水出北山。《博物記》曰："有奥水，流入淇水，有緑竹草。"【今注】淇水：源出今山西陵川縣，東南流經今河南衛輝市東北淇門鎮，南入黄河。

［25］【劉昭注】凡伯邑。【今注】汎亭：在今河南輝縣市西

南。汎，一作“凡”，西周姬姓封國，始封之君爲周公之子。《春秋》隱公七年：“天王使凡伯來聘。”《左傳》僖公二十四年：“凡、蔣、邢、茅、胙、祭，周公之胤也。”

［26］【劉昭注】《晉地道記》曰有銅關。【今注】汲：縣名。治所在今河南汲縣西南。

［27］【劉昭注】有鹿腹山。【今注】朝歌：縣名。治所在今河南淇縣。

［28］【劉昭注】《帝王世記》曰紂糟丘、酒池、肉林在城西。《前書》注曰鹿臺在城中。【今注】紂所都居：朝歌爲商王帝乙、帝辛（即商紂）之别都。

［29］【劉昭注】去縣十七里。【今注】牧野：在今河南淇縣西南。周武王率諸侯之師討伐商紂，大敗紂王軍隊於此地。《尚書·牧誓》：“武王戎車三百兩、虎賁三百人與受戰於牧野。”牧野，一作“坶野”。

［30］【今注】邶國：在今河南湯陰縣東南邶城村。邶，商邑，西周初爲紂王子武庚之封地。《説文·邑部》：“邶，故商邑，自河内朝歌以北是也。”

［31］【劉昭注】《史記》元忌説魏安僖王曰“通韓上黨於共、甯”（元，紹興本作“无”，大德本、殿本作“無”，底本誤。僖，殿本作“釐”），徐廣曰有寧鄉。《左傳》曰襄二十三年“救晉，次雍榆”，杜預曰縣東有雍城是也。【今注】寧鄉：在今河南獲嘉縣。春秋爲晉邑，秦置修武縣。

［32］【劉昭注】韋昭曰：“羑音酉。文王所拘處。”【今注】蕩（tāng）陰：縣名。治所在今河南湯陰縣。羑里城：在今河南湯陰縣城北。商紂王時，西伯姬昌爲崇侯虎所譖，被囚於羑里七年之久。

［33］【劉昭注】徐廣曰：“洹水所出。蘇秦合諸侯盟處。”班叔皮《遊居賦》亦曰“漱余馬乎洹泉，嗟西伯於牖城”。【今注】

林慮（lǘ）：縣名。治所在今河南林州市。西漢稱隆慮，東漢後期避殤帝劉隆名諱而改。

河東郡。秦置，雒陽西北五百里。[1]二十城，户九萬三千五百四十三，口五十七萬八百三。

［1］【劉昭注】《博物記》曰："有山澤近鹽。沃土之民不才，漢興少有名人，大衣冠三世皆衰絶也。"【今注】河東郡：治安邑縣（今山西夏縣西北）。秦昭襄王二十一年（前286）置河東郡。西漢沿置，東漢繼之。

安邑。[1]有鐵。有鹽池。[2]**楊**。有高梁亭。[3]**平陽**。侯國。[4]有鐵。堯都此。[5]**臨汾**。[6]有董亭。[7]**汾陰**。[8]有介山。[9]**蒲坂**。有雷首山。[10]有沙丘亭。[11]**大陽**。有吴山，上有虞城，[12]有下陽城，[13]有茅津。[14]有顛軨坂。[15]**解**。[16]有桑泉城。[17]有臼城。[18]有解城。[19]有瑕城。[20]**皮氏**。有耿鄉。[21]有鐵。有冀亭。[22]**聞喜**。邑，[23]本曲沃。[24]有董池陂，古董澤。[25]有稷山亭。[26]有涑水。[27]有洮水。[28]**絳邑**。[29]有翼城。[30]**永安**。故彘，[31]陽嘉二年更名。[32]有霍大山。[33]**河北**。[34]《詩》魏國。[35]**有韓亭**。**猗氏**。[36]**垣**。有王屋山，兖水出。[37]有壺丘亭。[38]有邵亭。[39]**襄陵**。[40]**北屈**。[41]有壺口山。[42]有采桑津。[43]**蒲子**。[44]**濩澤**。侯國。有祁城山。[45]**端氏**。[46]

［1］【劉昭注】《帝王世記》曰："縣西有鳴條陌。湯伐桀，

戰昆吾亭。《左傳》昆吾與桀同日亡。”《地道記》咸山在南（王先謙《後漢書集解》以爲“咸”上脱“巫”字。中華本據補，可從）。【今注】安邑：縣名。治所在今山西夏縣西北。

［2］【劉昭注】《前志》曰池在縣西南。《魏都賦》注曰在猗氏六十四里（《文選·魏都賦》作“猗氏南有鹽池，東西六十四里，南北七十里”。王先謙《後漢書集解》據此以爲注文“猗氏”下奪文）。楊佺期《雒陽記》曰：“河東鹽池長十七里（十七，紹興本、大德本、殿本作‘七十’，底本誤），廣七里，水氣紫色。有别御鹽，四面刻如印齒文章，字妙不可述。”【今注】鹽池：在今山西運城市西南。河東鹽池即蒲阪鹽池，據劉慶柱《三秦記輯注》，蒲阪鹽池由東池、西池和六小池組成，東池長25千米、寬2.5千米，西池長12.5千米、寬10千米，六小池位於西池之西（三秦出版社2006年版，第112—113頁）。

［3］【劉昭注】《左傳》曰僖九年晉懷公死高梁（九年，齊召南考證當爲二十四年，中華本據改），杜預曰在縣西南。《地道記》有梁城，去縣五十里，叔嚮邑也。【今注】楊：縣名。治所在今山西洪洞縣西南。　高梁亭：在今山西臨汾市東北。《左傳》僖公二十四年（前636）二月，公子重耳返晉，“使殺懷公于高梁”。

［4］【劉昭注】《左傳》曰成七年諸侯盟馬陵，杜預曰衞地也，平陽東南地名馬陵。又説在魏郡元城。【今注】平陽：縣名。治所在今山西臨汾市西南。明帝永平三年（60）爲平陽公主劉奴湯沐邑（見本書卷一〇下《皇后紀下》）。章帝建初八年（83），平陽公主子馮奮襲母封爵，平陽邑始爲平陽侯國。馮奮卒，無子嗣，和帝永元七年（95），復封馮奮兄馮勁爲平陽侯，奉公主之祀（見本書卷二六《馮勤傳》）。然本書卷二六《韋彪傳》又載章帝建初二年封西漢開國功臣曹參後人曹湛爲平陽侯。其時馮奮尚在，兩平陽侯同時並存，史載有誤。錢大昭《後漢書補表》卷五《外戚恩澤侯表》據和帝永元三年詔“曹相國後容城侯無嗣”，以爲章帝時

曹湛所封爲容城侯而非平陽侯。所論甚是。

［5］【劉昭注】《晉地道記》曰有堯城。

［6］【劉昭注】《博物記》曰有賈鄉，賈伯邑。【今注】臨汾：縣名。治所在今山西新絳縣東北。

［7］【劉昭注】《左傳》曰晉改蒐于董，杜預曰縣有董亭。【今注】董亭：在今山西萬榮縣西南。春秋時爲晉邑。《左傳》文公六年："陽處父至自温，改蒐于董，易中軍。"

［8］【劉昭注】《博物記》曰："古之綸，少康邑。"【今注】汾陰：縣名。治所在今山西萬榮縣西南。

［9］【劉昭注】縣西北有狐谷亭。郭璞《爾雅》注曰："縣有水口，如車輪許，濆沸涌出，其深無限，名之爲瀵。"【今注】介山：在今山西萬榮縣西南。王先謙《漢書補注》以爲此介山非介子推所隱之綿山，而是俗所謂"孤山"。

［10］【劉昭注】《史記》曰趙盾田首山，息桑下，有餓人祇彌明（祇彌，殿本作"示眯"）。縣南二十里有歷山，舜所耕處。又伯夷、叔齊隱於首陽山，馬融曰在蒲坂華山之北，河曲之中。【今注】蒲坂：縣名。治所在今山西永濟市西南。《漢書·地理志》作"蒲反"。又《太尉劉寬碑》碑陰亦作"蒲反"。　雷首山：又名"首山"。在今山西永濟市西南，屬中條山脈。

［11］【劉昭注】《左傳》曰文十二年秦晉戰河曲，杜預曰在縣南。湯伐桀，孔安國曰河曲之南。

［12］【劉昭注】杜預曰虞國也。《帝王世記》曰："舜嬪于虞，虞城是也。"亦謂吴城，《史記》秦昭王伐魏取吴城，即此城也。《皇覽》曰："盜跖冢臨河。"（河，惠棟《後漢書補注》以爲當爲"河曲"，注脱"曲"字。中華本據補）《博物記》曰傅巖在縣北。【今注】大陽：縣名。故城在今山西平陸縣西南。　吴山：此指今山西平陸縣北之山，爲中條山支脈。又有虞山、虞阪、吴阪、鹽阪等名。　虞城：在今山西平陸縣張店東南古城遺址。虞，

西周初姬姓封國，公元前655年爲晉國所滅。

［13］【劉昭注】虢邑，《左傳》僖二年虞、晉所滅。縣東北三十里。【今注】下陽城：在今山西平陸縣北。下陽，又作“夏陽”，春秋時爲北虢都城。

［14］【劉昭注】《左傳》曰“秦伐晉，遂自茅津濟”，杜預曰在縣西。南有茅亭，即茅戎（戎，大德本、殿本作“城”）。【今注】茅津：在今山西平陸縣南茅津村，爲黄河北岸渡口。《左傳》文公三年，“秦伯伐晉，濟河焚舟，取王官及郊。晉人不出，遂自茅津濟，封殽尸而還”。

［15］【劉昭注】《左傳》曰“入自顛軨”。《博物記》曰在縣鹽池東，吴城之北，今之吴坂。杜預曰在縣東北。【今注】顛軨坂：古道路名。在今山西平陸縣北境，横斷中條山絶頂，盤旋崎嶇，爲溝通中條山南北、由河東進入河洛的孔道。

［16］【劉昭注】《左傳》曰咎犯與秦晉大夫盟於郇，杜預曰縣西北有郇城。《博物記》曰有智邑。【今注】解（xiè）：縣名。治所在今山西臨猗縣西南。

［17］【劉昭注】《左傳》僖二十四年晉文公入桑泉，杜預曰在縣西二十里。【今注】桑泉城：在今山西臨猗縣臨晉鎮東北。《左傳》僖公二十四年，晉公子重耳“濟河，圍令狐，入桑泉，取臼衰”。

［18］【劉昭注】《左傳》曰晉文公入取臼衰者也。杜預曰在縣東南。《博物記》曰：“臼季邑。縣西北卑耳山。縣西南齊桓公西伐所登。”【今注】臼城：又名“臼衰”。在今山西永濟市東北。春秋時爲晉大夫臼季之邑。

［19］【劉昭注】《左傳》僖十五年晉侯賂秦，内及解梁城（内，殿本作“伯”）。【今注】解城：城邑名。在今山西臨猗縣西南。

［20］【劉昭注】《左傳》文十二年秦侵晉及瑕，杜預曰猗氏

縣東北有瑕城。【今注】瑕城：在今山西臨猗縣南。瑕，西周小國名，春秋時爲晉邑。《左傳》文公十二年，“秦師夜遁。復侵晉，入瑕”。

［21］【劉昭注】《尚書》祖乙徙耿。《左傳》閔元年晉滅耿，杜預曰縣東南有耿鄉。《博物記》曰有耿城。【今注】皮氏：縣名。治所在今山西河津市。　耿鄉：在今山西河津市東南山王村。耿，商代封國，西周爲姬姓封國，公元前661年爲晉獻公所滅。

［22］【劉昭注】《左傳》僖二年，晉荀息曰“冀爲不道”，杜預曰國，在縣東北。《史記》蘇代説燕王曰“下南陽，封冀”。【今注】冀亭：在今山西河津市東北。冀，古國名。商代即存在，春秋時爲晉所滅。

［23］【劉昭注】《博物記》曰縣治涑之川。《史記》曰伐韓到乾河。郭璞曰：“縣東北有乾河口，但有故溝處，無復水。”《左傳》曰僖三十一年“晉蒐清原”（原，大德本、殿本作“源”），杜預曰在縣北。【今注】聞喜：縣名。治所在今山西聞喜縣東北。秦及漢初爲左邑縣桐鄉，漢武帝元鼎六年（前111）巡行經過，適聞漢軍攻破南越國的喜訊，遂將桐鄉從左邑析出，另立爲縣，取名“聞喜”。東漢殤帝延平元年（106），封和帝女劉興爲聞喜公主，以縣爲湯沐邑。靈帝永康元年（167），封帝舅竇武爲聞喜侯，次年竇武被誅，國除爲縣。聞喜，一作“聞憙”。《太尉劉寬碑》碑陰皆作“聞憙”。

［24］【劉昭注】曲沃在縣東北數里，與晉相去六七百里。見《毛詩譜注》。【今注】曲沃：春秋時爲晉邑。晉成侯自鄂遷都於此。秦改爲左邑縣。

［25］【劉昭注】《左傳》曰“改蒐于董”，“董澤之蒲”。【今注】董池陂：湖澤名。在今山西聞喜縣東北。古稱董澤。相傳古豢龍氏董父居此，故名。《左傳》宣公十二年厨子曰：“非子之求，而蒲之愛，董澤之蒲，可勝既乎？”

［26］【劉昭注】縣西五十里。《左傳》曰宣十五年“晉侯治兵于稷”。【今注】稷山亭：在今山西稷山縣南稷王山山脚下。稷王山，古稱稷山，相傳周之先祖后稷教民稼穡於此，故名。《水經注·汾水》：“汾水又逕稷山北，在水南四十許里，山東西二十里，南北三十里，高十三里，西去介山十五里。山上有稷祠，山下稷亭。”

［27］【劉昭注】《左傳》吕相絶秦，曰“伐我涑川”。【今注】涑水：又稱涑川，即今山西西南部涑水河。源出今山西絳縣横嶺關陳村峪，向西南流經運聞喜、夏縣、臨猗等地，至永濟市弘道園村附近匯入黄河。《左傳》成公十三年晉侯使吕相絶秦曰：“康猶不悛，入我河曲，伐我涑川。”

［28］【今注】洮水：在今山西絳縣南。源出横嶺山，西北流入涑水河。《水經注·涑水》：“涑水所出，俗謂之華谷，至周陽與洮水合，水源東出清野山，世人以爲清襄山也。其水東逕大嶺下，西流出謂之晗口，又西合涑水。”

［29］【劉昭注】縣西有絳邑城，杜預曰故絳也。【今注】絳邑：縣名。治所在今山西侯馬市鳳城鄉鳳城古城。絳邑，《漢書·地理志》作“絳”。東漢末賈逵曾爲絳邑長（《三國志》卷三五《魏書·賈逵傳》）；《建寧元年殘碑》有“守絳邑長平陽□□□□”，故當以“絳邑”爲是〔參見周振鶴、李曉傑、張莉《中國行政區劃通史·秦漢卷（下）》，第652頁〕。

［30］【劉昭注】《左傳》隱五年曲沃伐翼，杜預曰在縣東八十里。【今注】翼城：在今山西翼城縣東南。春秋時曾爲晉國都城，名“絳”。至孝侯時改稱“翼”。晉景公遷都新田，舊都稱故絳。《左傳》隱公五年：“曲沃莊伯以鄭人、邢人伐翼。”

［31］【劉昭注】《史記》曰周穆王封造父趙城，徐廣曰在永安。《博物記》曰有吕鄉，吕甥邑也。【今注】永安：縣名。治所在今山西霍州市。周、秦、西漢及東漢前期稱“彘”。

［32］【劉昭注】杜預曰縣東北有㕙城。【今注】陽嘉：東漢順帝劉保年號（132—135）。　案，二年，大德本、殿本作“三年”。

［33］【劉昭注】《爾雅》曰：“西南之美者，有霍山大多珠王焉（大，紹興本、大德本、殿本作‘之’。王，紹興本、大德本、殿本作‘玉’）。”《左傳》曰閔元年晉滅霍，杜預曰“縣東北有霍大山”。《史記》曰原過受神人書，稱“余霍大山山陽侯天吏也”（吏，殿本作“史”。《史紀·趙世家》有“余霍大山山陽侯天使也”，曹金華《後漢書稽疑》據此以爲“吏”當爲“使”）。又蜚廉於山得石椁（椁，大德本作“槨”，殿本作“棺”），仍葬也。【今注】霍大山：即霍太山，又名霍山、霍泰山、太嶽山，在今山西霍州市東。在《禹貢》中爲冀州之鎮山。

［34］【今注】河北：縣名。治所在今山西芮城縣西。

［35］【今注】詩魏國：此指《詩·魏風》。

［36］【劉昭注】《地道記》曰：“《左傳》文十三年‘詹嘉處瑕’，在縣東北。”【今注】猗氏：縣名。治所在今山西臨猗縣南。

［37］【劉昭注】《史記》曰：“魏武侯二年，城王垣。”《博物記》曰：“山在東，狀如垣。”【今注】垣：縣名。治所在今山西垣曲縣東南。　王屋山：在今山西垣曲縣東北。屬中條山支脈。　兖水：即沇水，濟水上源。《尚書·禹貢》：“導沇水，東流爲濟，入于河。”

［38］【劉昭注】《左傳》襄元年晉討宋五大夫，寘諸瓠丘，杜預曰縣東南有壺丘亭。【今注】壺丘亭：在今山西垣曲縣東南古城鎮南。亦名“瓠丘”“陽狐”“陽胡城”。《水經注·河水》：“清水又東南逕陽壺城東，即垣縣之壺丘亭，晉遷宋五大夫所居也。”

［39］【劉昭注】《博物記》曰：“縣東九十里有郫邵之阸，賈季迎公子樂于陳，趙孟殺諸郫邵。”【今注】邵亭：在今河南濟源市邵原鎮。

［40］【劉昭注】《晉地道記》曰晉武公曲沃徙此（王先謙《後漢書集解》馬與龍説“注曲沃上脱‘自’字”，中華本據補）。【今注】襄陵：縣名。治所在今山西臨汾市東南。

［41］【劉昭注】《左傳》曰“二屈”，杜預曰“二”當爲“北”（周壽昌《後漢書注補正》據《漢書·地理志》，以爲有南屈、北屈，合稱二屈。《左傳》不誤，杜預注失考）。傳曰“屈產之乘”，有駿馬。【今注】北屈：縣名。治所在今山西吉縣北。

［42］【劉昭注】《禹貢》曰：“壺口治梁及岐。”【今注】壺口山：在今山西吉縣西南。黄河自北而來，流經此處，河床高低懸殊，河身急劇縮窄，河水在三十多米寬的石槽中奔流傾瀉，波浪翻滾，如開水沸騰於巨壺之中，故得名。

［43］【劉昭注】《左傳》僖八年晉敗狄于采桑，杜預曰縣西南有采桑津。【今注】采桑津：黄河渡口，在今山西吉縣西黄河東岸上。采桑，又作“齧桑”。

［44］【劉昭注】《左傳》曰晉文公居蒲城，杜預曰今蒲子縣。【今注】蒲子：縣名。治所在今山西隰縣。

［45］【劉昭注】《前志》曰在縣西南。【今注】濩（huò）澤：縣名。治所在今山西陽城縣西。東漢明帝時有濩澤侯鄧鯉（見本書卷四一《寒朗傳》），其後又有劉玄之孫劉巡由成陽侯徙封濩澤侯（見本書卷一一《劉玄傳》）。　祁城山：祁，大德本作“祈”，殿本作“析”，底本、大德本誤，應作“析”。析城山，在今山西陽城縣西南，南臨黄河。

［46］【劉昭注】《史記》曰，趙、韓、魏分晉，封晉端氏。【今注】端氏：縣名。治所在今山西沁水縣東北。光武帝建武後期曾爲劉遵侯國，明帝永平十年（67）前國除爲縣〔詳見周振鶴、李曉傑、張莉《中國行政區劃通史·秦漢卷（下）》，第652—653頁〕。

弘農郡。武帝置。其二縣，建武十五年屬。雒陽西南四百五十里。[1]九城，户四萬六千八百一十五，口十九萬九千一百一十三。

［1］【今注】弘農郡：治弘農縣（今河南靈寶市北）。漢武帝元鼎四年（前113）析河南郡、南陽郡及右内史屬縣而設弘農郡。弘農之名，據《太平寰宇記》卷六《河南道》："義取宏大農桑爲名。"

弘農。故秦函谷關。[1]燭水出。[2]有枯樅山。[3]有桃丘聚，故桃林。[4]有務鄉。[5]有曹陽亭。[6]**陜**。[7]本虢仲國。[8]有焦城。[9]有陜陌。[10]**黽池**。穀水出。[11]有二崤。[12]**新安**。澗水出。[13]**宜陽**。[14]**陸渾**。西有虢略地。[15]**盧氏**。有熊耳山，[16]伊水、清水出。[17]**湖**。故屬京兆。[18]有閿鄉。[19]**華陰**。故屬京兆。[20]有太華山。[21]

［1］【劉昭注】《左傳》曰"虢公敗戎于桑田"，杜預曰在縣東北桑里亭（里，大德本、殿本作"田"，中華本逕改）。【今注】弘農：縣名。治所在今河南靈寶市北。漢初爲函谷關都尉管轄之地，漢武帝元鼎三年（前114），將關隘東徙至新安（今河南澠池縣東），以函谷故關之地爲弘農縣。

［2］【劉昭注】《前志》出衡山領下谷（衡，《漢書·地理志》作"衙"。領，大德本、殿本作"嶺"。出衡山領下谷，中華本改删爲"出衙嶺下谷"）。【今注】燭水：一作"爥水"。源出今河南靈寶市南崤山西北麓，北流入黄河。

［3］【劉昭注】本傳赤眉立盆子於鄭北，《古今注》曰在此山下。【今注】枯樅山：在今河南靈寶市西南。又名肺山、地肺山。

［4］【劉昭注】《左傳》曰守桃林之塞，《博物記》曰在湖縣休與之山。【今注】桃丘聚：在今河南靈寶市函谷關以西至潼關以東。古稱桃林塞，扼守關中地區向東通道。

［5］【劉昭注】赤眉破李松處。【今注】務鄉：在今河南靈寶市西南。更始三年（25），李松、朱鮪與赤眉大戰於此處，更始軍慘敗，三萬餘人戰死。務鄉，本書卷一一《劉玄劉盆子傳》作"蓩鄉"，李賢注引本書《郡國志》、《東觀記》並作"蓩"。此事《後漢紀》卷三亦作"蓩鄉"。又本書卷五四《楊震傳》記建安二年（197），朝廷追前功而封楊震曾孫楊衆爲蓩亭侯，李賢注："《郡國志》'桃林縣有蓩鄉，音莫老反。'"據此，似當以"蓩"爲是。

［6］【劉昭注】《史記》曰章邯殺周章于曹陽，晉灼曰縣東十三里。又獻帝東歸敗處，曹公改曰好陽。【今注】曹陽亭：在今河南靈寶市東北。《水經注·河水》：曹水"出南山，北徑曹陽亭西。陳涉遣周章入秦，少府章邯斬之於此。魏氏以爲好陽"。

［7］【劉昭注】《史記》曰："自陝以西，邵公主之；自陝以東，周公主之。"【今注】陝：縣名。治所在今河南三門峽市陝州區。

［8］【劉昭注】杜預曰虢都上陽，在縣東（東，中華本據《左傳》杜預注，補爲"東南"）。有虢城。【今注】虢仲國：此爲虢叔之國，本志誤。西周初建，封文王之弟虢叔於雍邑（今陝西寶雞市東），史稱西虢。西周厲王、宣王時期，西虢東遷至上陽（今河南三門峽市一帶），史稱南虢，又稱上陽之虢，公元前655年爲晉國所滅。虢仲封於制邑（今河南滎陽市汜水鎮附近），史稱東虢。

［9］【劉昭注】故焦國，《史記》曰武王封神農之後於焦。【今注】焦城：在今河南三門峽市陝州區。

［10］【劉昭注】《博物記》："二伯所分。"【今注】陝陌：在今河南三門峽市陝州區西南。一名陝原。周成王時，周公旦與召公

奭以此爲界，分陝而治。《公羊傳》隱公五年，“自陝而東者，周公主之。自陝而西者，召公主之”。

［11］【劉昭注】《前志》曰出穀陽谷。【今注】黽（miǎn）池：縣名。治所在今河南澠池縣西。

［12］【今注】二崤：崤山東崤、西崤的合稱。在今河南洛寧縣西北。與函谷關並爲關中東部屏障。班固《兩都賦》：“漢之西都，在于雍州，寔曰長安。左據函谷、二崤之阻，表以太華、終南之山。”

［13］【劉昭注】《博物記》曰：“西漢水出新安入雒。”又有孝水，見潘岳《西征賦》。【今注】新安：縣名。治所在今河南澠池縣東。

［14］【劉昭注】有金門山，山竹爲律管。【今注】宜陽：縣名。治所在今河南宜陽縣西。

［15］【劉昭注】《左傳》僖十五年晉侯賂秦，東盡虢略，杜預曰從河曲南行，而東盡故虢。【今注】陸渾：縣名。治所在今河南嵩縣東北。春秋時爲陸渾戎之地，漢置縣。　虢略地：在今河南嵩縣西北。《左傳》僖公十五年，晉獻公“賂秦伯以河外列城五，東盡虢略，南及華山，内及解梁城，既而不與”。

［16］【劉昭注】《山海經》曰：“其上多漆，其下多椶。浮豪之水出焉，西北流注于雒，其中多美玉，多人魚。”【今注】盧氏：縣名。治所在今河南盧氏縣。　熊耳山：秦嶺東段支脈。西起今河南盧氏縣，東北綿延至伊川縣。

［17］【劉昭注】《晉地道記》：“伊東北入雒。”【今注】伊水：今河南西部伊河，源出伏牛山北麓，東北流經嵩縣、伊川縣，在偃師市匯入洛河。　清水：源流不詳。或當爲“淯水”，清、淯二字形近而訛。淯水，即今河南南陽市白河。

［18］【劉昭注】《前志》有鼎湖。【今注】湖：縣名。治所在今河南靈寶市西北。西漢時屬京兆尹，建武十五年（39）改屬弘農

郡國。

［19］【劉昭注】《皇覽》曰："戾太子南出，葬在闅鄉南。"秦又改曰寧秦。【今注】闅（wén）鄉：在今河南靈寶市西北。漢武帝戾太子劉據遭"巫蠱之禍"，逃亡至湖縣而死，葬於此，稱戾園。《漢書》卷六三《武五子傳》記載：宣帝時"以湖閺鄉邪里聚爲戾園"。"閺"同"闅"，孟康曰："閺，古闅字，從門中旻。建安中正作閺。"師古曰："旻，舉目使人也。旻音許密反。閺字本從旻，其後轉訛誤，遂作門中受耳。而郭璞乃音汝授反，蓋失理遠耳。"獻帝建安三年，董卓以段煨爲安南將軍，封闅鄉侯。

［20］【劉昭注】《史記》曰魏文侯三十六年齊侵陰晉。《前志》曰高帝改曰華陰。《吕氏春秋》九藪云"秦之陽華"，高誘曰"或在華陰西"。誘又曰"桃林縣西長城是也"。《晉地道記》曰"潼關是也"。【今注】華陰：縣名。治所在今陝西華陰市東。因在華山之北，故得名。

［21］【劉昭注】《左傳》晉賂秦，南及華山。《山海經》曰："太華之山，削成而四方，其高五千仞，其廣十里，鳥獸莫居。有蛇焉，名曰肥遺（遺，殿本作'䳆'），六足四翼，見則天下大旱。"武王放馬牛於桃林墟，孔安國曰在華山東。《晉地道記》山在縣西南。【今注】太華山：今陝西境内華山。

京兆尹。秦内史，武帝改。其四縣，建武十五年屬。雒陽西九百五十里。[1]十成，[2]户五萬三千二百九十九，口二十八萬五千五百七十四。

［1］【劉昭注】《決録注》曰："京，大也。天子曰兆民。"【今注】京兆尹：郡級政區名，亦爲官名。治長安縣（今陝西西安市西北）。據《三輔黄圖》，治所"在故城南尚冠里"。　秦内史：漢京兆尹之地，在秦朝屬内史的一部分。内史，本是周官名，戰國

秦因之，負責京畿地區的行政管理，後逐漸掌握地方行政，遂以中央官職轉變爲地方行政區名稱。秦内史轄地是以都城咸陽爲中心的關中地區核心部分。　武帝改：文帝後元年間，内史之地分爲左、右二内史（詳周振鶴《西漢政區地理》，商務印書館2017年版，第143頁）。武帝太初元年（前104），改左内史爲左馮翊；右内史一分爲二，東爲京兆尹，西爲右扶風。

［2］【今注】案，成，紹興本、大德本、殿本作“城”，底本誤。

長安。高帝所都。［1］鎬在上林苑中。［2］有細柳聚。［3］有蘭池。［4］有曲郵。［5］有杜郵。［6］**霸陵**。有枳道亭。［7］有長門亭。［8］**杜陵**。［9］鄠在西南。［10］**鄭**。［11］**新豐**。有驪山，［12］東有鴻門亭［13］及戲亭。［14］有嚴城。［15］**藍田**。出美玉。［16］**長陵**。故屬馮翊。［17］**商**。故屬弘農。［18］**上雒**。侯國。有冢領山，雒水出。故屬弘農。［19］有菟和山。［20］有蒼野聚。［21］**陽陵**。［22］故屬馮翊。

［1］【劉昭注】《漢舊儀》曰：“長安城方亦十三里（亦，錢大昭《續漢書辨疑》卷三以爲當作‘六’，中華本據改），經緯各長十五里，十二城門（二，大德本、殿本作‘三’。錢大昭《續漢書辨疑》卷三以‘二’爲是），九百七十三頃。城中皆屬長安令。”辛氏《三秦記》曰：“長安地皆黑壤，城中今赤如火（如，底本此字爲空格，今據諸本補），堅如石。父老所傳，盡鑿龍首山爲城。”《皇覽》曰：“衞思后葬城東南桐松園（松，惠棟《後漢書補注》以爲當作‘柏’。中華本據改），今千人聚是。”【今注】長安：縣名。治所在今陝西西安市西北。

［2］【劉昭注】孟康曰：“長安西南有鎬池。秦始皇江神反璧

曰：‘爲吾遺鎬池君。’”《古史考》曰：“武王遷鎬，長安豐亭鎬池也。”《皇覽》曰：“文王、周公冢皆在鎬聚東杜中。”【今注】鎬：西周都城。又稱鎬京。在今陝西西安市長安區鎬京遺址。周武王滅殷之後，將都城從豐遷至鎬。　上林菀：即上林苑。漢代皇家苑囿。在今陝西西安市西及鄠邑區、周至縣界。秦始皇三十五年（前212）營建朝宫於苑中，阿房宫爲其前殿。漢初荒廢。高祖十二年（前195），許民入苑開墾。武帝時，又收爲宫苑，周圍達二百多里，苑内放養禽獸，供皇帝射獵，並建離宫、觀、館數十處。菀，大德本、殿本作“苑”。

［3］【劉昭注】《前書》周亞夫所屯處。【今注】細柳聚：位於西漢長安城西，在今陝西咸陽市秦都區兩寺渡村一帶渭河北岸。據《漢書》卷四《文帝紀》記載，文帝六年（前174）冬，匈奴騎兵大規模侵擾，漢遣三將軍分駐京畿附近以防備，其中河内太守周亞夫駐守細柳。

［4］【劉昭注】《史記》曰秦始皇微行夜出，逢盜蘭池。《三秦記》曰：“始皇引渭水爲長池，東西二百里，南北三十里，刻石爲鯨魚二百丈。”【今注】蘭池：在今陝西咸陽市東楊家灣一帶。秦始皇引渭水爲池，東西二百里，南北二十里，號曰蘭池。又築山建殿，名爲蘭池宫。漢代沿用。

［5］【劉昭注】《前書》高帝征鯨布，張良送至曲郵。【今注】曲郵：在今陝西西安市臨潼區東。

［6］【劉昭注】《史記》曰白起死處。《三秦記》曰：“長安城西有九嵕山，西有杜山。”杜預曰：“畢國在西北。”【今注】杜郵：又稱杜郵亭。戰國晚期秦國郵亭，在今陝西咸陽市渭城區擺旗寨村。《水經注·渭水》：“渭水北有杜郵亭，去咸陽十七里，今名孝里亭，亭中有白起祠。”

［7］【劉昭注】《前書》秦王子嬰降於軹道旁（軹，大德本作“枳”），《地道記》曰霸水西（霸，大德本作“霻”）。【今注】

霸陵：縣名。治所在今陝西西安市東北。本爲漢文帝劉恒陵園（遺址在今陝西西安市東白鹿原西），因陵名縣。　枳道亭：亭名。在今陝西西安市東北。“枳”，一作“軹”。公元前206年，沛公劉邦率軍攻入關中，在此接受秦王子嬰投降。

［8］【劉昭注】《前書》文帝出長門，若見五人於道北，立五帝壇。【今注】長門亭：亭名。在漢長安城外東南部（今陝西西安市東北）。

［9］【劉昭注】杜預曰古唐杜氏也。【今注】杜陵：縣名。治所在今陝西西安市雁塔區曲江街道辦事處三兆村西北。本爲漢宣帝劉詢陵墓（遺址在今陝西西安市雁塔區曲江街道辦事處三兆村），因陵置縣。

［10］【劉昭注】杜預曰：“在鄠縣東。”《决録注》曰：“鎬在酆水東，酆在鎬水西，相去二十五里。”【今注】酆：在今陝西西安市鄠邑區東。西伯姬昌討伐崇侯虎，將國都自岐遷酆。武王姬發遷都於鎬，酆仍爲西周都畿重地。

［11］【劉昭注】《史記》殺商君鄭黽池。鄭桓公封於此。《黄圖》云：“下邽縣并鄭，桓帝西巡復之。”【今注】鄭：縣名。治所在今陝西渭南市華州區。

［12］【劉昭注】杜預曰：“古驪戎國。”韋昭曰：“戎來居此山，故號驪戎。”《三秦記》曰：“始皇墓在山北，有始皇祠。不齋戒往，即疾風暴雨。人理欲上，則杳冥失道。縣西有白鹿原，周平王時白鹿出。”案《關中圖》，縣南有新豐原，白鹿在霸陵。【今注】新豐：縣名。治所在今陝西西安市臨潼區新豐鎮沙河村南。漢高祖劉邦起自泗水郡沛縣豐邑（今江蘇豐縣），入都關中之後，爲解太上皇劉公思鄉之苦，將豐邑故人遷入驪邑，置縣，依豐邑形制營造，成爲太上皇湯沐邑。高祖十年，太上皇崩，驪邑更名爲新豐。　驪山：又名酈山。秦嶺支脈。在今陝西西安市臨潼區東南。

［13］【劉昭注】《前書》高帝見項羽處，孟康曰“在縣東七

十里，舊大道北下坂口名”。《關中記》云始皇陵北十餘里有謝聚。【今注】鴻門亭：在陝西西安市臨潼區驪山鎮東鴻門堡村。公元前207年，項羽率軍進入關中，與先期入關的劉邦在此會面宴飲，史稱“鴻門宴”。

［14］【劉昭注】周幽王死處，蘇林曰縣東南四十里。【今注】戲亭：在今陝西西安市臨潼區東北。又稱幽王城、幽王壘，相傳周幽王爲犬戎所敗，死於此處。

［15］【今注】嚴城：《後漢書集解》引洪頤煊説，“嚴”爲“掫”字之訛。中華本據改。又錢大昭《續漢書辨疑》卷三亦以爲當爲“掫城”，“嚴”“掫”二字形近而訛。掫（zōu）城，在今陝西西安市臨潼區東北。更始三年（25），更始所部李松駐屯於此，以阻止赤眉軍西進（本書卷一一《劉玄傳》）。

［16］【劉昭注】《三秦記》曰：“有川，方三十里，其水北流。出玉（玉，紹興本作‘王’）、銅、鐵、石。”《地道記》有虎候山。【今注】藍田：縣名。治所在今陝西藍田縣西。

［17］【劉昭注】蔡邕作《樊陵頌》云：“前漢户五萬，口有十七萬，王莽後十不存一。永初元年，羌戎作虐。至光和，領户不盈四千。園陵蕃衞粢盛之供，百役出焉。民用匱乏，不堪其事。”【今注】長陵：縣名。治所在今陝西咸陽市渭城區韓家灣鄉怡魏村。本爲漢高祖劉邦陵園（遺址在今陝西咸陽市窯店鎮三義村北），後因陵置縣。

［18］【劉昭注】《帝王世記》曰：“契所封也。”《左傳》哀四年“將通於少習”，杜預曰少習，縣東之武關。【今注】商：縣名。治所在今陝西丹鳳縣。

［19］【劉昭注】《山海經》曰雒水出護舉之山（護，惠棟《後漢書補注》據《山海》，以爲當作“讙”。中華本據改）。案《史記》云雒水出熊耳（史，底本作“衆”，顯誤，今據大德本、殿本改）。《山海經》曰雒出王城南，至相谷西，東北流，去虎牢

城西四十里，注河口，謂之雒汭。【今注】上雒：縣名。治所在今陝西商洛市商州區。東漢初隗囂部將王遵降漢，封爲上雒侯，故爲侯國。　冢領山：在今陝西商洛市商州區、洛南縣與藍田縣之間，屬秦嶺山脈。　雒水：一作“洛水”，即今河南境内洛河。

［20］【劉昭注】《左傳》哀四年，楚司馬軍于菟和。【今注】菟和山：今稱資峪嶺，在今陝西丹鳳縣東南，屬秦嶺山脈。

［21］【劉昭注】《左傳》曰昭四年楚左師軍蒼野（中華本據《左傳》改“昭四年”爲“哀四年”，改“左師”爲“右師”。曹金華《後漢書稽疑》據《左傳》哀四年楚“司馬起豐、析與狄戎以臨上雒，左師軍于菟和，右師軍于倉野”，以爲“左師”當在“楚司馬”下，又誤“哀”作“昭”，以“右”爲“左”。“蒼野”當作“倉野”），杜預曰在縣南。【今注】蒼野聚：鄉聚名。在今陝西丹鳳縣西。

［22］【今注】陽陵：縣名。治所在今陝西咸陽市東北。本爲漢景帝劉啓陵園（遺址在今陝西咸陽市渭城區正陽鎮張家灣），因陵置縣。

左馮翊。秦屬内史，武帝分，改名。雒陽西六百八十八里。[1]十三城，户三萬七千九十，口十四萬五千一百九十五。[2]

［1］【劉昭注】《決録注》曰：“馮，馮也。翊，明也。”【今注】左馮（píng）翊（yì）：郡級政區名，亦爲官名。治高陵縣（今陝西西安市高陵區）。建武十五年（39）爲皇子劉焉左翊公國；建武十七年爲左翊王國。建武三十年劉焉徙爲中山王，左翊王國復爲左馮翊郡。　秦屬内史：此指左馮翊轄地相當於秦内史的一部分。

［2］【劉昭注】潘岳《關中記》曰：“三輔舊治長安城中，長

吏各在其縣治民。光武東都之後，扶風出治槐里，馮翊出治高陵。”

高陵。[1]**池陽**。[2]**雲陽**。[3]**祋祤**。[4]永元九年復。[5]**頻陽**。[6]**萬年**。[7]**蓮勺**。[8]**重泉**。[9]**臨晉**。本大荔。有河水祠。有芮鄉。[10]有王城。[11]**郃陽**。[12]永平二年復。[13]**夏陽**。有梁山、[14]龍門山。[15]**衙**。[16]**粟邑**。[17]永元九年復。

[1]【今注】高陵：縣名。治所在今陝西西安市高陵區。《蒼頡廟碑》碑陰有“高陵左鄉有秩”。

[2]【劉昭注】《爾雅》十藪，周有焦穫，郭璞曰縣瓠中是也（縣，大德本作“將”）。《地道記》“有巀嶭山，在北。有鬼谷，生三所氏”。案：《史記》鬼谷在潁川陽城，與《地記》不同。【今注】池陽：縣名。治所在今陝西涇陽縣西北。《蒼頡廟碑》碑陰有“池陽左鄉有秩何博”。

[3]【劉昭注】有荆山。《帝王世記》曰：“禹鑄鼎於荆山，在馮翊懷德之南，今其下荆渠也。”【今注】雲陽：縣名。治所在今陝西淳化縣西北。《蒼頡廟碑》碑陰有“□□掾雲陽□□”。

[4]【今注】祋（duì）祤（xǔ）：縣名。又作“祋栩”。治所在今陝西銅川市耀州區。西漢置縣，東漢初省併，和帝永元九年（97）復置。《蒼頡廟碑》碑陰有“殳羽候長”，“殳羽”爲“祋祤”殘字。

[5]【今注】永元：東漢和帝劉肇年號（89—105）。

[6]【今注】頻陽：縣名。治所在今陝西富平縣東北。縣北有頻山，故名頻陽。《蒼頡廟碑》碑陰有“功曹書佐頻陽成扶”。

[7]【劉昭注】《帝王世記》曰“秦獻公都櫟陽”是也。【今注】萬年：縣名。治所在今陝西西安市臨潼區。漢高祖父太上皇陵

墓在櫟陽北原（今陝西西安市臨潼區譚家鄉昌平村與富平縣吕村鄉姚村交界處），稱“萬年陵”，後又析櫟陽縣地置縣以奉陵邑，因稱萬年縣。縣置於高祖十年（前197）。《蒼頡廟碑》碑陰有“萬年左鄉有秩游智”“萬年北鄉有秩畢奮”。

［8］【今注】蓮勺：縣名。治所在今陝西渭南市東北。《蒼頡廟碑》碑陰有“騎吏蓮勺任參”“蓮勺左鄉有秩杜衡”。

［9］【今注】重泉：縣名。治所在今陝西蒲城縣東南。今蒲城縣鈐銆鄉重泉村有戰國秦漢故城遺址。

［10］【劉昭注】古芮國，與虞相讓者。【今注】臨晉：縣名。治所在今陝西大荔縣朝邑鎮。本大荔戎之地，秦厲公十六年（前461）伐大荔戎，取其王城。戰國時一度屬魏國，後復歸秦，更名爲臨晉。西漢沿置，東漢因之。《蒼頡廟碑》碑陰有“倉曹史臨晉楊仲”。　河水祠：漢代祭祀黄河之所，在今陝西大荔縣朝邑鎮南。漢宣帝時設置。《括地志》：“大河祠在朝邑縣南三十里。”　芮鄉：鄉名。屬臨晉縣。在今陝西大荔縣朝邑鎮南。古爲芮國，公元前640年爲秦所滅。

［11］【劉昭注】《史記》曰秦厲恭公伐大荔，取其王城，即此城也。《左傳》晉陰飴甥與秦伯盟王城，杜預曰後改爲武鄉，在縣東。【今注】王城：此指春秋時期大荔戎之都城，在今陝西大荔縣朝邑鎮東。《太平寰宇記》卷二八“朝邑縣”：“縣東一里有王城，蓋大荔戎王之城。”

［12］【今注】郃陽：縣名。治所在今陝西合陽縣東南。一作“合陽”。秦置縣，西漢沿置，東漢初省併，明帝永平二年（59）復置。

［13］【今注】永平：東漢明帝劉莊年號（58—75）。

［14］【劉昭注】《詩》云：“弈弈梁山。”在縣西北。《公羊傳》曰河上之山也（上，大德本、殿本作“陽”。殿本無“也”字）。杜預曰古梁國。《史記》曰本少梁。《爾雅》曰梁山，晉望

也。【今注】夏陽：縣名。治所在今陝西韓城市南。本名少梁。周時屬梁國。春秋時輾轉於秦、晉之間。戰國時屬魏，爲秦所奪。秦惠文王十一年（前327），更名爲夏陽。陝西西安市相家巷出土秦封泥有“夏陽丞印”，爲秦設縣佐證。秦漢夏陽故城遺址在今陝西韓城市芝川鎮北（參見呼林貴《陝西韓城秦漢夏陽故城遺址勘察記》，《考古與文物》1987年第6期）。和帝永元二年（90）至五年爲竇環侯國。《蒼頡廟碑》碑陰有“夏陽候長馬琪”。　梁山：在今陝西韓城市西北，爲黄河西岸大山。

[15]【劉昭注】《書》曰導河積石，歷龍門。太史公“遷生龍門”（“公”字下大德本、殿本有“曰”字，底本闕），韋昭曰在縣北。《博物記》曰：“有韓原，韓武子采邑。”【今注】龍門山：在今陝西韓城市東北，東臨黄河。

[16]【劉昭注】《左傳》文二年晉敗秦于彭衙。《皇覽》曰：“有蒼頡冢，在利陽亭南，墳高六丈。”【今注】衙：縣名。治所在今陝西白水縣東北。春秋時稱彭衙，又稱彭戲。《蒼頡廟碑》碑陰有“衙令”“衙縣三老”“衙主記掾”等。

[17]【今注】粟邑：縣名。治所在今陝西白水縣西北。《蒼頡廟碑》碑陰有“粟邑候長何惲”。

右扶風。秦屬内史，武帝分，改名。[1] 十五城，户萬七千三百五十二，口九萬三千九十一。

[1]【劉昭注】《決録》曰：“扶風，化也。”【今注】右扶風：郡級政區名，亦爲官名。漢槐里縣（今陝西興平市東南）。建武十五年（39）爲光武帝皇子右翊公劉輔封國。建武十七年劉輔封中山王，復爲右扶風郡。案，據本志體例，“改名”後脱“雒陽西”及距雒陽里數。

槐里。[1]周曰犬丘，[2]高帝改。[3]**安陵**。[4]**平陵**。[5]**茂陵**。[6]**鄠**。[7]豐水出。[8]有甘亭。[9]**郿**。[10]有邰亭。[11]**武功**。[12]永平八年復。有太一山，[13]本終南。垂山，本敦物。[14]有斜谷。[15]**陳倉**。[16]**汧**。[17]有吴嶽山，[18]本名汧，汧水出。[19]有回城，**名回中**。[20]**渝麋**。[21]侯國。**雍**。[22]有鐵。[23]**栒邑**。[24]**有豳鄉**。[25]**美陽**。[26]有岐山，[27]有周城。[28]**漆**。[29]有漆水。[30]有鐵。[31]**杜陽**。永和二年復。[32]

[1]【今注】槐里：縣名。治所在今陝西興平市東南。光武帝建武二年（26）、桓帝延熹八年（165）、靈帝中平元年（184）、獻帝建安十三年（208）先後爲萬修、竇武、皇甫嵩、馬騰侯國。

[2]【劉昭注】又名廢丘，周懿王、章邯所都。【今注】周曰犬丘：周懿王姬囏在位期間，爲戎狄逼侵，將國都自鎬徙於犬丘（事詳《史記》卷四《周本紀》）。

[3]【今注】高帝改：或疑"槐里"之名，古已有之，非高祖三年（前204）創設。如吴卓信《漢書地理志補注》即以爲，《世本》有"懿王二年，自鎬徙都犬邱"，《竹書紀年》有"懿王十五年，自宗周遷於槐里"，則周時已有槐里之名。周既自鎬遷此，天子所都，不當仍以犬丘爲名，或已更名槐里。據《漢書》卷四〇《周勃傳》及卷四一《樊噲傳》，漢初有廢丘，又有槐里，或其後置之縣統謂槐里。

[4]【劉昭注】《皇覽》曰："縣西北畢陌，秦武王冢。"【今注】安陵：縣名。治所在今陝西咸陽市東北。本爲漢惠帝劉盈之陵（遺址在今陝西咸陽市東北白廟村南），因陵置縣。

[5]【今注】平陵：縣名。治所在今陝西咸陽市西北。其地本屬槐里縣，漢昭帝析地以修建平陵，因陵爲縣。

［6］【今注】茂陵：縣名。治所在今陝西興平市東北。本爲槐里縣之茂鄉，漢武帝建元二年（前 139）於其地修建茂陵，因陵置縣。

［7］【劉昭注】古扈國。【今注】鄠（hù）：縣名。治所在今陝西西安市鄠邑區。沖帝永嘉元年（145）、靈帝建寧元年（168）、獻帝初平二年（191）先後爲梁並、竇紹、董旻侯國。

［8］【劉昭注】《左傳》曰"康有酆宫之朝"，杜預曰有靈臺，康王於是朝諸侯。【今注】豐水："長安八水"之一。源出今陝西西安市長安區西南秦嶺山中，北流至西安市西北匯入渭河。豐，一作"灃"，又作"酆"。

［9］【劉昭注】《帝王世記》曰在縣南。夏啓伐扈，大戰于甘。又南山有王季冢。【今注】甘亭：在今陝西西安市鄠邑區。夏代爲有扈氏之地。《史記》卷二《夏本紀》："有扈氏不服，啓伐之，大戰於甘。"《史記集解》馬融曰："甘，有扈氏南郊地名。"

［10］【今注】郿：縣名。治所在今陝西眉縣東北。中平六年（189）、建安二十一年、建安二十二年先後爲董卓、曹峻、曹整侯國。

［11］【劉昭注】《史記》曰封棄於邰，徐廣曰今斄鄉。又案《王忳傳》，郿之斄亭，爲冤鬼報戮故亭長者也。秦是棨縣，後省。《帝王世記》曰："秦出公徙平陽。"《新論》曰："邰在漆縣，其民有會日，以相與夜中市，如不爲，則有災咎。"【今注】邰（tái）亭：在今陝西武功縣西。周之始祖棄因教民播種之功而被帝舜封於邰，號"后稷"。邰，同"斄（tái）"。秦置斄縣，西漢沿置，治所在今陝西咸陽市楊陵區永安村一帶。

［12］【今注】武功：縣名。秦、西漢治所在今陝西眉縣横渠鎮古城村北。漢平帝元始五年（5），以武功縣爲安漢公王莽采邑，稱"漢光邑"。其後新莽代漢，改其名爲"新光"。東漢初省併。至漢明帝永平八年（65）復置武功縣，縣治遷至西漢斄縣治所

（今陝西咸陽市楊陵區永安村一帶）。

［13］【今注】太一山：即終南山，在今陝西眉縣南，爲秦嶺山脈主峰所在。《漢書·地理志》作“太壹山”。

［14］【劉昭注】《前志》在縣東。【今注】敦物：山名。又名垂山，在今陝西眉縣東南，屬秦嶺山脈。

［15］【劉昭注】《西征賦》注曰：“褒斜谷，在長安西南。南口褒，北口斜，長百七十里（大德本無‘長’字）。其水南流。”【今注】斜谷：山谷名。在今陝西眉縣西南，爲古代秦嶺南北通道之一褒斜道之北口。

［16］【劉昭注】《三秦記》曰：“秦武公都雍，陳倉城是也。有石鼓山。將有兵，此山則鳴。”【今注】陳倉：縣名。治所在今陝西寶雞市東。

［17］【劉昭注】《爾雅》曰十藪（中華本據文意删“曰”字），秦有楊紆，郭璞曰在縣西。【今注】汧（qiān）：縣名。治所在今陝西隴縣南。

［18］【劉昭注】郭璞曰：“别名吴山，《周禮》所謂嶽山者。”【今注】吴嶽山：即吴山，又名嶽山、汧山。在今陝西寶雞市陳倉區西北，北延至隴縣。

［19］【今注】汧水：今稱千河。源出今陝西隴縣西南汧山南麓，至寶雞東注入渭河。

［20］【劉昭注】來歙開道處。【今注】回城：當指回中宫。在今陝西隴縣西北（一説在今甘肅華亭縣駐地東華鎮附近）。秦始皇二十七年（前220）出巡隴西、北地，途經回中（《史記》卷六《秦始皇本紀》）。漢文帝前元十四年（前166）被匈奴騎兵燒毁。

［21］【今注】渝麋：縣名。治所在今陝西千陽縣東。光武帝建武四年（28）封耿況爲渝麋侯（事詳本書卷一九《耿弇傳》）。《郃陽令曹全碑》記載，曹全祖父曹鳳曾任“右扶風隃麋侯相”。此碑立於靈帝中平二年（185），碑主曹全在建寧二年（169）舉孝

廉，推測其祖父爲東漢中後期人，其時渝麋侯國尚在。渝麋，《漢書·地理志》作“隃麋”，與碑文一致，故當以“隃麋”爲是。

［22］【劉昭注】《左傳》郘穆公采邑，《史記》有鴻冢。【今注】雍：縣名。治所在今陝西鳳翔縣南。

［23］【劉昭注】《帝王世記》曰秦德公徙都。【今注】案，春秋時期，秦德公（公元前678年至前676年在位）遷都於雍（事詳《史記》卷五《秦本紀》）。

［24］【今注】栒邑：縣名。治所在今陝西旬邑縣東北。

［25］【劉昭注】鄭玄《詩譜》曰：“豳者，公劉自邰而出，所徙戎狄之地名。”又有劉邑。【今注】豳鄉：在今陝西旬邑縣。公劉率周人遷居於豳，定居農耕，周族由此興盛。

［26］【今注】美陽：縣名。治所在今陝西扶風縣東南。秦漢美陽城址在今扶風縣法門寺一帶。

［27］【劉昭注】《左傳》椒舉曰：“成王有岐陽之蒐（陽，殿本作‘山’）。”《山海經》曰：“其上多白金，其下多鐵，城水出焉，東南流注于江。”【今注】岐山：在今陝西岐山縣北。

［28］【劉昭注】杜預曰城在縣西北。《帝王世記》曰：“周太王所徙，南有周原。”【今注】周城：古公亶父（周太王）率族人遷至岐山後形成的都邑。其遺址在今陝西岐山、扶風兩縣北部，經考古調查與勘察，遺址面積約有十五平方千米（詳中國社會科學院考古研究所編《中國考古學·兩周卷》，中國社會科學出版社2004年版，第45—47頁）。

［29］【今注】漆：縣名。治所在今陝西彬州市。

［30］【劉昭注】《山海經》曰：“輸次之山（輸，殿本作‘羭’，底本誤），漆水出焉。”郭璞曰：“漆水出岐山。《詩》云‘自土沮漆。’”《地道記》曰水在縣西。《皇覽》曰：“有師曠冢，名師曠山。”【今注】漆水：此指今陝西彬州市境内涇河支流水簾河。

［31］【劉昭注】杜預曰豳國在東北。《帝王世記》曰有豳亭。

［32］【劉昭注】《詩譜》曰："周原者，岐山陽，地屬杜陽，地形險阻而原田肥美。"【今注】杜陽：縣名。治所在今陝西麟游縣西北。在杜水之南，故名。秦、西漢置杜陽縣，東漢初省併，順帝永和二年（137）復置。

右司隸校尉部，郡七，縣、邑、侯國百六。[1]

［1］【劉昭注】《漢舊儀》曰："司隸治所，故孝武廟。"《魏志》曰（志，中華本改爲"略"）："曹公分關中置漢興郡，國游楚爲太守（國，錢大昕以爲當作'以'，中華本以爲當作'用'，'國''用'二字形近而訛。曹金華《後漢書稽疑》以爲錢大昕説亦不爲誤）。"《獻帝起居注》曰："中平六年，省扶風都尉置漢安郡，鎮雍、渝麋、杜陽、陳倉、汧五縣也。"

後漢書　志第二十

郡國二

潁川　汝南　梁國　沛國　陳國　魯國
右豫州
魏郡　鉅鹿　常山　中山　安平　河閒　清河　趙國
勃海
右冀州

潁川郡。[1]秦置。雒陽東南五百里。十七城，户二十六萬三千四百四十，口百四十三萬六千五百一十三。

[1]【今注】潁川郡：治陽翟縣（今河南禹州市）。戰國時爲韓地。公元前230年爲秦國所攻取，置潁川郡。楚漢之際屬鄭昌韓國。西漢高祖五年（前202），以潁川郡爲韓國，封韓王信。次年，韓國徙太原郡，潁川復爲漢郡。高祖十一年罷郡，益封於劉友淮陽國。惠帝元年（前194），淮陽國國除，復爲潁川郡。新莽時稱左隊。東漢復稱潁川。今案，傳世文獻多作"潁川"，間有"穎川"；封泥、簡牘文字則往往作"穎川"，如《封泥考略》《古封泥集成》中之"穎川太守""穎川太守章"。

陽翟。禹所都。[1]有鈞臺。[2]有高氏亭。[3]有雍氏城。[4]**襄**。有養陰里。[5]**襄城**。[6]有西不羹。[7]有汜城。[8]有汾丘。[9]有魚齒山。[10]**昆陽**。有湛水。[11]**定陵**。有東不羹。[12]**舞陽邑**。[13]**郾**。[14]**臨潁**。[15]**潁陽**。[16]**潁陰**。[17]有狐宗鄉，或曰古狐人亭。[18]有岸亭。[19]**許**。[20]**新汲**。[21]**鄢陵**。春秋時曰鄢。[22]**長社**。有長葛城。[23]有向鄉。[24]有蜀城，有蜀津。[25]**陽城**。[26]有嵩高山，[27]洧水、潁水出。[28]有鐵。有負黍聚。[29]**父城**。有應鄉。[30]**輪氏**。建初四年置。[31]

［1］【劉昭注】《汲冢書》："禹都陽城。"《古史考》曰"鄭厲公入櫟"，即此也。《晉地道記》曰去雒陽二百八十六里（曰，殿本作"云"），屬河南。【今注】陽翟：縣名。治所在今河南禹州市。桓帝延熹九年（166）封皇女劉脩爲陽翟長公主，以陽翟爲公主湯沐邑。獻帝初平三年（192），李傕在長安控制朝廷，欲結援袁術，封術爲陽翟侯。　禹所都：夏禹所都，或以爲在陽翟，或以爲在陽城。《漢書·地理志》"潁川郡陽翟縣"注引應劭曰："夏禹都也。"臣瓚曰："《世本》禹都陽城，《汲郡古文》亦云居之，不居陽翟也。"師古曰："陽翟本禹所受封耳。應、瓚之説皆非。"黄山《後漢書集解校補》以爲，"鈞臺既在陽翟，則其地當然爲夏后氏相承，朝諸侯之處，蓋如周之有東都也"。東漢以後多以陽翟之地爲夏禹國都所在，很可能是因其境内有古鈞臺遺址。然此鈞臺乃天然形成的丘陵而非人工所爲，夏啓卜筮祭神於其上，即帝位後又用饗諸侯，未必一定要距離都城較近，似不可以此爲國都標識（詳曲英傑《史記都城考》，商務印書館2007年版，第19—24頁）。

［2］【劉昭注】《左傳》曰"夏啓有鈞臺之享"，杜預曰有鈞臺陂。《帝王世記》云在縣西（記，殿本作"紀"，下同）。【今

注】鈞臺：在今河南禹州市南。相傳夏啓曾在此祭祀並宴請諸侯，故又名夏臺。《左傳》昭公四年載椒舉言“夏啓有鈞臺之享”。杜預注：“啓，禹子也。河南陽翟縣南有鈞臺陂，蓋啓享諸侯於此。”

［3］【劉昭注】《左傳》成十七年衞侵鄭，至高氏，杜預曰縣西南。【今注】高氏亭：在今河南禹州市西南。高氏，春秋時爲鄭邑。《左傳》成公十七年：“衞北宫括救晉，侵鄭，至于高氏。”

［4］【劉昭注】《左傳》襄十八年楚伐鄭，侵雍梁，杜預曰在縣東北。《史記》齊湣王十二年攻魏，楚圍雍氏。【今注】雍氏城：在今河南禹州市東北古城鎮。雍氏，即“雍梁”，春秋時鄭邑。《左傳》襄公十八年：“楚師伐鄭……蔿子馮、公子格率鋭師侵費滑、胥靡、獻于、雍梁。”

［5］【今注】襄：縣名。治所在今河南郟縣。案，《漢書·地理志》中無此縣。本書諸紀傳中亦不見襄縣之名，或以爲本即西漢之郟縣，東漢中葉省郟縣，就郟縣之養陰里置襄縣，至東漢末又省襄縣而恢復郟縣（詳王先謙《後漢書補注》）。或以爲順帝時曾改郟縣爲襄縣，至桓帝時又恢復舊名，襄縣之名存在甚短，故本書紀傳中有郟縣而無襄縣（黄山《後漢書集解校補》）。東漢和帝永元元年（89）刑徒葬磚銘文有“潁川郟守城旦杜倪”，安帝元初六年（119）刑徒葬磚銘文有“潁川郟髡鉗郭難”〔胡海帆、湯燕編著：《中國古代磚刻銘文集（下）》，文物出版社 2005 年版，第 9、30 頁〕，可知和帝、安帝時尚有郟縣。 養陰里：里名。在今河南寶豐縣北。因地在養水之南而得名。《水經注·汝水》記載，古養水“出魯陽縣北將孤山北長岡下，數泉俱發，東歷永仁三堆南，又東逕沙川，世謂之沙水。歷山符壘北，又東逕沙亭南，故養陰里也……京相璠曰：在襄城郟縣西南，養，水名也”。

［6］【劉昭注】《左傳》定四年“盟皋鼬”，杜預曰縣東南有城皋亭。【今注】襄城：縣名。治所在今河南襄城縣。桓帝和平元年（150）封大將軍梁冀夫人孫壽爲襄城君，以襄城爲湯沐邑，兼

食陽翟縣租。至延熹二年（159）梁氏因罪自殺，襄城復爲漢縣。

［7］【劉昭注】杜預曰有不羹城。【今注】西不羹（láng）：古邑名。故址在今河南襄城縣范湖鄉宋莊堯城崗。不羹本爲小國，春秋時爲楚國所滅，成爲楚國北方邊邑，在今襄城縣者爲西不羹，在今河南舞陽縣者爲東不羹。

［8］【劉昭注】杜預曰在縣南。周襄王所處。【今注】氾城：殿本作“氾城”，是。氾城，古邑名。在今河南襄城縣南。春秋時屬鄭國。《左傳》僖公二十四年載，大叔與狄師伐周，大敗周師，周襄王出逃至鄭國，“處於氾”。

［9］【劉昭注】《左傳》襄十八年楚治兵於汾，杜預曰縣東北有汾丘城。【今注】汾丘：在今河南襄城縣汾城鎮。古稱“汾”，春秋戰國時爲楚國北邊要塞。《左傳》襄公十八年載，楚將“子庚帥師治兵於汾”。《戰國策·楚策》記蘇秦游説楚威王，説楚國“北有汾陘之塞”。

［10］【劉昭注】《左傳》謂魚陵，杜預曰魚齒山也，在犨縣北。【今注】魚齒山：今稱“魚陵山”，在今河南平頂山市湛河區曹鎮鄉西。《左傳》襄公十八年載，楚師伐鄭，“涉於魚齒之下”。

［11］【劉昭注】《左傳》襄十六年，楚公子格與晉戰於湛阪（阪，大德本、殿本作“陂”）。【今注】昆陽：縣名。治所在今河南葉縣。因在昆水之北而得名。光武帝建武二年（26），封侍中傅俊爲昆陽侯。建武七年傅俊卒，其子傅昌嗣爵。《水經注·陰溝水》載傅昌於建武十三年爲龍亢侯。本書卷二二《傅俊傳》記傅昌後徙封蕪湖侯。據此知昆陽當在建武十三年之後復爲漢縣。　湛水：源出今河南魯山縣東南，東南流至今葉縣匯入汝水。

［12］【劉昭注】杜預曰縣西北有不羹亭。《地道記》曰：“高陵山，汝水所出。”【今注】定陵：縣名。治所在今河南舞陽縣東北。　東不羹：故址在今河南舞陽縣東北章化鄉古城村。春秋時楚國北方邊邑。

［13］【今注】舞陽：縣名。治所在今河南舞陽縣西。順帝永和三年（138）封皇女劉生爲舞陽長公主，以舞陽爲湯沐邑，故本志稱“邑”。光武帝建武元年（25）爲大司馬吴漢侯國。建武二年復爲大將軍幽州牧朱浮侯國。安帝時度遼將軍鄧遵亦曾封舞陽侯，建光元年（121）因罪自殺，國除爲縣。靈帝光和四年（181），追尊何皇后父何真爲車騎將軍、舞陽宣德侯，因封皇后母興爲舞陽君，以舞陽爲食邑。至中平六年（189），董卓入洛陽，殺何太后及舞陽君，舞陽復爲漢縣。安帝元初六年（119）刑徒葬磚銘文有“潁川舞陽司寇木召”（中國科學院考古研究所洛陽工作隊：《東漢洛陽城南郊的刑徒墓地》，《考古》1972年第4期）。和帝永元二年（90）刑徒葬磚銘文有“潁川武陽髡鉗東門當”〔胡海帆、湯燕編著：《中國古代磚刻銘文集（下）》，第11頁〕，“武陽”即舞陽。

［14］【今注】郾（yǎn）：縣名。治所在今河南漯河市郾城區南。和帝永元二年（90），封衛尉竇篤爲郾侯。永元五年，竇氏敗，竇篤自殺，國除爲縣。

［15］【今注】臨潁：縣名。治所在今河南臨潁縣西北。殤帝延平元年（106）封和帝皇女劉利爲臨潁公主，錢大昕《廿二史考異》卷一四《續漢書二》據此以爲臨潁爲公主湯沐邑，本志“臨潁”後似脱“邑”字。曹金華《後漢書稽疑》以爲，本書卷一七《賈復傳》載臨潁公主“兼食潁陰、許，合三縣，數萬户”，若補“邑”字，似亦不妥。又桓帝時，邊韶曾爲臨潁侯相，可知當時臨潁爲侯國，錢大昕《廿二史考異·續漢書二》推斷公主後嗣襲封爲臨潁侯。

［16］【今注】潁陽：縣名。治所在今河南許昌市建安區西南。光武帝建武二年（26），封征虜將軍祭遵爲潁陽侯，建武九年國除。章帝建初四年（79）至和帝永元五年（93）爲車騎將軍馬防侯國。安帝元初三年（116）紹封外戚馬廖之孫馬度爲潁陽侯，國除之年不詳。桓帝建和元年（147）至延熹二年（159）爲外戚梁不疑侯國。

［17］【劉昭注】《左傳》文九年楚伐鄭，師於狼淵，杜預曰縣西有狼陂。獻帝遣兼御史大夫張音奉皇帝璽綬策書（大德本、殿本無“兼”字），禪帝位於魏，是文帝繼王位，南巡在潁陰，有司乃爲壇於潁陰。庚午，登壇，魏相國華歆跪受璽綬，以進於王。王既受畢，降壇視燎，成禮而反。《帝王世記》云：“魏文皇帝登禪于曲蠡之繁陽亭（大德本、殿本無‘皇’字），爲縣曰繁昌，亦《禹貢》豫州之域，今許之封内，今潁川繁昌是也。”《北征記》曰：“城在許之南七十里。東有臺，高七丈，方五十步，臺南有壇高二丈，方三十步，即受終之壇也。”案《北征記》云是外黄縣繁昌城，非也。【今注】潁陰：縣名。治所在今河南許昌市魏都區。安帝永初元年（107）刑徒葬磚銘文有“潁川潁陰鬼新范雍”（中國科學院考古研究所洛陽工作隊：《東漢洛陽城南郊的刑徒墓地》，《考古》1972年第4期）。桓帝時封外戚梁不疑之子梁馬爲潁陰侯，延熹二年（159）梁氏被誅滅，國除爲縣。梁馬封侯時間，諸説不一。袁宏《後漢紀》卷二一《孝桓皇帝紀》記爲建和元年（147）；本書卷三四《梁冀傳》記爲永興二年（154）；《資治通鑑》卷五三記爲永壽二年（156）。

［18］【今注】狐宗鄉：鄉邑名。在今河南長葛縣西南。《水經注·濦水》：“陂水東南流逕胡泉城北，故潁陰縣之狐宗鄉也。”古稱“狐人亭”，《左傳》定公六年載鄭伐“狐人”，即指此處。

［19］【劉昭注】《史記》魏哀王五年秦伐魏，走犀首岸門，徐廣曰岸亭。【今注】岸亭：一作“岍亭”。在今河南許昌市西北。戰國時稱“岸門”。案，戰國時期韓、魏兩國均有“岸門”。魏之岸門在今山西河津市南。王先謙《後漢書集解》引惠棟説，以爲“岸亭”當作“岸門亭”，諸本皆闕“門”字。

［20］【劉昭注】《左傳》莊二十八年楚伐鄭，鄭奔桐丘，杜預曰縣東北有桐丘城。獻帝徙都，改許昌。【今注】許：縣名。治所在今河南許昌市建安區東。章帝建初四年（79）至和帝永元四年

(92) 爲外戚馬光侯國。案，許縣改名徐昌，時在魏文帝黄初二年（221）而非獻帝建安二年（197）（詳周壽昌《後漢書注補正》卷八）。

[21]【劉昭注】《左傳》文元年衞孔達侵鄭，伐緜訾及匡，杜預曰縣東北有匡城。成十七年伐齊至曲洧（齊，中華本據《左傳》改爲“鄭”），杜預曰縣治曲洧，城臨洧水。【今注】新汲：縣名。治所在今河南扶溝縣西南。西漢宣帝神爵三年（前59）置。因河内郡有汲縣，故加“新”字以區别。

[22]【劉昭注】《春秋》鄭共叔所保（殿本無“春秋”二字。共叔，殿本作“叔段”），故曰“克段於鄢”。又成十六年晉敗楚於鄢陵。李奇曰：“六國曰安陵。”【今注】鄢陵：縣名。治所在今河南鄢陵縣西北。又作“傿陵”。獻帝建安二十一年（216）封曹操之子曹彰爲鄢陵侯。

[23]【劉昭注】《左傳》隱五年宋伐鄭，圍長葛。縣本名長葛。《地道記》曰：“社中樹暴長，漢改名。”【今注】長社：縣名。治所在今河南長葛市東北。安帝延光元年（122）至四年爲外戚閻顯侯國。桓帝元嘉二年（152）封皇姊（一説爲皇妹）爲長社長公主。　長葛城：在今河南長葛市東北。春秋時爲鄭邑。

[24]【劉昭注】《左傳》襄十一年諸侯師于向，杜預曰在縣東北。【今注】向鄉：鄉邑名。在今河南尉氏縣西南。春秋時爲鄭邑。《左傳》襄公十一年載，諸侯討伐鄭國，“會于北林，師于向”。

[25]【劉昭注】《史記》曰魏惠王元年韓、趙合軍伐魏蜀澤（伐，大德本作“戍”）。【今注】蜀城：邑名。在今河南長葛市西北。城近蜀澤（又稱“濁澤”），故名。

[26]【劉昭注】《帝王世記》曰：“陽城有啓母冢。”【今注】陽城：縣名。治所在今河南登封市東南告成鎮。

[27]【劉昭注】《山海經》謂爲太室之山（太，大德本作

“大”)。《禹貢》有外方山，鄭玄《毛詩譜》云外方之山即嵩也。孟子曰“益避禹之子於箕山之陰”(避，大德本作“辟”)，注云嵩高之北。【今注】嵩高山：即今河南登封市北之嵩山，爲五嶽之中嶽。西漢武帝時祠中嶽，改山名“嵩高”爲“崇高”。靈帝熹平五年（176）恢復“嵩高”之名。

［28］【劉昭注】《晉地道記》曰：“潁水出陽乾山。”【今注】洧水：源出今河南登封市東之陽城山，東流至西華縣西注入潁水。　潁水：即今河南、安徽境内潁河。源出今河南登封市嵩山西南，東南流至今安徽壽縣西匯入淮水。

［29］【劉昭注】《史記》曰周敬王十九年鄭伐負黍（伐，紹興本作“代”)。馮敬通《賦》“遇許由於負黍山”也（惠棟《後漢書補注》卷二二以爲“山”字衍，中華本據删)。【今注】負黍聚：聚落名。在今河南登封市西南大金店鎮南城子村附近。春秋時爲周邑，《左傳》定公六年：“鄭攻負黍。”其後屬鄭。東漢馮衍曾作《顯志賦》，中有“求善卷之所存兮，遇許由於負黍”之句。“聚”爲漢代基層行政區劃名稱，與鄉同級而略小，下轄若干里。據統計，出現在史籍中的東漢“聚”共有68處，主要分布在今河南、山東、安徽、湖北、甘肅、陝西、山西、河北等省（參見王永莉、何炳武《漢代史籍之“聚”蠡測》，《歷史地理》2014年第2期)。

［30］【劉昭注】杜預曰應國在西南。《史記》曰客謂周最，以應爲秦王太后養地。【今注】父城：縣名。治所在今河南寶豐縣東。本名城父，或因沛郡亦有城父縣而更名爲父城〔詳周振鶴、李曉傑、張莉《中國行政區劃通史·秦漢卷（下)》，復旦大學出版社2017年版〕。　應鄉：在今河南魯山縣東。西周時本應國之地，春秋時爲楚邑，秦漢置鄉。

［31］【今注】輪氏：縣名。治所在今河南登封市西南。案，《漢書·地理志》作“綸氏”。本書卷三六《張霸傳》、卷六二《陳

寔傳》作“輪氏”，同《漢志》；本書卷六一《黄瓊傳》、卷六七《李膺傳》及《三國志》卷六《魏書·董卓傳》注引《英雄記》俱作“綸氏”，同《續漢志》。惠棟《後漢書補注》卷二二以爲“輪”或爲“綸”，二字通。　建初四年置：建初，東漢章帝劉炟年號（76—84）。王先謙《後漢書集解》引齊召南以爲《漢書·地理志》潁川郡已有“綸氏”，疑此縣並非建初時所置。王先謙《漢書補注·地理志第八上》亦疑“置”爲“復”之誤。

汝南郡。高帝置。雒陽東南六百五十里。[1]三十七城，[2]户四十萬四千四百四十八，口二百一十萬七百八十八。

［1］【今注】汝南郡：治平輿縣（今河南平輿縣北）。　高帝置：王國維以爲汝南郡置於高帝時之事不足徵。周振鶴以爲置郡在文帝前元十二年（前168），其時分淮陽國除郡，遂割淮陽南部、南陽東部數縣共置汝南郡〔詳周振鶴、李曉傑、張莉《中國行政區劃通史·秦漢卷（上）》，第147頁〕。

［2］【今注】三十七城：本書卷四八《應奉傳》載應奉任汝南郡決曹史時曾“行部四十二縣”，則當時汝南郡轄四十二縣。錢大昕注意到這一差别，不解其由（《廿二史考異》卷一一）。曹金華《後漢書稽疑》以爲《郡國志》所載爲順帝永和五年（140）時狀，其後或有變故。

平輿。有沈亭，故國，姬姓。[1]**新陽**。侯國。[2]**西平**。有鐵。有柏亭，故柏國。[3]**上蔡**。本蔡國。[4]**南頓**。本頓國。[5]**汝陰**。本胡國。[6]**汝陽**。[7]**新息**。國。[8]**北宜春**。[9]**灈强**。侯國。[10]**濯陽**。[11]**期思**。有蔣鄉，故蔣國。[12]**陽安**。道亭，故國。[13]**項**。[14]**西華**。[15]**細陽**。[16]**安城**。侯國。有武城亭。[17]**吴房**。有棠谿亭。[18]**鮦陽**。侯國。[19]**慎陽**。[20]**慎**。[21]**新蔡**。有大吕亭。[22]**安陽**。侯國。有江亭，故國，嬴姓。[23]**富波**。侯國。永元中復。[24]**宜禄**。永元中復。[25]**朗陵**。侯國。[26]**弋陽**。侯國。有黄亭，故黄國，嬴姓。[27]**召陵**。[28]有陘亭。[29]有安陵鄉。[30]**征羌**。侯國。有安陵亭。[31]**思善**。侯國。[32]**宋**。公國。周名郪丘，漢改爲新郪，章帝建初四年徙宋公於此。有繁陽亭。[33]**褒信**。侯國。有賴亭，故國。[34]**原鹿**。侯國。[35]**定潁**。侯國。[36]**固始**。侯國。故寢也，光武中興更名。有寢丘。[37]**山桑**。侯國。故屬沛。有下城父聚。有垂惠聚。[38]**城父**。故屬沛，春秋時曰夷。[39]有章華臺。[40]

［1］【劉昭注】有摯亭，見《説文》。【今注】平輿：縣名。治所在今河南平輿縣北。東漢封泥有“平輿丞印”“平輿令印”“平輿右尉”“平輿左尉”（詳王玉清、傅春喜編著《新出汝南郡秦漢封泥集》，上海書店出版社 2009 年版，第 156、157、158 頁）。沈亭：鄉亭名。在今河南平輿縣古槐鎮射橋鄉古城村。沈爲西周封國，又作“聃”，姬姓。春秋時爲蔡國所滅。《左傳》文公三年：“莊叔會諸侯之師伐沈，以其服于楚也。沈潰。”

［2］【今注】新陽：縣名。治所在今安徽界首市北。光武帝時封外戚陰就嗣父爵爲宣恩侯，後改封爲新陽侯，明帝永平二年（59）國除。東漢封泥有“新陽侯相”“新陽長印”（詳王玉清、傅春喜編著《新出汝南郡秦漢封泥集》，第 182、183 頁）。

［3］【今注】西平：縣名。治所在今河南西平縣西。章帝建初七年（82）至章和二年（88）屬劉羨西平國。安帝永初元年

(107）至建光元年（121)，爲外戚鄧廣德侯國。桓帝建和元年（147）至延熹二年（159)，爲外戚梁蒙侯國。東漢封泥有“西平丞印”“西平侯相”“西平令印”“西平右尉”“西平左尉”（詳王玉清、傅春喜編著《新出汝南郡秦漢封泥集》，第 174、175、176 頁)。　柏亭：鄉亭名。在今河南西平縣西。西周有柏國，春秋時爲楚國所滅。《漢書·地理志》顔師古注引應劭曰：“故柏子國也，今柏亭是。”

［4］【今注】上蔡：縣名。治所在今河南上蔡縣西南。安帝永初元年至建光元年，爲外戚鄧騭侯國。桓帝延熹二年至八年，爲宦官左悺侯國。東漢封泥有“上蔡丞印”“上蔡令印”（詳王玉清、傅春喜編著《新出汝南郡秦漢封泥集》，第 164 頁)。　蔡國：西周姬姓封國。在今河南上蔡縣西南。春秋時爲楚國所滅。

［5］【今注】南頓：縣名。治所在今河南項城市南頓鎮。桓帝永興年間封外戚鄧演爲南頓侯。延熹四年（161）鄧演子鄧康更封爲沘侯，國除爲縣。東漢封泥有“南頓侯相”“南頓令印”（詳王玉清、傅春喜編著《新出汝南郡秦漢封泥集》，第 155、156 頁)。　頓國：西周姬姓封國。都城原在今河南商水縣東南，後爲陳國侵逼而南遷至今河南項城市西南，故稱南頓。爲楚附庸。公元前 496 年爲楚國所滅。

［6］【劉昭注】杜預曰縣西北有胡城。《地道記》有陶丘鄉。《詩》所謂“汝墳”。【今注】汝陰：縣名。治所在今安徽阜陽市潁州區。東漢封泥有“女陰令印”“女陰左尉”（詳王玉清、傅春喜編著《新出汝南郡秦漢封泥集》，第 162 頁)。“女陰”即“汝陰”。　胡國：西周邦國。歸姓。在今安徽阜陽市一帶。公元前 495 年爲楚國所滅。

［7］【今注】汝陽：縣名。治所在今河南商水縣西北。和帝永元二年（90）至五年爲外戚竇景侯國。順帝永和六年（141）封皇女劉廣爲汝陽長公主，以汝陽爲湯沐邑。桓帝延熹二年（159）至

八年，爲宦官唐衡侯國。東漢封泥有“女陽侯相”“女陽令印”“女陽左尉”（詳王玉清、傅春喜編著《新出汝南郡秦漢封泥集》，第160、161頁）。“女陽”即“汝陽”。

［8］【今注】新息：縣名。治所在今河南息縣。《漢書·地理志》顔師古注引孟康曰：“故息國，其後徙東，故加新云。”案，據本書卷二四《馬援傳》，建武十九年（43），伏波將軍馬援因平定交阯二徵之功而受封新息侯。至建武二十五年，馬援討伐武陵蠻不利，病死軍中，又被監軍梁松陷害，光武帝盛怒之下，追收馬援新息侯印綬。又據本書卷三三《朱浮傳》，朱浮於建武二十五年由父城侯徙封新息侯，則新息縣先爲馬援侯國，六年後轉爲朱浮侯國。王先謙《後漢書集解》引馬與龍説“光武封朱浮爲侯，在馬援前”，顯誤。錢大昕《廿二史考異》卷一四《續漢書二》據馬援曾封新息侯史事，以爲“國”前當有“侯”字。中華本據補。然朱浮於明帝永平中賜死，侯國自應廢除，本志猶記爲“新息國”，不知何故。東漢封泥有“新息丞印”“新息長印”“新息左尉”（詳王玉清、傅春喜編著《新出汝南郡秦漢封泥集》，第181、182頁）。東漢刑徒葬磚銘文有“汝南新息髡鉗費免”〔胡海帆、湯燕編著：《中國古代磚刻銘文集（下）》，第58頁〕。

［9］【今注】北宜春：縣名。治所在今河南汝南縣西南。安帝永初三年（109）封閻皇后父閻暢爲北宜春侯。次年，閻暢卒，其子閻顯嗣爵，至延光元年（122）更封爲長社侯。東漢封泥有“北宜春長”“宜春國丞”“宜春侯相”（詳王玉清、傅春喜編著《新出汝南郡秦漢封泥集》，第146、187、188頁）。案，《漢書·地理志》有兩“宜春”，一爲豫章郡之宜春縣（今江西安福縣），一爲汝南郡之宜春侯國，同名易混，故東漢時改汝南郡之宜春爲“北宜春”，以示區别。

［10］【今注】灈（yīn）强：縣名。治所在今河南臨潁縣東南。建武初年至六年（30）爲揚化將軍堅鐔侯國。明帝永平元年（58），封外戚陰興子陰博爲灈强侯。靈帝時外戚宋奇曾封灈强侯，

至光和元年（178）有罪身死，國除爲縣。東漢封泥有“灈强國丞”“灈强侯相”“灈强長印”（詳王玉清、傅春喜編著《新出汝南郡秦漢封泥集》，第 190、191 頁）。

［11］【今注】灈陽：縣名。治所在今河南遂平縣東。光武帝建武二十八年（52），封吴漢孫吴丹爲灈陽侯，奉吴漢祀。後吴丹死，無子繼嗣，國除爲縣。東漢封泥有“灈陽丞印”“灈陽長印”（詳王玉清、傅春喜編著《新出汝南郡秦漢封泥集》，第 196、197 頁）。安帝永初元年（107）刑徒葬磚銘文有“汝南瞿陽髡鉗馮少”（中國科學院考古研究所洛陽工作隊：《東漢洛陽城南郊的刑徒墓地》，《考古》1972 年第 4 期），“瞿陽”即“灈陽”。

［12］【今注】期思：縣名。治所在今河南淮濱縣期思鎮。建武七年（31）至十三年爲輔威將軍臧宫侯國。東漢封泥有“期思侯相”“期思長印”“期思左尉”（詳王玉清、傅春喜編著《新出汝南郡秦漢封泥集》，第 158、159 頁）。　蔣國：西周封國。在今河南淮濱縣期思鎮。後爲楚國所滅。《左傳》僖公二十四年：“凡、蔣、邢、茅、胙、祭，周公之胤也。”

［13］【劉昭注】杜預曰在縣南。《袁山松書》有朔山（朔，大德本作“辨”）。《魏氏春秋》曰：“初平三年，分二縣置陽安都尉（陽安，大德本作‘安陽’）。”【今注】陽安：縣名。治所在今河南確山縣東北。建武十七年（41）封故郭皇后弟郭況爲陽安侯。明帝永平二年（59），郭況卒，其子郭璜嗣爵。和帝永元四年（92），郭璜父子因涉大將軍竇憲謀逆事下獄身死，國除爲縣。東漢封泥有“陽安丞印”“陽安國丞”“陽安侯相”“陽安右尉”“陽安長印”“陽安左尉”（詳王玉清、傅春喜編著《新出汝南郡秦漢封泥集》，第 183、184、186、187 頁）。封泥又有“陽安邑丞”“陽安邑令”（《新出汝南郡秦漢封泥集》，第 185 頁），則陽安縣又曾爲邑，置廢情形不詳。　道亭故國：李慈銘《後漢書札記》卷七以爲“道”上當脱一“有”字。張森楷《校勘記》亦謂“道”上當有

"有"字，各本皆脱，蓋道是國，道亭非國。中華本據補，可從。道，西周封國。在今河南確山縣東北古城（一説在今河南息縣西南）。春秋時爲楚所滅。《左傳》僖公五年："楚鬬穀於菟滅弦，弦子奔黄。於是江、黄、道、柏方睦於齊，皆弦姻也。"

［14］【劉昭注】故國，《左傳》僖十七年魯所滅。《地道記》曰有公路城，袁術所築。【今注】項：縣名。治所在今河南沈丘縣。東漢封泥有"項長之印""項左尉印"（詳王玉清、傅春喜編著《新出汝南郡秦漢封泥集》，第178頁）。

［15］【今注】西華：縣名。治所在今河南西華縣南。建武十九年（43）封汝南太守鄧晨爲西華侯。建武二十五年，鄧晨卒，少子鄧棠嗣爵，後徙封武當。安帝永初元年（107）至建光元年（121），爲外戚鄧閶侯國。東漢封泥有"西華令印""西華□□"（詳王玉清、傅春喜編著《新出汝南郡秦漢封泥集》，第173、174頁）。

［16］【今注】細陽：縣名。治所在今安徽太和縣東南。建武中，岑彭子岑遵徙封爲細陽侯。岑遵卒，其子岑伉、孫岑杞相繼嗣爵。章帝元和三年（86），岑杞坐事失國。安帝永初元年（107），復封岑杞爲細陽侯。東漢封泥有"細陽國尉""細陽侯相"（參王玉清、傅春喜編著《新出汝南郡秦漢封泥集》，第177頁）。

［17］【今注】安城：縣名。治所在今河南汝南縣東南。案，《漢書·地理志》作"安成"，"成""城"通用，故東漢文獻中或作"安城"，或作"安成"。建武元年（25）封虎牙大將軍銚期爲安成侯，"安成"即"安城"。建武十年銚期卒，其子銚丹嗣爵，後徙封爲葛陵侯。建武十三年，封光武帝族兄劉賜爲安成侯。建武二十八年，劉賜卒，其子劉閔嗣爵。劉閔卒，其子劉商嗣爵，後徙封爲白牛侯。東漢封泥有"安成國丞""安成侯相""安成國尉""安成左尉""安成長印"（詳王玉清、傅春喜編著《新出汝南郡秦漢封泥集》，第141、142、143頁）。安帝永初六年（112）刑徒葬

碑銘文有“汝南安城髡鉗田文”，元初二年（115）刑徒葬磚銘文有“汝南安城髡鉗□□”〔胡海帆、湯燕編著：《中國古代磚刻銘文集（下）》，第27、29頁〕。

［18］【劉昭注】《左傳》曰房國，楚靈王所滅。又楚封吴王夫概於棠谿（殿本無“王”字）。《地道記》有吴城。【今注】吴房：縣名。治所在今河南遂平縣西。建武初，封鄧晨與新野長公主劉元之子鄧汎爲吴房侯。和帝時，封陰皇后父陰綱爲吴房侯。和帝永元十四年（102），陰綱爲陰皇后巫蠱事所牽連，自殺，國除爲縣。東漢封泥有“吴房丞印”“吴房國尉”“吴房侯相”“吴房長印”（詳王玉清、傅春喜編著《新出汝南郡秦漢封泥集》，第171、172、173頁）。　棠谿亭：在今河南西平縣西。春秋時屬楚國。據《左傳》定公五年（前505），吴王闔閭之弟夫概投奔楚國，被楚安置封於其地，爲堂谿氏。建武十年（34），光武帝封泗水王劉歙少子劉煇爲堂谿侯。

［19］【劉昭注】《皇覽》曰：“縣有葛陂鄉（鄉，大德本作‘郡’），城東北有楚武王冢，民謂之楚王岑。永平中，葛陂城北祝里社下於土中得銅鼎（銅，大德本作‘鮦’），而銘曰‘楚武王之冢’。民傳言秦、項、赤眉之時欲發之，輒頹壞厭，不得發。”【今注】鮦陽：縣名。治所在今安徽臨泉縣西。明帝永平元年（58），封外戚陰興之子陰慶爲鮦陽侯。陰慶卒後，其子陰琴、孫陰萬全、玄孫陰桂相繼嗣爵。《沛相楊統碑》記弘農郡人楊統曾“遷鮦陽侯相”，案，楊統卒於靈帝建寧元年（168），出任鮦陽侯相大約在順帝至桓帝時期，則其時鮦陽尚爲侯國。東漢封泥有“鮦陽國丞”“鮦陽侯相”“鮦陽邑令”（詳王玉清、傅春喜編著《新出汝南郡秦漢封泥集》，第170、171頁）。東漢刑徒葬磚銘文有“汝南鮦陽完城旦潘釘”〔胡海帆、湯燕編著：《中國古代磚刻銘文集（下）》，第59頁〕。

［20］【今注】慎陽：縣名。治所在今河南正陽縣東北。安帝

永初年間（107—113）刑徒葬磚銘文有“汝南慎陽髡鉗武丑”〔胡海帆、湯燕編著：《中國古代磚刻銘文集（下）》，第 28 頁〕。東漢封泥有“慎陽丞印”“慎陽侯相”“慎陽長印”（參王玉清、傅春喜編著《新出汝南郡秦漢封泥集》，第 166、167 頁），則慎陽在東漢時期曾置侯國，唯具體年代不詳。

［21］【今注】慎：縣名。治所在今安徽潁上縣江口鎮。光武帝建武二年（26）至十三年爲光武帝族兄劉賜侯國。建武三十年封劉隆爲慎侯。靈帝中平元年（184），封外戚何進爲慎侯。東漢封泥有“慎丞之印”“慎侯相印”“慎令之印”“慎左尉印”（詳王玉清、傅春喜編著《新出汝南郡秦漢封泥集》，第 165、166、168 頁）。

［22］【劉昭注】《地道記》曰故吕侯國。《左傳》昭四年吴伐楚，入櫟，杜預曰縣東北有櫟亭。【今注】新蔡：縣名。治所在今河南新蔡縣。光武帝建武二十八年（52），封故大司馬吴漢之子吴國爲新蔡侯。東漢封泥有“新蔡丞印”“新蔡國尉”“新蔡侯相”“新蔡長印”（詳王玉清、傅春喜編著《新出汝南郡秦漢封泥集》，第 179、180 頁）。　大吕亭：在今河南新蔡縣南。《水經注·汝水》載，汝水“又東爲青陂，陂東對大吕亭……西南有小吕亭，故此稱大也”。

［23］【今注】安陽：縣名。治所在今河南正陽縣南。光武帝建武元年（25）爲朱祐侯國，次年更封堵陽侯。建武中，封吴漢兄子吴彤爲安陽侯。桓帝延熹四年（161）至八年，爲外戚鄧會侯國。東漢封泥有“安陽國尉”“安陽侯相”“安陽國丞”（詳王玉清、傅春喜編著《新出汝南郡秦漢封泥集》，第 144、145 頁）。　江亭：在今河南正陽縣南。江爲西周封國，嬴姓，公元前 623 年爲楚國所滅。

［24］【今注】富波：縣名。治所在今安徽阜南縣東南。光武帝建武二年（26）至十三年爲王霸侯國。後光武封皇考姊子周均侯

國。　永元中復：此説不確。今人研究認爲，富波縣在光武帝時期應當一直存在，並未被省併，或在富波侯周均廢侯後一度省併，進而在和帝永元中復置（詳趙海龍《〈東漢政區地理〉縣級政區補考》，《南都學壇》2016 年第 2 期）。東漢封泥有“富波國丞”“富波侯相”（詳王玉清、傅春喜編著《新出汝南郡秦漢封泥集》，第 150、151 頁）。

［25］【今注】宜禄：縣名。治所在今河南鄲城縣東南。《漢書·地理志》記汝南郡有宜禄縣，新莽時改稱“賞都亭”。東漢初曾省並，至和帝永元年間復置。東漢封泥有“宜禄長印”“宜禄左尉”（詳王玉清、傅春喜編著《新出汝南郡秦漢封泥集》，第 188、189 頁）。

［26］【劉昭注】《左傳》成六年楚拒晉桑隧，杜預曰縣東有桑里亭。【今注】朗陵：縣名。治所在今河南確山縣西南。光武帝建武十五年（39），封臧宫爲朗陵侯。傳國至曾孫臧松，安帝元初四年（117），臧松坐與母别居，國除。永寧元年（120），臧松弟臧由被紹封爲朗陵侯。東漢封泥有“朗陵丞印”“朗陵國尉”“朗陵侯相”“朗陵右尉”（詳王玉清、傅春喜編著《新出汝南郡秦漢封泥集》，第 153、154、155 頁）。

［27］【今注】弋陽：縣名。治所在今河南潢川縣西北。光武帝建武二年（26），封族人劉國爲弋陽侯。東漢封泥有“弋陽侯相”（詳王玉清、傅春喜編著《新出汝南郡秦漢封泥集》，第 189 頁）。　黄國：西周嬴姓封國。公元前 648 年爲楚國所滅。今河南潢川縣隆古鄉西南有黄國故城遺址。

［28］【劉昭注】《左傳》昭十三年楚蔡公與子干、子皙盟于鄧，杜預曰縣西南有鄧城。【今注】召（shào）陵：縣名。治所在今河南漯河市郾城區東。召陵，一作“邵陵”。光武帝時封李通少子李雄爲召陵侯。案，李雄封侯時間，史書未予明確記載。然本書卷一五《李通傳》記載：“有司奏請封諸皇子，帝感通首創大謀，

即日封通少子雄爲召陵侯。”群臣集議奏請分封諸皇子，據本書卷一下《光武帝紀下》，時在建武十五年三月。至夏四月丁巳，“使大司空融告廟，封皇子輔爲右翊公，英爲楚公，陽爲東海公，康爲濟南公，蒼爲東平公，延爲淮陽公，荆爲山陽公，衡爲臨淮公，焉爲左翊公，京爲琅邪公。癸丑，追謚兄伯升爲齊武公，兄仲爲魯哀公”。李雄即日受封，則其受封時間當爲建武十五年。東漢封泥有“召陵國丞”“召陵侯相”“召陵令印”“召陵左尉”（詳王玉清、傅春喜編著《新出汝南郡秦漢封泥集》，第193、194、195頁）。安帝元初二年（115）刑徒葬磚銘文有“汝南邵陵髡鉗胡開”〔胡海帆、湯燕編著：《中國古代磚刻銘文集（下）》，第29頁〕。

［29］【劉昭注】《左傳》僖四年齊伐楚，次陘，杜預曰在縣南。蘇秦説韓宣惠王曰：“南有陘山。”【今注】陘亭：在今河南漯河市郾城區東。春秋時稱“陘”，屬楚國。據《春秋》僖公四年載，“公會齊侯、宋公、陳侯、衛侯、鄭伯、許男、曹伯侵蔡。蔡潰。遂伐楚，次于陘”。

［30］【今注】安陵鄉：在今河南漯河市郾城區東南。戰國時爲楚邑。據《戰國策·楚策一》記載，楚王有嬖臣名壇，在楚王游獵於雲夢時“泣數行而進曰：‘臣入則編席，出則陪乘，大王萬歲千秋之後，願得以身試黄泉，蓐螻蟻，又何如得此樂而樂之。’王大説，乃封壇爲安陵君”。

［31］【劉昭注】《史記》无忌説魏安僖王曰（无，紹興本、大德本作“元”。僖，殿本作“釐”）：“王之使者出，過而惡安陵氏於秦。”《博物記》曰故安陵君也。【今注】征羌：縣名。治所在今河南商水縣西。據本書卷一五《來歙傳》記載，建武十一年，中郎將來歙被刺客襲殺，光武帝追封其爲征羌侯。“以歙有平羌、隴之功，故改汝南之當鄉縣爲征羌國焉”。然當鄉縣不見於本志及《漢書·地理志》，故錢大昕《廿二史考異》卷一一《後漢書二·來歙傳》以爲“汝南郡無當鄉縣，‘縣’字疑衍”。又本書卷

六七《范滂傳》記“范滂字孟博，汝南征羌人也”，李賢注“《謝承書》曰：汝南細陽人也”，中華本卷一五校勘記據此“疑當鄉縣東京初年割細陽所置，故承以滂爲細陽人”。可備一説。又東漢封泥有“當鄉□印”（詳王玉清、傅春喜編著《新出汝南郡秦漢封泥集》，第149頁），或以爲當鄉縣爲兩漢之際新置〔詳周振鶴、李曉傑、張莉《中國行政區劃通史·秦漢卷（下）》，第680頁〕。東漢封泥有“征羌國尉”“征羌侯相”（詳王玉清、傅春喜編著《新出汝南郡秦漢封泥集》，第195、196頁）。　安陵亭：鄉亭名。在今河南鄢陵縣彭店鄉古城村。戰國後期魏襄王封其弟爲安陵君。

［32］【今注】思善：縣名。治所在今安徽亳州市譙州區古城鎮。《漢書·地理志》沛郡有城父縣，新莽改爲思善。章帝章和二年（88）分城父縣之地復置思善。本志記思善爲侯國，封侯信息不詳。東漢封泥有“思善侯相”（詳王玉清、傅春喜編著《新出汝南郡秦漢封泥集》，第168頁）。

［33］【劉昭注】《左傳》襄四年楚師繁陽，杜預曰鮦陽南有繁陽亭。【今注】宋：西漢稱新郪，治所在今安徽太和縣倪丘鎮附近。東漢初建，紹封絶國。光武帝建武五年（29），封孔子後裔孔安爲殷紹嘉公，繼嗣殷商。建武十三年，改爲宋公，以漢賓身份參加典禮儀式，地位在三公之上。宋公封國初在沛郡，章帝建初四年（79）徙至汝南郡新郪縣，稱“宋公國”，又稱“宋國”。《水經注·潁水》：“（細水）……又東南逕宋縣故城北，縣，即所謂郪丘者也。秦伐魏取郪丘，謂是邑矣。漢成帝綏和元年，詔封殷後于沛，以存三統。平帝元始四年，改曰宋公。章帝建初四年，徙邑于此，故號新郪，爲宋公國也。”東漢封泥有“宋公國尉”“宋公相印”（詳王玉清、傅春喜編著《新出汝南郡秦漢封泥集》，第169頁）。　繁陽亭：鄉亭名。在今河南新蔡縣韓集鎮。春秋時爲楚邑。《左傳》襄公四年：“楚師爲陳叛故，猶在繁陽。”杜預注：“楚地。在汝南鮦陽縣南。”

［34］【劉昭注】《史記》楚封王孫勝白公。杜預曰褒信縣有白亭。【今注】褒信：縣名。治所在今河南新蔡縣南。《漢書·地理志》無此地名。延光四年（125），中黄門李元擁立順帝有功，封褒信侯。此或爲侯國置立之始。東漢封泥有“褒信長印”“褒信侯相”（詳王玉清、傅春喜編著《新出汝南郡秦漢封泥集》，第145、146頁）。　賴亭：鄉亭名。在今河南息縣東北。案，劉昭注“《史記》楚封王孫勝白公”，中華本校勘記疑“史記”爲“左傳”之誤，甚是。今本《左傳》哀公十六年杜注爲“白，楚邑也。汝陰褒信縣西南有白亭”。

［35］【劉昭注】《春秋左氏傳》僖二十一年宋盟鹿上，杜預曰原鹿縣也。【今注】原鹿：縣名。治所在今安徽阜南縣公橋集東。《漢書·地理志》無此地名。陳直《漢書新證》以爲，西漢封泥有“原鹿長印”，又拓本有“原鹿”鐙，本書《郡國志》汝南郡有原鹿侯國，蓋沿用西漢舊名，而《漢書·地理志》未載，“當爲旋置旋罷之縣”。光武帝建武十五年（39），光武帝封外戚陰識爲原鹿侯。至安帝永初七年（113），其孫陰璜爲奴僕所殺，無子嗣，國絶。永寧元年（120），鄧太后紹封陰璜之弟陰淑爲原鹿侯，侯國得復。東漢封泥有“原蘢丞印”“原蘢侯相”“原蘢長印”（詳王玉清、傅春喜編著《新出汝南郡秦漢封泥集》，第192、193頁）。“原蘢”即“原鹿”。

［36］【今注】定潁：縣名。治所在今河南西平縣東北。《漢書·地理志》不見此地名。順帝時，尚書令郭鎮因擁立之功，封定潁侯。《水經注·潕水》記載：“漢安帝永初二年，分汝南郡之上蔡縣置定潁縣。順帝永建元年，以陽翟郭鎮爲尚書令，封定潁侯。即此邑也。”據此，定潁侯國置於東漢順帝永建元年（126）。又據《高陽令楊著碑》，東漢名臣楊震之孫楊著曾任定穎侯相。東漢封泥有“定穎侯相”“定穎長印”（詳王玉清、傅春喜編著《新出汝南郡秦漢封泥集》，第149、150頁）。“穎”同“潁”。

［37］【劉昭注】《史記》曰楚莊王封孫叔敖子，又蒙恬破楚軍。【今注】固始：縣名。治所在今安徽臨泉縣。西漢有縣。東漢建武二年（26），光武帝更名固始，封李通爲固始侯。東漢封泥有“固始丞印”“固始國丞”“固始國尉”“固始侯相”（詳王玉清、傅春喜編著《新出汝南郡秦漢封泥集》，第151、152、153頁）。寢丘：在今安徽臨泉縣。春秋時爲楚邑。《史記》卷一二六《滑稽列傳》：“（楚莊王）乃召孫叔敖子，封之寢丘四百户，以奉其祀。”

［38］【劉昭注】蘇茂奔垂惠，王劉紆。【今注】山桑：縣名。治所在今安徽蒙城縣北。據《漢書・地理志》，西漢時縣屬沛郡。建武初至建武三十年（54）爲王常侯國。東漢封泥有“山桑國尉”“山桑侯相”（詳王玉清、傅春喜編著《新出汝南郡秦漢封泥集》，第163頁）。靈帝熹平元年（172）刑徒葬磚銘文有“汝南山桑髡鉗宣曉”〔胡海帆、湯燕編著：《中國古代磚刻銘文集（下）》，第34頁〕。　垂惠聚：鄉聚名。本書卷一上《光武帝紀上》記載，建武四年七月，“遣捕虜將軍馬武、偏將軍王霸圍劉紆於垂惠”。李賢注：“垂惠，聚名，在今亳州山桑縣西北，一名禮城。”

［39］【劉昭注】夷屬陳，《左傳》僖二十三年楚所取。有乾谿，在縣南。【今注】城父：縣名。治所在今安徽亳州市東南。據《漢書・地理志》，西漢時縣屬沛郡。桓帝永興二年（154），封外戚梁胤之子梁桃（一作劉祧）爲城父侯。延熹二年（159），梁氏敗，國除。東漢封泥有“城父國丞”“城父侯相”“城父令印”（詳王玉清、傅春喜編著《新出汝南郡秦漢封泥集》，第147、148頁）。　夷：古地名。在今安徽亳州市譙城區城父鎮城父集。春秋時爲陳邑，後屬楚。《左傳》襄公元年：“晉師自鄭以鄫之師侵楚焦、夷及陳。”

［40］【劉昭注】杜預曰：“章華宫在華容縣城内。”【今注】章華臺：春秋戰國時期楚國離宫建築，以高峻聞名。賈誼《新書・退讓》記載：“翟王使使至楚。楚王欲誇之，故饗客於章華之臺上。

上者三休，而乃至其上。”《左傳》昭公七年：“楚子成章華之臺。”杜預注：“臺今在華容城内。”《史記》卷四〇《楚世家》：“（楚靈王）七年，就章華臺。”《集解》引杜預曰：“南郡華容縣有臺，在城内。”據此，杜預所謂章華宫或章華臺建在南郡華容縣城内，不在城父縣。此處劉昭注誤（參錢林書編著《續漢書郡國志彙釋》，安徽教育出版社 2007 年版，第 81 頁）。

梁國。[1]秦碭郡，高帝改。其三縣，元和元年屬。[2]雒陽東南八百五十里。九城，户八萬三千三百，口四十三萬一千二百八十三。

［1］【今注】梁國：諸侯王國名。治下邑縣（今安徽碭山縣東）。東漢初爲郡。章帝建初四年（79），汝南王劉暢徙爲梁王，傳國至玄孫劉彌。魏受漢禪，封爲崇德侯。

［2］【今注】其三縣元和元年屬：三縣指鄢、寧陵、薄。元和元年（84），當爲建初四年之誤〔參周振鶴、李曉傑、張莉《中國行政區劃通史·秦漢卷（下）》，第 688 頁〕。

下邑。[1]**睢陽**。[2]本宋國閼伯墟。有盧門亭。[3]有魚門。[4]有陽梁聚。[5]**虞**。有空桐地，有桐地，有桐亭。[6]有綸城，少康邑。[7]**碭**。山出文石。[8]**蒙**。[9]有蒙澤。[10]**穀熟**。有新城。[11]有邳亭。[12]**鄢**。故屬陳留。[13]**寧陵**。故屬陳留。[14]有葛鄉，故葛伯國。[15]**薄**。故屬山陽，所都。[16]

［1］【劉昭注】《左傳》哀七年築黍丘，杜預曰縣西南有黍丘亭。【今注】下邑：縣名。治所在今安徽碭山縣東。

［2］【劉昭注】《北征記》曰："城周三十七里，南臨濊水，凡二十四門。"《地道記》曰："梁孝王築城十二里，小鼓唱節杵下而和之，稱《睢陽曲》。"【今注】睢陽：縣名。治所在今河南商丘市南。

［3］【劉昭注】《左傳》桓十四年宋伐鄭，"取太宫之椽（太，殿本作'大'），爲盧門之椽"。昭二十一年敗吴鴻口，杜預曰縣東有鴻口亭。《地道記》曰："昭二十一年'禦諸横'，横亭在縣南。"【今注】閼伯墟：在今河南商丘市睢陽區。陶唐氏之火正閼伯本居商丘，後世稱其地爲閼伯墟。　盧門亭：春秋時宋國都城（今河南商丘市南）南門稱盧門。《左傳》昭公二十一年："華氏居盧門，以南里叛。"

［4］【劉昭注】《左傳》僖二十二年邾人懸公冑於魚門。【今注】魚門：城門名。或以爲是邾國城門之名，本志劉昭注誤置於此。如《後漢書集解》引齊召南曰：按睢陽，宋國，不應有邾城門事。此説錯簡，當在魯國"騶，本邾國"下。顧炎武曰：案杜氏注，魚門、邾城門，非宋也。或以爲指宋國東門。如惠棟曰：魚門亦名東門，見《蓋延傳》。宋本有魚門，注固失考，顧亦未盡。

［5］【劉昭注】《左傳》襄十二年楚伐宋（二，殿本作"三"），師楊梁（楊，殿本作"陽"），杜預曰有梁亭。僖二十八年楚子玉夢河神謂己曰"吾賜汝孟諸之麋"，杜預曰在縣東北。《爾雅》十藪，宋有孟諸。【今注】陽梁聚：鄉聚名。在今河南商丘市東南。春秋時爲宋國之邑。

［6］【劉昭注】《左傳》哀二十六年，宋景公死空桐。【今注】虞：縣名。治所在今河南虞城縣北。　空桐地：在今河南虞城縣東北。春秋時爲宋國之邑。《左傳》哀公二十六年記載："冬，十月，公游于空澤。辛巳，卒于連中。大尹興空澤之士千甲，奉公自空桐入，如沃宫。"　桐地：商代地名。在今河南虞城縣東北。《古本竹書紀年》："仲壬崩，伊尹放大甲於桐。"

［7］【今注】綸城：在今河南虞城縣利民鎮東南。　少康：傳説爲夏代君主，在位期間恢復夏之勢力，史稱“少康中興”。據《左傳》哀公元年記載，少康曾逃奔有虞，“虞思于是妻之以二姚，而邑諸綸”。

［8］【劉昭注】《史記》曰高祖隱於芒、碭山澤巖石之閒。有陳勝墓。【今注】碭：縣名。治所在今河南永城市北。

［9］【劉昭注】《帝王世記》曰有北亳，即景亳，湯所盟處。【今注】蒙：縣名。治所在今河南商丘市北。

［10］【劉昭注】《左傳》宋萬殺宋閔公於蒙澤。僖二年齊侯盟貫（貫，殿本作“貰”），杜預曰縣西北有貰城，“貰”字與“貫”字相似。【今注】蒙澤：古湖澤名。在今河南商丘市東南老蒙墻寺一帶。春秋時屬宋地。《水經注·獲水》載，獲水“東南流逕于蒙澤”。宋以後湮廢。

［11］【劉昭注】《左傳》曰文十四年諸侯會新城。《帝王世記》有南亳。【今注】穀熟：縣名。治所在今河南虞城縣西南穀熟集。東漢建武二年（26），光武帝封更始帝劉玄之子劉歆爲穀熟侯。殤帝延平元年（106）刑徒葬磚銘文有“無任梁國穀孰髡鉗齊祚”〔胡海帆、湯燕編著：《中國古代磚刻銘文集（下）》，第 21 頁〕，“穀孰”即“穀熟”。　新城：在今河南商丘市西南。春秋時屬宋地。《左傳》文公十四年：“六月，公會宋公、陳侯、衛侯、鄭伯、許男、曹伯、晉趙盾。癸酉，同盟于新城。”杜預注：“宋地，在梁國穀熟縣西。”

［12］【劉昭注】古邳國。【今注】邳亭：在今河南商丘市東南。錢大昭《續漢書辨疑》以爲“邳”當爲“祁”之誤。

［13］【今注】鄢：縣名。治所在今河南柘城縣北。《漢書·地理志》作“傿”。鄢本爲汝南郡屬縣。據本書卷五〇《梁節王暢傳》記載，章帝建初四年，汝南王劉暢徙封梁王，“以陳留之郾、寧陵，濟陰之薄、單父、己氏、成武，凡六縣，益梁國”。“郾”當

作“鄮”。

[14]【劉昭注】《左傳》成十六年會沙隨，杜預曰縣北有沙隨亭。【今注】寧陵：縣名。治所在今河南寧陵縣南。本爲陳留郡屬縣，章帝建初四年（79）改屬梁國。

[15]【劉昭注】《左傳》曰在縣東北。【今注】葛伯國：上古小國名。在今河南寧陵縣西北葛伯屯。王先謙《後漢書集解》以爲劉昭注中“左傳”二字應作“杜預”，諸本皆誤。

[16]【劉昭注】杜預曰蒙縣西北有薄城。中有湯冢。《左傳》宋公子御說奔亳。其西又有微子冢。【今注】薄：縣名。治所在今山東曹縣南。本爲山陽郡屬縣，章帝建初四年改屬梁國。李慈銘《後漢書札記》卷七曰：“此薄爲‘朕載自亳’之‘亳’，經傳亦假‘亳’字爲之。皇甫謐謂梁國穀熟爲南亳，湯所都是也，與京兆杜陵亭之亳異。此處‘山陽’下脱一‘湯’字。”中華本校勘記：“殿本考證齊召南謂案‘山陽’下脱‘湯’字。‘薄’與‘亳’通，《前書》臣瓚注‘薄，湯所都’是也。今據改。”可從。

沛國。[1]秦泗川郡，高帝改。[2]雒陽東南千二百里。二十一城，户二十萬四百九十五，口二十五萬一千三百九十三。

[1]【今注】沛國：諸侯王國名。治相縣（今安徽濉溪縣西北）。建武二十年（44），光武帝徙封皇子中山王劉輔爲沛王。傳國至劉契，魏受漢禪，爲崇德侯。

[2]【今注】高帝改：此説有誤。秦泗川郡楚漢之際屬項羽西楚，入漢前後更爲彭城郡，漢初先後屬韓信楚國、劉交楚國。景帝三年（前154）平吴楚七國之亂，析楚彭城郡置沛郡。

相。[1]**蕭**。本國。[2]**沛**。有泗水亭。[3]**豐**。[4]西有大

澤，高祖斬白蛇於此。有枌榆亭。[5]**酇**。[6]有鄍聚。[7]**穀陽**。[8]**譙**。[9]刺史治。[10]**洨**。[11]有垓下聚。[12]**蘄**。有大澤鄉，陳涉起此。[13]**銍**。[14]**鄲**。[15]**建平**。[16]**臨睢**。故芒，光武更名。[17]**竹邑**。侯國。故竹。[18]**公丘**。本滕國。[19]**龍亢**。[20]**向**。本國。[21]**符離**。[22]**虹**。[23]**太丘**。[24]**杼秋**。[25]故屬梁國，有澶淵聚。[26]

［1］【劉昭注】《左傳》桓十五年會於袲，杜預曰在縣西南。一名犖。【今注】相：縣名。治所在今安徽濉溪縣西北。

［2］【劉昭注】《北征記》："城周十四里，南臨汙水。"【今注】蕭：縣名。治所在今安徽蕭縣西北。　本國：此指蕭叔國。蕭爲春秋時期宋國之附庸國，子姓，始封之君爲蕭叔大心。公元前597年爲楚國所滅。光武帝劉秀稱帝之前，曾被更始帝封爲蕭王。

［3］【劉昭注】亭有高祖碑，班固爲文，見《固集》。《地道記》有許城。《左傳》定八年，鄭伐許。【今注】沛：縣名。治所在今江蘇沛縣。時人稱小沛，以别於沛國。光武帝建武中元二年(57)，封沛王劉輔之子劉寶爲沛侯。　泗水亭：在今江蘇沛縣東。《史記》卷八《高祖本紀》《正義》引《括地志》："泗水亭在徐州沛縣東一百步，有高祖廟也。"

［4］【劉昭注】《地道記》曰："去國二百六十，州六百，雒千二十五里。"【今注】豐：縣名。治所在今江蘇豐縣。

［5］【劉昭注】案：《前志》注"枌榆社在縣東北十五里"。或鄉名，高祖里社。戴延之《西征記》曰："縣西北有漢祖廟，爲亭長所處。"【今注】枌榆亭：鄉亭名。在今江蘇豐縣。《史記·封禪書》："高祖初起，禱豐枌榆社。"《集解》引張晏曰："枌，白榆也。社在豐東北十五里。或曰枌榆，鄉名，高祖里社也。"漢定天下之後，漢高祖詔御史，令豐縣謹治枌榆社，適時祭祀。

［6］【劉昭注】《左傳》昭四年吴伐楚入棘，杜預曰縣東北有棘亭。襄元年鄭侵宋，取大丘（大，紹興本、殿本作“犬”），杜預曰縣東北有犬丘城。《帝王世記》曰：“曹騰封費亭侯，縣有費亭是也。”【今注】酇（cuó）：縣名。治所在今河南永城市酇城鎮。建武十三年（37），光武帝封臧宫爲酇侯，十五年定封朗陵侯。安帝永初元年（107）刑徒葬磚銘文有“沛國贊完城旦謝亥”（中國科學院考古研究所洛陽工作隊：《東漢洛陽城南郊的刑徒墓地》，《考古》1972年第4期），“贊”同“酇”。

［7］【劉昭注】《左傳》曰“冀爲不道，伐鄍三門”，服虔曰鄍，晉别都，杜預曰是虞邑，地處闕，則非此鄍矣。《博物記》曰：“諸侯會于鄍亭。”【今注】鄍（míng）聚：鄉聚名。在今河南永城市。

［8］【今注】穀陽：縣名。治所在今安徽固鎮縣西北。光武帝建武十三年（37），封岑彭子岑淮爲穀陽侯。

［9］【劉昭注】平陽邑，《左傳》僖二十三年楚所取。乾谿在南。【今注】譙：縣名。治所在今安徽亳州市譙城區。東漢磚銘文有“故長水校尉沛國譙熾”“沛國譙男子王泉叩頭”〔胡海帆、湯燕編著：《中國古代磚刻銘文集（下）》，第76、93頁〕。

［10］【劉昭注】《漢官》曰去雒陽千二十里。【今注】案，譙縣爲豫州刺史治所。司馬彪本注漏載刺史治距離京師洛陽的里數，劉昭予以補出。然劉昭補注也有問題，清人王鳴盛《十七史商榷》卷三二有“刺史治去雒陽里數”條詳説此事：“太守所治既注去雒陽里數，而刺史總統一部反不注，此司馬之闕漏，故劉昭每條輒采《漢官》注之。乃又有如山陽郡昌邑縣兖州刺史治、東海郡郯縣徐州刺史治、齊國臨菑縣青州刺史治、九江郡歷陽侯國揚州刺史治、廣漢郡雒縣益州刺史治、太原郡晉陽縣并州刺史治，凡六處，皆失注‘去雒陽若干里’，此似劉昭之自亂其例矣。詳考之，昌邑、郯縣、臨菑、雒縣、晉陽皆先書者，則皆太守治也，而刺史亦治之。

又有如廣陽郡薊縣、蒼梧郡廣信縣，皆刺史、太守同治一縣者，此制似後漢則然而前漢未必爾，俟再考。昌邑等四縣既爲刺史、太守同治，則注於郡下不必復注於縣下，此不得謂劉之自亂其例也。並前條所摘廣陽之薊縣，既注於縣下亦不必復注於郡下，亦不得謂劉之自亂其例矣。但太原之晉陽，郡下、縣下皆無此一句，則何以解乎？蒼梧之廣信，郡下注‘雒陽南六千四百一十里’，縣下注‘去雒陽九千里’，彼此不同，則又何以解乎？司馬氏既多罅漏，劉昭欲推明司馬氏之指，而反滋疑竇如此，可見古人著述能無遺恨者亦少。”

［11］【今注】洨：縣名。治所在今安徽固鎮縣東。光武帝建武十三年（37），封寇恂子寇壽爲洨侯。

［12］【劉昭注】高祖破項羽也。【今注】垓下聚：鄉聚名。在今安徽靈璧縣東南。

［13］【劉昭注】《史記》曰高祖擊黥布於會甀，徐廣曰在縣西。【今注】蘄：縣名。治所在今安徽宿州市埇橋區蘄縣鎮。　大澤鄉：在今安徽宿州市埇橋區蘄縣鎮。　陳涉：秦末農民起義領袖。世家見《史記》卷四八，傳見《漢書》卷三一。

［14］【今注】銍（zhì）：縣名。治所在今安徽宿州市西。

［15］【今注】鄲（dān）：縣名。治所在今安徽渦陽縣丹城鎮。

［16］【今注】建平：縣名。治所在今河南虞城縣西南。光武帝建武十年（34），封銚期子銚統爲建平侯。永嘉元年（145）正月丁巳，被迎入皇宫的劉纘受封爲建平侯，當日即皇帝位，是爲質帝。

［17］【今注】臨睢：縣名。治所在今河南永城市北。《漢書·地理志》沛郡有芒縣，光武帝時更名。

［18］【今注】竹邑：治所在今安徽宿州市埇橋區符離鎮。《漢書·地理志》沛郡有竹縣，後更名。安帝永初六年（112）封彭城靖王劉恭之子劉阿奴爲竹邑侯。據《竹邑侯相張壽殘碑》，張壽曾

在順、桓之間擔任竹邑侯相。

［19］【劉昭注】杜預曰在縣東南。【今注】公丘：縣名。治所在今山東滕州市西南。　膠國：殿本作“滕國”，是。滕國，西周姬姓封國。在今山東滕州市姜屯鎮滕城村一帶。戰國時爲宋國所滅。

［20］【劉昭注】《地道記》曰《左傳》隱二年入向城，在縣東南。【今注】龍亢：縣名。治所在今安徽懷遠縣龍亢鎮。光武帝建武十三年（37），封傅俊之子傅昌爲龍亢侯，後徙爲蕪湖侯。

［21］【今注】向（xiǎng）：縣名。治所在今安徽懷遠縣古城鎮。光武帝建武十三年（37），更封富波侯王霸爲向侯，建武三十年定封爲淮陵侯。　本國：此指向國，西周姜姓封國，春秋初爲莒國所滅。

［22］【今注】符離：縣名。治所在今安徽宿州市埇橋區東北。

［23］【劉昭注】《地道記》云《左傳》昭八年“大蒐於紅”。【今注】虹：縣名。治所在今安徽五河縣西。《漢書·地理志》作“虷”。

［24］【今注】太丘：縣名。治所在今河南永城市太丘鎮。《漢書·地理志》沛郡有“敬丘”，明帝時改爲太丘。

［25］【今注】杼秋：縣名。治所在今安徽碭山縣東。據本書卷三九《劉般傳》，光武帝建武九年（33），封宗室劉般爲菑丘侯，“後以國屬楚王，徙封杼秋侯”。案，據本書卷一《光武帝紀》，建武十五年封皇子劉英爲楚公，十七年進爵爲楚王。菑丘屬楚郡，劉般徙封爲杼秋侯的時間，當爲建武十七年。杼秋本屬梁郡，至明帝永平元年（58），劉般復徙封爲居巢侯，杼秋改爲沛國屬縣。

［26］【劉昭注】《左傳》襄二十年“盟於澶淵”。【今注】澶淵聚：鄉聚名。大致在今安徽蕭縣與碭山縣之間。春秋時爲宋國之邑。《左傳》襄公三十年：“晉人、齊人、宋人、衛人、鄭人、曹人、莒人、邾人、滕人、薛人、杞人、小邾人會于澶淵，宋災故。”

錢大昕《廿二史考異》卷一四《續漢書二》以爲，《春秋》之澶淵，杜預注云在頓丘縣南，劉昭注不當以杍秋之澶淵當之。

陳國。[1]高帝置爲淮陽，章和二年改。雒陽東南七百里。九城，户十一萬二千六百五十三，口百五十四萬七千五百七十二。

［1］【今注】陳國：諸侯王國名。治陳縣（今河南淮陽縣）。東漢初爲淮陽郡。光武帝建武元年（25）九月，遥封更始帝劉玄爲淮陽王。建武十五年，封皇子劉延爲淮陽公，建武十七年進爵爲淮陽王，明帝永平十六年（73）因過徙爲阜陵王，淮陽復爲郡。章帝建初四年（79）徙常山王劉昞爲淮陽王。至章和元年（87），劉昞卒，淮陽國除爲郡。章和二年，章帝崩，遺詔徙封西平王劉羡爲陳王，食淮陽郡。淮陽自此改稱陳。傳國至劉寵，獻帝建安二年（197）爲袁術所殺，國除爲郡。

陳。[1]**陽夏**。有固陵聚。[2]**寧平**。[3]**苦**。春秋時曰相。有賴鄉。[4]**柘**。[5]**新平**。[6]**扶樂**。[7]**武平**。[8]**長平**。故屬汝南。[9]有辰亭。[10]有赭丘城。[11]

［1］【劉昭注】《帝王世記》曰："庖犧氏所都，舜後所封。"《左傳》僖元年會於檉，杜預曰縣西北有檉城。《爾雅》曰："丘上有丘曰宛丘。"陳有株邑，蓋朱襄之地。《博物記》曰："邛地在縣北，防亭在焉。《詩》曰：'邛有旨鷊（鷊，紹興本、大德本、殿本作"苕"），防有鵲巢。'"【今注】陳：縣名。治所在今河南淮陽縣。

［2］【劉昭注】《史記》高祖五年追項籍至固陵（追，紹興本

作“楚”)，晉灼《漢書》注云汝南固始縣（灼，紹興本作“卿”)。【今注】陽夏：縣名。治所在今河南太康縣。光武帝建武二年（26）封馮異爲陽夏侯。馮異卒後，其子馮彰嗣爵。建武十三年，更封東緡侯。　固陵聚：鄉聚名。在今河南太康縣南。

［3］【今注】寧平：縣名。治所在今河南鄲城縣寧平鎮。

［4］【劉昭注】伏滔《北征記》曰：“有老子廟，廟中有九井，水相通。”《古史考》曰：“有曲仁里，老子里也。”《地道記》曰：“城南三十里有平城。”【今注】苦：縣名。治所在今河南鹿邑縣。　賴鄉：在今河南鹿邑縣東。亦作“厲鄉”。《史記》卷六三《老子韓非列傳》：“老子者，楚苦縣厲鄉曲仁里人也。”《正義》：“厲音賴。《晉太康地記》云：‘苦縣城東有瀨鄉祠，老子所生地也。’”

［5］【今注】柘：縣名。治所在今河南柘城縣北。

［6］【今注】新平：縣名。治所在今河南淮陽縣東北。

［7］【今注】扶樂：縣名。治所在今河南太康縣清集鄉扶樂城村。《漢書·地理志》無此地名。據本書卷二二《劉隆傳》，光武帝建武十六年（40），封劉隆爲扶樂鄉侯。則東漢初扶樂爲鄉。然本書卷二四《馬援傳》、袁宏《後漢紀》卷七、《資治通鑑》卷四三《漢紀》世祖光武皇帝皆作“扶樂侯”，則其時扶樂爲縣。不知何者爲是。建武十八年，劉隆以副將身份佐助伏波將軍馬援、樓船將軍段志南征交阯，本書《劉隆傳》載：“隆别於禁谿口破之，獲其帥徵貳，斬首千餘級，降者二萬餘人。還，更封大國，爲長平侯。”又據本書《馬援傳》，建武十九年“正月，斬徵側、徵貳，傳首洛陽。封援爲新息侯，食邑三千户”。劉隆更封長平侯的時間當與馬援同爲建武十九年，則扶樂侯國（或鄉侯國）存續時間不過三四年。東漢永元三年（91）刑徒葬磚銘文有“陳國扶樂完城旦范仲”〔胡海帆、湯燕編著：《中國古代磚刻銘文集（下）》，第12頁〕。

［8］【劉昭注】《左傳》成十六年，諸侯侵陳鳴鹿，杜預曰縣西南有鹿邑。【今注】武平：縣名。治所在今河南鹿邑縣西北。《漢書·地理志》無此地名。漢魏洛陽故城南郊東漢刑徒墓地出土刑徒磚有“右部無任陳□武平髡鉗周□，元興元年十二月廿□日物故死在此下”（中國科學院考古研究所洛陽工作隊：《東漢洛陽城南郊的刑徒墓地》，《考古》1972年第4期）。陳□，當爲“陳國”；元興爲漢和帝年號，可知武平最晚在漢和帝元興元年（105）已經置縣。獻帝建安元年（196），封曹操爲武平侯。

［9］【劉昭注】《左傳》宋華氏戰于鬼閻，杜預曰縣西北有閻亭。【今注】長平：縣名。治所在今河南西華縣東北。東漢建武中至建武三十年（54），爲劉隆侯國。永元二年（90）刑徒葬磚銘文有“陳國長平完城旦倞升”〔胡海帆、湯燕編著：《中國古代磚刻銘文集（下）》，第10頁〕。

［10］【劉昭注】《左傳》宣十一年盟辰陵，杜預曰縣東南有辰亭。【今注】辰亭：鄉亭名。在今河南西華縣西北。春秋時稱辰陵，爲陳國之邑。《春秋》宣公十一年載，夏，“楚盟于辰陵”。杜預注：“陳地。”

［11］【今注】赭丘城：在今河南西華縣北。赭丘，春秋時爲宋國之邑。《左傳》昭公二十一年載，十一月，曹、晉、齊等救宋，“丙戌，與華氏戰於赭丘”。《水經注·洧水》：“洧水……又東逕赭丘南，丘上有故城。”

魯國。[1]秦薛郡，高后改。本屬徐州，光武改屬豫州。六城，户七萬八千四百四十七，口四十一萬一千五百九十。

［1］【今注】魯國：郡國名。治魯縣（今山東曲阜市）。光武帝建武二年（26），封兄劉縯之子劉興爲魯王。十三年，魯王降爲

魯公。十九年，復進爵爲王。建武二十八年，劉興徙封爲北海王，魯國之地改屬劉彊東海國，爲東海國屬郡。然本志稱“魯國”而不稱“魯郡”，令人費解。錢大昕《廿二史考異》卷一四《續漢書二》以爲：“建武二年，封兄子興爲魯王。二十八年，徙封北海，此後無封魯王者。而志稱國不稱郡，蓋自光武以魯國益封東海恭王，終東京之世，魯常爲東海國所屬，而魯國之名未改，故明帝時鍾離意、和帝時汝郁、靈帝時陳逸皆稱‘魯相’，而曲阜孔廟，永興、永壽、建寧諸石刻皆有‘魯相’之稱，初不稱‘太守’也。”洪頤煊對錢大昕之説予以反駁：“案《東海恭王傳》，帝以彊廢不以過，去就有禮，故優以大封，兼食魯郡，便二十九縣。初，魯恭王好宫室，起靈光殿，甚壯麗，是時猶存，故詔彊都魯。是彊封東海，而國都在魯。故終東京之世，魯稱國置相，而東海仍爲郡。錢説非也。”周振鶴以爲洪頤煊對錢大昕所駁有理，但仍未點明東海“仍爲郡”是何性質，是歸屬中央還是仍屬東海王。事實上，東海郡自明帝永平元年以後，就已歸還朝廷，衹是史籍未予明言。明帝永平元年（58），東海恭王劉彊臨死前上疏歸還東海郡。其子劉政嗣位之後，仍用東海王封號，但轄地僅魯郡六縣之地，國名改稱魯國，因而出現了東海王實治魯國的特殊現象。(《後漢的東海王與魯國》，《歷史地理》第3輯)

魯國。奄國。[1]有大庭氏庫。[2]有鐵。[3]有闕里，孔子所居。[4]有牛首亭。[5]有五父衢。[6]**騶**。本邾國。[7]**蕃**。有南梁水。[8]**薛**。本國，[9]六國時曰徐州。[10]**卞**。有盜泉。有郚鄉城。[11]**汶陽**。[12]

[1]【劉昭注】《帝王世記》曰：“黄帝生於壽丘（生，紹興本作‘主’），在魯東門之北。少昊自窮桑登帝位，窮桑在魯北，後徙曲阜。”應劭曰：“曲阜在魯城中，委曲長七八里。”《左傳》

曰伯禽封少昊之墟。僖二十九年介葛盧舍于昌衍，杜預曰縣東南有昌平城。《皇覽》曰："奄里伯公冢在城内祥舍中，民傳言魯五德奄里伯公葬其宅。"【今注】魯國：即魯縣。治所在今山東曲阜市。東漢魯國王都在今曲阜市魯國故城漢城遺址。　奄國：古國名。殿本前有"古"字，應據補。在今山東曲阜市。周成王初即位，奄與殷商遺民及東方諸夷聯合抗周。《史記》卷四《周本紀》："東伐淮夷，殘奄""成王自奄歸"。

［2］【劉昭注】杜預曰："大庭氏，古國名，在城内，魯於其處作庫（庫，紹興本、大德本、殿本作'庫'）。"

［3］【今注】有鐵：設有鐵官。據考古發現，曲阜魯國故城漢城遺址東北周公廟附近有一處西漢冶鐵遺址。曲阜市區北關一帶亦有一處冶鐵遺址，時代屬戰國至漢代。（參見中國社會科學院考古研究所編《中國考古學·秦漢卷》，中國社會科學出版社 2010 年版，第 254 頁）

［4］【劉昭注】《漢晉春秋》曰："鍾離意相魯，見仲尼廟頹毀，會諸生於廟中，慨然歎曰：'蔽芾甘棠，勿翦勿伐，況見聖人廟乎！'遂躬留治之。周觀輿服之在焉，自仲尼以來，莫之開也。意發視之，得古文策書，曰'亂吾書，董仲舒。治吾堂，鍾離意。璧有七（璧，紹興本作"壁"，下同），張伯盜一'。意尋案未了。而卒張伯者，治中庭，治地得六璧，上之。意曰：'此有七，何以不遂?'伯懼，探璧懷中。魯咸以爲神。"意別傳曰："意省堂有孔子小車乘，皆朽敗，意自糶俸雇漆膠之直（雇，殿本作'顧'），請魯民治之，及護几席劍履（劍，紹興本作'嗣'）。後得甕中素書，曰'護吾履，鍾離意'。"又《禮記》矍相之圃亦在城中西南，近孔子廟。而仲尼墓在魯城門北便之外泗水上，去城一里。葬地蓋一頃，墓墳南北十步，東西十三步，高一丈二尺。墓前有瓴甓爲祠壇，方六尺（六，大德本作"四"），與地平。塋中異木以百數，魯人莫能識也（殿本無"也"字）。《皇覽》曰（大德

本無“曰”字)：“孔子本無祠堂，塋中不生荆棘及刺人草。伯魚冢在孔子冢東，與孔子冢併（併，大德本、殿本作‘近’），大小相望。子思冢在孔子冢南。”案：今墓書孫在祖前，謂此爲驕孫祔。【今注】闕里：里名，孔子居室所在。在今山東曲阜市城内闕里街。《漢書》卷六七《梅福傳》：“今仲尼之廟不出闕里。”師古注：“闕里，孔子舊里也。”清劉寶楠《論語正義》引《太平寰宇記》云：“孔子家在魯故城中歸德門内，闕里之中，背洙面泗，矍相圃之東北，所謂洙、泗之間也。”

［5］【劉昭注】《左傳》曰桓十四年宋伐鄭，取牛首。【今注】牛首亭：鄉亭名。在今山東曲阜市。案，劉昭注有誤。錢大昕以爲：“《左傳》之牛首，杜元凱以爲鄭邑，劉昭以魯之牛首亭當之，非也。”（《廿二史考異》卷一四《續漢書二》）

［6］【劉昭注】《地道記》曰在城東。【今注】五父衢：古道路名。在今山東曲阜市東南。《禮記·檀弓上》：“孔子少孤，不知其墓，殯於五父之衢。”《左傳》襄公十一年，季武子將作三軍，“乃盟諸僖閎，詛諸五父之衢”。杜預注：“五父衢，道名。在魯國東南。”

［7］【劉昭注】有騶山，高五里，秦始皇刻石焉。劉薈《騶山記》曰（薈，大德本作“會”）：“邾城在山南，去山二里。城東門外有韋賢墓，北有繹山。《左傳》文十三年邾遷於繹。郭璞曰繹山純石，積構連屬。城北有牙山，牙山北有唐口山，唐口山北有陽山（陽，大德本作‘楊’）。城北有孟軻冢焉（殿本無‘焉’字）。”【今注】騶：縣名。治所在今山東鄒城市嶧山鎮紀王城村。邾國：周代封國。或稱“鄒”。初都邾（今山東曲阜市南陬村），後遷都至繹（今山東鄒城市嶧山鎮紀王城村）。戰國時爲楚國所滅，其君被遷至邾縣（今湖北黄岡市北）。

［8］【劉昭注】《左傳》襄四年戰狐台，杜預曰縣東南有目台亭（亭，殿本作“山”）。【今注】蕃：縣名。治所在今山東滕州

市。　南梁水：亦名西漷水。即今山東滕州市東北之荆河。元人于欽《齊乘》卷二："南梁水出滕縣荆溝村，西南流至滕州東門外，折而過城北，又西入山陽湖。"

［9］【劉昭注】《地道記》曰："夏車正奚仲所封，冢在城南二十里山上。"《皇覽》曰："靖郭君冢在城中東南陬。孟嘗君冢在城中向門東北邊。"【今注】薛：縣名。治所在今山東滕州市官橋鎮。　本國：春秋時期有薛國，相傳其祖奚仲（任奚）爲夏禹之臣，任車正，長於造車，始封於薛。後爲齊國所滅。戰國時，齊國貴族田嬰、田文（孟嘗君）先後受封於此，稱薛公。

［10］【劉昭注】《史記》曰齊宣王九年與魏襄王會徐州而相王。【今注】徐州：戰國初魯地。在今山東滕州市南。

［11］【劉昭注】《左傳》文公七年城郚，杜預曰，縣南有郚鄉城。隱元年盟于蔑，杜預曰，蔑，地名，縣南有姑城（姑，大德本作"如"）。襄十七年齊圍桃，杜預曰，縣東南有桃墟。【今注】卞：縣名。治所在今山東泗水縣東。　盜泉：在今山東泗水縣東北。《水經注·洙水》："洙水西南流，盜泉水注之，泉出卞城東北卞山之陰。《尸子》曰：孔子至于暮矣而不宿于盜泉，渴矣而不飲，惡其名也。故《論語比考讖》曰：水名盜泉，仲尼不漱。即斯泉矣。"　郚鄉城：在今山東泗水縣西南。西漢有郚鄉侯國，侯國治所即郚鄉城。

［12］【劉昭注】《左傳》桓十二年盟曲池，杜預曰縣北有曲水亭。《地道記》"臨淄縣西南門曰曲門，其側有池"。案：魯桓與杞、莒盟，不往齊地，《地道》爲妄。【今注】汶陽：縣名。治所在今山東寧陽縣東北。漢封泥有"文陽丞印"，東漢《史晨饗孔廟後碑》有"文陽馬琮"，《禮器碑陰》有"文陽令鮑宫""文陽蔣元道""文陽王逸""文陽公伯輝"等，"文陽"即"汶陽"，"文"通"汶"。獻帝初平四年（193），封東海懿王劉祗之子劉琬爲汶陽侯。

右豫州刺史部，郡、國六，縣、邑、侯國九十九。[1]

[1]【今注】案，錢大昭《續漢書辨疑》以爲，本志兗州刺史部作"縣邑公侯國八十"，原因是東郡有衛公國。今豫州汝南郡有宋公國，則"侯"前當有"公"字。中華本據補。東漢封泥有"豫州刺史"（詳王玉清、傅春喜編著《新出汝南郡秦漢封泥集》，第191頁）。

魏郡。高帝置。雒陽東北七百里。[1]十五城，户十二萬九千三百一十，口六十九萬五千六百六。

[1]【劉昭注】《魏志》曰："建安十七年，割河内之蕩陰、朝歌、林慮，東郡之衛國、頓丘、東武陽、發干，鉅鹿之廮陶、曲陽、南和，廣平之廣平、任城，趙國之襄國、邯鄲、易陽，以益魏郡（中華本改'曲陽'爲'曲周'，'廣平之廣平'删'廣平之'三字，'任城'删'城'字）。十八年，分置東西都尉。"【今注】魏郡：郡名。治鄴縣（今河北臨漳縣西南）。

鄴。[1]有故大河。[2]有滏水。[3]有汙水，有汙城。[4]有平陽城。[5]有武城。[6]有九侯城。[7]**繁陽**。[8]**内黄**。[9]清河水出。[10]有羛陽聚。[11]有黄澤。[12]**魏**。[13]**元城**。[14]墟，故沙鹿，[15]有沙亭。[16]**黎陽**。[17]**陰安**。邑。[18]**館陶**。[19]**清淵**。[20]**平恩**。[21]**沙**。侯國。[22]**斥丘**。有葛。[23]**武安**。有鐵。[24]**曲梁**。侯國，[25]故屬廣平。有雞澤。[26]**梁期**。[27]

［1］【劉昭注】《帝王世記》曰："縣西南有上司馬，殷太甲常居焉。"《魏都賦》注曰："縣西北有鼓山，時時自鳴，鳴則兵。"又交谷水在縣南。案：本傳有西唐山。又鄴北太行山，西北去，亦不知山所極處，亦如東海不知水所窮盡也。【今注】鄴：縣名。治所在今河北臨漳縣西南。東漢時爲魏郡治所。東漢後期，亦爲冀州刺史駐地。從獻帝建安十八年（213）曹操受封爲魏公，至延康元年（220）魏王曹丕代漢並徙都洛陽，鄴城一直是魏公國、魏王國都城。

［2］【今注】故大河：黄河故道。戰國以前的黄河流經河北平原縣，在鄴城東側向北流，在今河北曲周縣南與西來的漳水匯合，東北流至今天津東北注入渤海。

［3］【劉昭注】《魏都賦》曰："北臨漳、滏，則冬夏異沼。"注云："《水經》鄴西北。滏水熱，故名滏口。"【今注】滏水：源出今河北邯鄲市西南石鼓山，東北流至今邯鄲市肥鄉區西匯入漳水。

［4］【劉昭注】《史記》曰項羽破秦軍汙水上。【今注】汙水：源出今河北武安市南部，東南流匯入漳水。《史記》卷七《項羽本紀》："項羽悉引兵擊秦軍汙水上，大破之。"　汙城：在今河北磁縣西南。城近汙水，故名。

［5］【劉昭注】《史記》曰靳歙别下平陽。【今注】平陽城：在今河北臨漳縣西南。《水經注·濁漳水》注引《竹書紀年》曰："梁惠成王元年，鄴師敗邯鄲之師于平陽者也。"

［6］【今注】武城：在今河北磁縣西南講武城鎮。《史記》卷四三《趙世家》記趙幽繆王二年（前234），"秦攻武城，扈輒率師救之，軍敗，死焉"。後世改稱講武城。

［7］【劉昭注】徐廣曰一作"鬼侯"。與文王爲紂三公。【今注】九侯城：在今河北磁縣西南。九侯，商紂王大臣，又作"鬼侯"。《史記》卷三《殷本紀》作紂"以西伯昌、九侯、鄂侯爲三

公”。曹金華《後漢書稽疑》據此疑劉昭注“與文王爲紂三公”有脱文。

[8]【今注】繁陽：縣名。治所在今河南内黄縣西北。

[9]【劉昭注】《左傳》襄十九年會于柯，杜預曰縣東北有柯城（“曰”字上殿本有“注”字）。昭九年荀盈卒于戲陽，杜預曰縣北有戲陽城。【今注】内黄：縣名。治所在今河南内黄縣西北。

[10]【今注】清河水：王先謙《漢書補注》據《水經注·淇水》“淇水東過内黄縣南，爲白溝”，以爲白溝又歷魏、館陶、平恩三縣，至清淵縣，爲清淵，清河之名即由此始。

[11]【劉昭注】世祖破五校處。【今注】羛（xī）陽聚：鄉聚名。在今河南内黄縣西南。建武二年（26），光武帝劉秀在此大破五校農民軍。羛陽，一作“戲陽”。案，陽，大德本作“湯”。

[12]【劉昭注】《前志》曰在縣西。【今注】黄澤：古湖澤名。在今河南内黄縣西。《水經注·淇水》載，白溝“又東北流逕内黄縣故城南，縣右對黄澤”。後湮廢。

[13]【今注】魏：縣名。治所在今河北大名縣西。

[14]【劉昭注】《左傳》成七年會馬陵，杜預曰縣東南有地名馬陵。《史記》曰龐涓死處。【今注】元城：縣名。治所在今河北大名縣東。

[15]【劉昭注】《左傳》：“沙鹿崩。”《穀梁傳》曰：“林屬於山曰鹿。沙，山名也。”【今注】墟：在今河北大名縣東。　沙鹿：山名。在今河北大名縣東。《春秋》僖公十四年八月辛卯：“沙鹿崩。”“鹿”同“麓”。

[16]【劉昭注】《左傳》定七年盟于沙亭，杜預曰在縣東南。七年盟于瑣，《晉地道記》曰縣南有瑣陽城。【今注】沙亭：在今河北大名縣東。

[17]【劉昭注】《左傳》定十四年會于牽，杜預曰縣東北有牽城。【今注】黎陽：縣名。治所在今河南浚縣東。

［18］【今注】陰安：縣名。治所在今河南清豐縣西北。和帝永元五年（93），封和帝皇女劉吉爲陰安公主，以縣爲公主湯沐邑。

［19］【今注】館陶：縣名。治所在今河北館陶縣。光武帝建武十五年（39），封皇女劉紅夫爲館陶公主，以縣爲公主湯沐邑。黄山《後漢書集解校補》以爲館陶曾爲侯國："案漢制，皇女封公主者，所生之子襲母封爲列侯，皆傳國於後。韓光尚光武女館陶公主，雖以罪誅，然公主嘗爲子求郎，則固有襲封之子，而縣曾爲國矣。"

［20］【今注】清淵：縣名。治所在今河北館陶縣東北。

［21］【今注】平恩：縣名。治所在今河北邱縣西南。

［22］【劉昭注】《魏都賦》注曰有龍山。【今注】沙：縣名。治所在今河北涉縣西北。"沙"當爲"涉"字之誤（詳王念孫《讀書雜志四・漢書第六》）。《戰國策・趙策一》記："韓欲有宜陽，必以路涉、端氏賂趙。"張家山漢簡《二年律令・秩律》亦作"涉"。

［23］【劉昭注】杜預曰有乾侯。魯昭公所處。【今注】斥丘：縣名。治所在今河北成安縣東南。

［24］【劉昭注】即臺孝威隱于縣山。【今注】武安：縣名。治所在今河北武安市西南。

［25］【劉昭注】《左傳》宣十五年敗赤狄于曲梁。【今注】曲梁：縣名。治所在今河北邯鄲市永年區東南。

［26］【劉昭注】《左傳》襄三年諸侯會雞澤，杜預曰在縣西南。【今注】雞澤：古湖澤名。在今河北邯鄲市永年區東南。

［27］【今注】梁期：縣名。治所在今河北磁縣東北。

鉅鹿郡。[1]秦置。建武十三年省廣平國，以其縣屬。雒陽北千一百里。[2]十五城，户十萬九千五百一十七，口六十萬二千九十六。

[1]【今注】鉅鹿郡：治廮陶縣（今河北寧晉縣西南）。明帝永平二年（59），封皇子劉恭爲鉅鹿王。章帝建初四年（79），劉恭徙封江陵，鉅鹿國除爲郡。

[2]【今注】雒陽北千一百里：曹金華《後漢書稽疑》以爲鉅鹿郡在雒陽東北，故“北”當作“東北”。

廮陶。有薄落亭。[1]**鉅鹿**。故大鹿，有大陸澤。[2]**楊氏**。[3]**鄡**。[4]**下曲陽**。有鼓聚，故翟鼓子國。[5]有昔陽亭。[6]**任**。[7]**南和**。[8]**廣平**。[9]**斥章**。[10]**廣宗**。[11]**曲周**。[12]**列人**。[13]**廣年**。[14]**平鄉**。[15]**南䜌**。[16]

[1]【今注】廮（yǐng）陶：縣名。治所在今河北寧晉縣西南。東漢桓帝延熹八年（165），勃海王劉悝貶爲廮陶王，以廮陶縣爲食邑。永康元年（167）復爲勃海王，廮陶國除爲縣。　薄落亭：鄉亭名。在今河北寧晉縣東南。漳水又名薄落水，亭近薄落水，故得名。薄落，一作“薄洛”。

[2]【劉昭注】有廣阿澤。《呂氏春秋》九藪趙之鉅鹿，高誘注云廣阿澤也，《山海經》曰大陸之水。《史記》紂盈鉅橋之粟。許慎云：“鉅鹿之大橋也。”鉅鹿南有棘原，章邯所軍處。《前書》曰沙丘臺在縣東北七十里。【今注】鉅鹿：縣名。治所在今河北平鄉縣南。　案，大鹿，《尚書》作“大陸”，“陸”與“鹿”通。　大陸澤：古湖澤名。又名巨鹿澤、廣阿澤，在今河北任縣東北，後淤爲平地。

[3]【今注】楊氏：縣名。治所在今河北寧晉縣。

[4]【今注】鄡（qiāo）：縣名。治所在今河北辛集市東南。鄡，一作“鄵”。

[5]【劉昭注】杜預曰縣西南有肥累城。古肥國，白狄别種。【今注】下曲陽：縣名。治所在今河北晉州市西。　鼓聚：鄉聚名。

在今河北晉州市西。春秋時有鼓子國，爲白狄服氏部所建。公元前520年爲晉國所滅。《左傳》昭公十五年："晉荀吴帥師伐鮮虞，圍鼓……鼓人告食竭力盡，而後取之。克鼓而反，不戮一人，以鼓子鳶鞮歸。"

［6］【劉昭注】《左傳》昭十二年晉荀吴入昔陽，杜預曰沾縣東有昔陽城（沾，大德本作"治"）。取故都也（取，殿本作"肥"，是）。【今注】昔陽亭：鄉亭名。在今河北晉州市西。昔陽，春秋時爲鼓國都城。

［7］【今注】任：縣名。治所在今河北任縣東。

［8］【今注】南和：縣名。治所在今河北南和縣。

［9］【今注】廣平：縣名。治所在今河北雞澤縣北。光武帝建武二年（26），定封大司馬吴漢爲廣平侯，食廣平、斥漳、曲周、廣年四縣。順帝初立，中黄門馬國因擁立之功，封爲廣平侯。

［10］【今注】斥章：縣名。治所在今河北曲周縣南。一作"斥漳"。

［11］【今注】廣宗：縣名。治所在今河北威縣東。順帝初立，中黄門王成因擁立之功，封爲廣宗侯。東漢安帝永初元年（107）刑徒葬磚銘文有"鉅鹿廣宗髡鉗卻威"（中國科學院考古研究所洛陽工作隊：《東漢洛陽城南郊的刑徒墓地》，《考古》1972年第4期）。

［12］【今注】曲周：縣名。治所在今河北曲周縣東。

［13］【今注】列人：縣名。治所在今河北肥鄉縣東北。

［14］【今注】廣年：縣名。治所在今河北邯鄲市永年區東北。

［15］【今注】平鄉：治所在今河北平鄉縣西南。東漢沖帝永熹元年（145），下邳人謝安應募擊殺賊首徐鳳，因功被封爲平鄉侯。據本書卷一七《馮異傳》，明帝永平中，馮異之子東緡侯馮彰徙封爲平鄉侯。李賢注引《東觀記》曰："永平五年，封平鄉侯，食鬱林潭中。"王先謙《後漢書集解》引馬與龍之説，以爲西漢開

國功臣受封者唯馮異子彰食邑於此，太遠，《東觀記》之説不能無疑。

［16］【今注】南繳（luán）：縣名。治所在今河北鉅鹿縣北。建武十三年（37）至十九年爲鄧晨侯國。據本書卷一〇上《皇后紀上》，南陽陳茂以恩澤封爲南繳侯，當在鄧晨南繳侯國之後。

常山國。高帝置。建武十三年省真定國，以其縣屬。[1]十三城，户九萬七千五百，口六十三萬一千一百八十四。

［1］【今注】常山國：郡國名。治元氏縣（今河北元氏縣西北）。東漢初爲郡。建武十七年（41）至二十年爲中山王劉輔並食之邑。明帝永平十五年（72）封皇子劉昞爲常山王。章帝建初四年（79），劉昞徙爲淮陽王，常山國除爲漢郡。和帝永元二年（90），劉昞少子劉側被紹封爲常山王，常山復爲王國。傳國至劉暠，靈帝中平元年（184），遇黄巾之亂，劉暠棄國而逃。至獻帝建安十一年（206），常山國除爲漢郡。《祀三公山碑》碑文有"元初四年，常山相隴西馮君到官"，則安帝元初四年（117），常山仍爲諸侯王國。案，以其縣屬，曹金華《後漢書稽疑》以爲依志例，其下脱距雒陽里數及其方位。

元氏。[1]**高邑**。故鄗，光武更名。刺史治。[2]有千秋亭、五成陌，[3]光武即位於此矣。**都鄉**。侯國。有鐵。[4]**南行唐**。有石臼谷。[5]**房子**。贊皇山，[6]濟水所出。[7]**平棘**。有塞。[8]**欒城**。[9]**九門**。[10]**靈壽**。衛水出。[11]**蒲吾**。[12]**井陘**。[13]**真定**。[14]**上艾**。故屬太原。[15]

［1］【劉昭注】《晉地道記》有石塞、三公塞。【今注】元氏：

縣名。治所在今河北元氏縣因村鎮故城村。

［2］【劉昭注】《漢官》曰去雒陽一千里。【今注】高邑：縣名。治所在今河北柏鄉縣固城店。東漢前、中期爲冀州刺史治所。西漢名“鄗”，新莽改名“和成亭”，東漢改縣名爲“高邑”。穀禾成熟爲秀。地名與己名和諧相應，這是光武帝劉秀選擇在此建號稱帝的原因之一。

［3］【劉昭注】縣南七里（南，大德本、殿本作“西”）。【今注】千秋亭：鄉亭名。在今河北柏鄉縣固城店南。　五成陌：在今柏鄉縣固城店十五里鋪村一帶。建武元年六月己未（公元25年8月5日），劉秀在此築立壇場，告天即位，正式稱帝（參見秦進才《漢光武帝即位處：千秋亭與千秋臺異同考》，《咸陽師範學院學報》2015年第5期）。秦漢時期，南北爲阡，東西爲陌。五成陌當爲道路名。

［4］【今注】都鄉：侯國名。今地無考。錢大昕《廿二史考異》卷一四《續漢書二》：“東京人封都鄉侯者甚多，都鄉者，近郭之鄉，班在鄉侯之上，非皆常山之鄉都也。熊方《年表》於‘都鄉侯’皆注云‘常山’，非是。常山之都鄉，相西京已爲侯國，乃趙頃王子景所封，王莽時絶，未審東京更封何人。”

［5］【今注】南行唐：縣名。治所在今河北行唐縣北。　石臼谷：在今河北行唐縣西。東漢永平中至建初初，曾利用石臼谷，引磁水向南通入滹沱河，欲令通漕。費工耗時十二年而未能成功（詳本書卷一六《鄧禹傳》）。案，《漢書·地理志》“南行唐”記“牛飲山有白陸谷”，與此不同。

［6］【劉昭注】在縣西南六十里。【今注】房子：縣名。治所在今河北高邑縣西南倉房村。建武元年至十三年，爲鄧晨侯國。　贊皇山：在今河北贊皇縣西南，屬太行山脈。李慈銘《後漢書札記》卷七以爲“贊”上當脱一“有”字。

［7］【劉昭注】《晉地道記》有礫塞、中谷安（記，底本作

“觀”，今據諸本改。安，紹興本、大德本、殿本作“塞”，底本誤）。【今注】濟水：發源於今河北贊皇縣南，流經今柏鄉縣北，向東匯入泜水。

［8］【今注】平棘：縣名。治所在今河北趙縣東南。

［9］【劉昭注】縣西北四十里（“縣”上殿本有“在”字。惠棟《後漢書補注》卷二二以爲脱“平棘”二字。中華本據補“在平棘”三字）。【今注】欒城：縣名。治所在今河北趙縣西北。《漢書·地理志》中不見此縣，當爲東漢新置。

［10］【劉昭注】《史記》趙武靈王出九門，如野臺以望齊、中山之境。碣石山，《戰國策》云在縣界。【今注】九門：縣名。治所在今河北石家莊市藁城區西北。

［11］【今注】靈壽：縣名。治所在今河北靈壽縣靈壽村。衞水：源出今河北靈壽縣東北，南流匯入滹沱河。

［12］【劉昭注】《史記》番吾君。杜預曰晉之蒲邑也。《古今注》曰：“永平十年，作常山呼沱河蒲吾渠（吾，紹興本、大德本、殿本作‘吾’），通漕船也。”【今注】蒲吾：縣名。治所在今河北平山縣東南。

［13］【今注】井陘：縣名。治所在今河北井陘縣西北井陘礦區。

［14］【今注】真定：縣名。治所在今河北正定縣南。

［15］【今注】上艾：縣名。治所在今山西平定縣。本爲太原郡屬縣，當爲和帝益封常山王劉昞時，由太原郡轉屬常山國〔詳周振鶴、李曉傑、張莉《中國行政區劃通史·秦漢卷（下）》，第794頁〕。

中山國。高祖置。雒陽北一千四百里。[1]十三城，户九萬七千四百一十二，口六十五萬八千一百九十五。

［1］【今注】中山國：諸侯王國名。治盧奴縣（今河北定州市）。光武帝建武元年（25），封宗室劉茂爲中山王。至十三年，劉茂降爵爲單父侯，中山國除爲漢郡。建武十七年，右翊公劉輔進爵爲中山王，兼食常山郡。二十年，劉輔徙爲沛王，中山國復除爲漢郡。建武三十年，徙左翊王劉焉爲中山王。傳國至靈帝末，中山節王劉稚無子嗣爵，中山國除爲漢郡。　高祖置：此説有誤。高祖時其地屬趙國恒山郡。吕后元年（前187）分趙國恒山郡置恒山國，以封惠帝子劉不疑。文帝劉恒即位，恒山國除，復爲趙國屬郡，因避天子諱而更名爲常山郡。景帝二年（前155）削藩，趙常山郡轉爲漢郡。景帝三年，分常山郡東部數縣置中山國，封皇子劉勝爲中山王，其後中山置國方爲常態。

盧奴。[1]**北平**。[2]有鐵。**毋極**。[3]**新市**。有鮮虞亭，故國，子姓。[4]**望都**。[5]**唐**。有中人亭，[6]有左人鄉。[7]**安國**。[8]**安憙**。本安險，章帝更名。[9]**漢昌**。本苦陘，章帝更名。[10]**蠡吾**。侯國，故屬涿。[11]**上曲陽**。故屬常山。恒山在西北。[12]**蒲陰**。本曲逆，章帝更名。有陽城。[13]**廣昌**。[14]故屬代郡。

［1］【今注】盧奴：縣名。治所在今河北定州市。《水經注·滱水》："盧奴城内西北隅有水，淵而不流，南北百步，東西百餘步，水色正黑，俗名曰黑水池。或云水黑曰盧，不流曰奴，故此城藉水以取名矣。"

［2］【今注】北平：縣名。治所在今河北保定市滿城區北。

［3］【今注】毋極：毋，殿本作"毋"，《漢書·地理志》亦作"毋"，是。中華本據殿本改作"毋"。毋極，縣名。治所在今河北無極縣西。

［4］【劉昭注】杜預曰白狄别種。【今注】新市：縣名。治所

在今河北新樂市南。　鮮虞亭：在今河北新樂市東南。鮮虞，白狄支屬，周代爲子爵國。春秋後期遷至太行山東麓，建立中山國，後爲晉所滅。戰國初，中山復國，公元前296年爲趙國所滅。

［5］【劉昭注】《左傳》晉伐鮮虞及中人，杜預曰縣西北有中人城。《晉地道記》有馬安關（馬安關，惠棟《後漢書補注》以爲當作“馬溺關”）。【今注】望都：縣名。治所在今河北望都縣西北。

［6］【劉昭注】《博物記》曰：“堂關在中人西北百里（堂，殿本作‘唐’），中人在縣西四十里。”《列子》曰：“趙襄子使新稺穆子攻翟，取左人、中人。”【今注】唐：縣名。治所在今河北唐縣東北。　中人亭：在今河北唐縣西北。春秋時鮮虞築中人城，爲早期國都。

［7］【劉昭注】《帝王世記》曰：“堯封唐。堯山在北，唐水西入河，南有望都山，即堯母慶都所居，相去五十里（五，大德本作‘三’）。都山一名豆山。”《博物記》曰：“左人，唐西北四十里。”【今注】左人鄉：在今河北唐縣西南。春秋時鮮虞有左人城。

［8］【今注】安國：縣名。治所在今河北博野縣東南。

［9］【今注】安憙：縣名。治所在今河北定州市東南。

［10］【今注】漢昌：縣名。治所在今河北無極縣東北。

［11］【今注】蠡吾：縣名。治所在今河北博野縣西南。順帝永建五年（130）立河間孝王劉開之子劉翼爲蠡吾侯。

［12］【劉昭注】有泉水，干吉得神書。《晉地道記》：“自縣北行四百二十五里，恒多山坂，名飛狐口。”【今注】上曲陽：縣名。治所在今河北曲陽縣西。　恒山：古山名。在今河北曲陽縣西北。案，《漢書·地理志》“恒山”後有“北谷”。

［13］【劉昭注】《晉地道記》曰：“有陽安闕（闕，大德本、殿本作‘關’，是）。陽城。蒲陽山，蒲水出也。”【今注】蒲陰：

縣名。治所在今河北順平縣東南。秦、西漢時名“曲逆”，沿用至東漢前期，章帝時更名。《水經注·滱水》：“漢章帝章和二年，行巡北岳，以曲逆名不善，因山水之名，改曰蒲陰焉。”　陽城：城邑名。在今河北望都縣東北。

［14］【今注】廣昌：縣名。治所在今河北淶源縣東。

安平國。故信都，高帝置。明帝名樂成，延光元年改。雒陽北二千里。[1]十三城，户九萬一千四百四十，口六十五萬五千一百一十八。

［1］【今注】安平國：諸侯王國名。治信都縣（今河北衡水市冀州區）。其地東漢初屬信都郡。明帝永平十五年（72），改信都郡爲樂成國，封皇子劉黨爲樂成王。和帝永元八年（96），劉黨死，其子劉崇嗣爵，兩個月之後亦卒，無嗣，國絶。次年，和帝復立劉崇之兄劉巡爲樂成王。安帝元初六年（119），樂成王劉賓死，無子，國絶。安帝復以濟北惠王子劉萇爲樂成王後嗣。建光元年（121），劉萇因罪被貶爲臨湖侯。延光元年（122），安帝立河間孝王之子劉得（一作劉德）爲樂成王劉黨後嗣，以樂成國屢遭廢絶，更樂成名爲“安平”，取吉順之意。至靈帝中平元年（184），安平王劉續被黄巾軍俘虜，囚於廣宗。東漢平定黄巾之後，恢復安平國，當年秋天，劉續坐不道之罪被誅，安平國除爲漢郡。從鉅鹿郡析出數縣，置廣平國。　故信都高帝置：此説不確。高祖時，其地屬趙國河間郡。文帝二年（前178）分趙國河間郡置河間國。文帝十五年河間國除，其地置廣川郡。景帝二年（前155）封皇子劉彭祖爲廣川王。景帝五年廣川王劉彭祖徙爲趙王，廣川國除爲信都郡。

信都。有絳水、呼沱河。[1]**阜城**。故昌城。[2]**南**

宫。[3]**扶柳**。[4]**下博**。[5]**武邑**。[6]**觀津**。[7]**經**。西有漳水，津名薄落津。[8]**堂陽**。故屬鉅鹿。[9]**武遂**。故屬河間。[10]**饒陽**。故名饒，屬涿。有無蔞亭。[11]**安平**。故屬涿。[12]**南深國**。故屬涿。[13]

［1］【今注】信都：縣名。治所在今河北衡水市冀州區。　呼沱河：即滹沱河。源出今山西五臺山東北，西南流至忻州市北，復東流穿越太行山，經河北平原縣注入渤海。下游河道屢有變遷。

［2］【今注】阜城：縣名。治所在今河北衡水市冀州區。本即西漢昌成（一作“昌城”）縣。本書卷二一《劉植傳》記光武帝建武二年（26）封劉植爲昌城侯，則東漢初沿用昌城之名。東漢磚文有“永元四年七月廿六日，無任樂成阜城髡鉗朱次死在此”〔胡海帆、湯燕編著：《中國古代磚刻銘文集（下）》，第14頁〕，知最晚在和帝永元四年（92）之前，昌城（昌成）已經改名爲阜城。

［3］【今注】南宫：縣名。治所在今河北南宫市西。

［4］【今注】扶柳：縣名。治所在今河北衡水市冀州區西北。光武帝建武三十年（54），徙封寇恂之子雍奴侯寇損爲扶柳侯。寇損卒，其子寇釐嗣爵，後徙封商鄉侯。又據本書卷二一《萬脩傳》，萬脩之子萬親徙封扶柳侯。據“親卒，無子，國除。永初七年，鄧太后紹封脩曾孫豐爲曲平亭侯”，則萬親扶柳侯國存在於安帝永初七年（113）之前。

［5］【今注】下博：縣名。治所在今河北深州市東南。光武帝建武十三年（37）封齊武王劉縯之孫劉張爲下博侯。安帝永初七年（113）刑徒葬磚銘文有“樂城下博完城旦閻淵”〔胡海帆、湯燕編著：《中國古代磚刻銘文集（下）》，第28頁〕。

［6］【今注】武邑：縣名。治所在今河北武邑縣。光武帝建武中，封耿純之弟輔威將軍耿植爲武邑侯。

［7］【劉昭注】本清河下縣。《決録注》曰：“孝文竇皇后父

隱身漁釣，墜淵而卒。景帝立，后爲太后，遣使者更填父所墜淵而葬，起大墳于縣城南（大，殿本作‘太’），民號曰竇氏青山。”【今注】觀津：縣名。治所在今河北武邑縣東。光武帝建武初，封劉植之弟劉喜爲觀津侯。

［8］【劉昭注】《史記》曰，趙武靈王曰：“吾國東有河、薄落之水（吾，殿本作‘晉’）。”【今注】經：縣名。治所在今河北廣宗縣北。　薄落津：在今河北廣宗縣東召鄉東。薄落水爲漳河異稱，薄落津當爲河上渡口。

［9］【今注】堂陽：縣名。治所在今河北新河縣北。

［10］【今注】武遂：縣名。治所在今河北武强縣西北。《漢書·地理志》作“武隧”。案，“遂”與“隧”通。

［11］【劉昭注】馮異進豆粥光武。案：《志》有解犢侯，靈帝封。【今注】饒陽：縣名。治所在今河北饒陽東北。獻帝建安十六年（211）至二十二年，爲曹操之子曹林侯國。　無蔞亭：鄉亭名。在今河北饒陽縣東北。本書卷一七《賈復傳》中華本校勘記曰：“聚珍版《東觀記》‘無’作‘蕪’。”曹金華《後漢書稽疑》：“本傳下文、《郡國志》作‘無蔞亭’，《後漢紀》卷二、卷五與《通鑑》卷三九作‘蕪蔞亭’。”

［12］【今注】安平：縣名。治所在今河北安平縣。光武帝建武二年（26），封虎牙將軍蓋延爲安平侯。明帝永平十三年（70），蓋延之孫安平侯蓋側因謀反罪被誅，國除。

［13］【今注】南深國：國，殿本作“澤”，是。南深澤，縣名。治所在今河北深澤縣東南。

河間國。文帝置，世祖省屬信都，和帝永元三年復故。雒陽北二千五百里。[1]十一城，户九萬三千七百五十四，口六十三萬四千四百二十一。

［1］【今注】河閒國：諸侯王國名。治樂成縣（今河北獻縣東南）。光武帝建武七年（31），封前河閒王劉邵爲河閒王。十三年，劉邵以皇室疏屬之故降爲樂成侯，河閒國轉屬信都郡。和帝永元二年（90），分樂成、涿郡、勃海三郡之縣置河閒國，封皇弟劉開爲河閒王。傳國至獻帝末，魏受漢禪，以河閒王劉陔爲崇德侯。案，三年，殿本作“二年”，是。

樂成。[1]**弓高**。[2]**易**。故屬涿。[3]**武垣**。故屬涿。[4]**中水**。故屬涿。[5]**鄚**。故屬涿。[6]**高陽**。故屬涿。有葛城。[7]**文安**。故屬勃海。[8]**束州**。故屬勃海。[9]**成平**。故屬勃海。[10]**東平舒**。故屬勃海。[11]

［1］【今注】樂成：縣名。治所在今河北獻縣東南。光武帝建武十三年（37），河閒王劉邵降爲樂成侯。

［2］【今注】弓高：縣名。治所在今河北阜城縣南。

［3］【今注】易：縣名。治所在今河北雄縣西北。獻帝初平四年（193），封前將軍公孫瓚爲易侯。

［4］【今注】武垣：縣名。治所在今河北肅寧縣東南。《漢書》卷九八《元后傳》記載，更始時，劉秀經營河北，中山太守劉丹降，拜爲將軍，戰死，“上閔之，封丹子泓爲武桓侯，至今”。據此，從光武帝建武初封劉泓爲武桓侯，直至班固撰成《漢書》時的章帝建初（76—84）中，武桓一直是侯國。

［5］【今注】中水：縣名。治所在今河北獻縣西北。《漢書·地理志》顏師古注引應劭曰：“在易、滱二水之閒，故曰中水。”光武帝建武二年（26），更封武固侯李忠爲中水侯。明帝永平九年（66），侯國除爲漢郡。

［6］【今注】鄚（mò）：縣名。治所在今河北任丘市鄚城鎮。東漢刑徒葬磚銘文有“河閒莫髡鉗田”〔胡海帆、湯燕編著：《中

國古代磚刻銘文集（下）》，第37頁〕。“莫”同“鄚”。

［7］【今注】高陽：縣名。治所在今河北高陽縣東。光武帝建武元年（25）至二年，爲耿純侯國。　葛城：在今河北安新縣安州鎮。戰國時爲燕國城邑，後置换給趙國。《史記》卷四三《趙世家》記載，趙孝成王十九年（前247），“趙與燕易土，以龍兑、汾門、臨樂與燕；燕以葛、武陽、平舒與趙”。葛，又作“阿”。《史記·趙世家》載，趙成侯十九年（前356），“與燕會阿”。《正義》引《括地志》：“故葛城，一名依城，又名西阿城。”

［8］【今注】文安：縣名。治所在今河北文安縣東北。

［9］【今注】東州：縣名。治所在今河北河間市東北。

［10］【今注】成平：縣名。治所在今河北泊頭市北。

［11］【今注】東平舒：縣名。治所在今河北大城縣東南。

清河國。高帝置。桓帝建和二年改爲甘陵。雒陽北千二百八十里。[1]七城，户十二萬三千九百六十四，口七十六萬四百一十八。

［1］【今注】清河國：諸侯王國名。治甘陵縣（今山東臨清市東）東漢前期有清河郡。章帝建初七年（82），皇太子劉慶被廢黜爲清河王，清河始爲諸侯王國。桓帝建和元年（147），清河王劉蒜因卷入天子廢立之事而被貶爲尉氏侯。權臣梁冀厭惡、忌諱清河之名，於建和二年改國名爲甘陵，立安平王劉得（一作“劉德”）之子劉理爲甘陵王。獻帝建安十一年（206），甘陵王劉忠卒，無子嗣爵，侯國除。　高帝置：此説不確。秦封泥有“清河大守”“清河水印”，嶽麓秦簡中有“清河”郡名，則秦時即已置郡，漢因之。漢初屬趙國。景帝前元三年（前154）趙國參與“七國之亂”，事敗國除，清河轉爲漢郡。景帝中元三年（前147）封皇子劉乘爲清河王，此爲清河郡立國之始。

甘陵。故厝，安帝更名。[1] **貝丘**。[2] **東武成**。[3] **鄃**。[4] **靈**。和帝永元九年復。[5] **繹幕**。[6] **廣川**。故屬信都。有棘津城。[7]

［1］【今注】甘陵：縣名。治所在今山東臨清市東。西漢及東漢前期，縣名"厝"。安帝父清河王劉慶葬於厝，建光元年（121）追尊爲孝德皇，尊稱其陵爲甘陵，改厝縣爲甘陵縣。安帝永初元年（107）刑徒葬磚銘文有"清河厝髡鉗宋文"（中國科學院考古研究所洛陽工作隊：《東漢洛陽城南郊的刑徒墓地》，《考古》1972年第4期），可證安帝前期尚爲厝縣。

［2］【今注】貝丘：縣名。治所在今山東臨清市東南。

［3］【今注】東武成：成，大德本、殿本作"城"，是。東武城，縣名。治所在今河北故城縣南。光武帝中元二年（57），封濟南安王劉康之子劉德爲東武城侯。

［4］【今注】鄃：縣名。治所在今山東平原縣西南。光武帝建武十三年（37），更封山都侯馬武爲鄃侯。靈帝時，封遼西太守趙苞爲鄃侯。本書卷八一《趙苞傳》載趙苞封侯不久即嘔血而死。

［5］【劉昭注】《地道記》曰有鳴犢河。【今注】靈：縣名。治所在今山東高唐縣南。《漢書·地理志》清河郡下有靈縣。當在東漢初省併，和帝永元九年（97）復置。

［6］【今注】繹幕：縣名。治所在今山東平原縣西北。

［7］【劉昭注】太公吕尚困於棘津城，琅邪海曲，非此城也。案：永初元年鄧太后分置廣川王國，後王薨，國除。太后崩，還益清河。【今注】廣川：縣名。治所在今河北棗强縣東。 棘津城：城邑名。在今河北棗强縣東。

趙國。秦邯鄲郡，高帝改名。雒陽北千一百里。[1] 五城，户三萬二千七百一十九，口十八萬八千三百八十一。[2]

［1］【今注】趙國：諸侯王國名。治邯鄲縣（今河北邯鄲市）光武帝建武五年（29），徙叔父廣陽王劉良爲趙王。十三年，趙王國降爲趙公國。十九年，趙公劉良復進爵爲趙王，趙公國恢復爲諸侯王國。建安十七年（212），趙王劉珪徙爲博陵王，趙國除爲漢郡。

［2］【今注】案，大德本、殿本“口”後有“一”字。

邯鄲。[1]有叢臺。[2]**易陽**。[3]**襄國**。本邢國，秦爲信都，項羽更名。有檀臺。[4]有蘇人亭。[5]**柏人**。[6]**中丘**。[7]

［1］【劉昭注】張華曰：“趙奢冢在邯鄲西山上，謂之馬服山。”【今注】邯鄲：縣名。治所在今河北邯鄲市。

［2］【劉昭注】有洪波臺。【今注】叢臺：建築名。在今河北邯鄲市内。相傳戰國時趙武靈王修建。

［3］【劉昭注】《魏都賦》曰：“温泉毖涌而自浪。”注曰：“温泉在易陽，世以治疾，洗百病。”【今注】易陽：縣名。治所在今河北邯鄲市永年區東南。

［4］【劉昭注】《史記》曰趙成侯，魏獻榮椽（椽，大德本、殿本作“掾”），因以爲檀臺。【今注】襄國：縣名。治所在今河北邢臺市。　邢國：商有邢侯國，西周有姬姓邢國，皆在今河北邢臺市一帶。至春秋時，迫於北狄侵逼，南遷至夷儀（今河南温縣一帶）。　檀臺：建築名。在今河北邯鄲市永年區北。《史記》卷四三《趙世家》記載，趙成侯二十年（前355），魏國向趙國進獻上等木材，趙王以之建造了檀臺。

［5］【今注】蘇人亭：鄉亭名。在今河北沙河市十里亭一帶。

［6］【今注】柏人：縣名。治所在今河北隆堯縣西。

［7］【劉昭注】《晉地道記》曰有石門塞、燒梁關。【今注】

中丘：縣名。治所在今河北内丘縣西。錢大昕《廿二史考異》卷一四《續漢書二》以爲“中丘”後當補司馬彪自注“故屬常山”四字。

勃海郡。高帝置。雒陽北千六百里。[1]八城，户十三萬二千三百八十九，口百一十萬六千五百。

［1］【今注】勃海郡：治南皮縣（今河北南皮縣北）。質帝本初元年（146），改勃海郡爲勃海國，徙樂安王劉鴻爲勃海王。桓帝延熹八年（165），勃海王劉悝因謀爲不道被貶爲廮陶王，食邑僅鉅鹿郡廮陶縣一縣之地，勃海國除爲漢郡。永康元年（167）十二月，劉悝復爲勃海王，以勃海郡爲勃海國。靈帝熹平元年（172），劉悝遭誣謀反，被迫自殺，勃海國除爲漢郡。中平六年（189），靈帝崩，少帝劉辯即位，封皇帝劉協爲勃海王，三個月之後又徙爲陳留王。　雒陽北千六百里：曹金華《後漢書稽疑》以爲勃海郡在洛陽東北，故“北”當作“東北”。

南皮。[1]**高城**。侯國。[2]**重合**。侯國。[3]**浮陽**。侯國。[4]**東光**。[5]**章武**。[6]**陽信**。延光元年復。[7]**脩**。故屬信都。[8]

［1］【今注】南皮：縣名。治所在今河北南皮縣東北。

［2］【今注】高城：縣名。治所在今河北鹽山縣東南。侯國建置情形史闕。案，《漢書·地理志》作“高成”。“城”與“成”通。

［3］【今注】重合：縣名。治所在今河北樂陵市西南。

［4］【今注】浮陽：縣名。治所在今河北滄州市東南。光武帝建武初，封劉植從兄劉歆爲浮陽侯。安帝延光四年（125），中黄門

孫程擁立順帝有功，封浮陽侯，後徙封宜城侯。順帝陽嘉元年（132），宜城侯孫程死，復封其養子孫壽爲浮陽侯。

［5］【劉昭注】有胡蘇亭。胡蘇河之名見《爾雅》。【今注】東光：縣名。治所在今河北東光縣東。光武帝建武六年（30），封耿純爲東光侯。其子耿阜嗣爵，後徙封爲莒鄉侯。

［6］【今注】章武：縣名。治所在今河北黄驊市西北。

［7］【今注】陽信：縣名。治所在今河北無棣縣東北。

［8］【今注】脩：縣名。治所在今河北景縣南。

右冀州刺史部，郡、國九，縣、邑、侯國百。

後漢書　志第二十一

郡國三

陳留　東郡　東平　任城　泰山　濟北　山陽　濟陰
右兗州
東海　琅邪　彭城　廣陵　下邳
右徐州

陳留郡。武帝置。雒陽東五百三十里。[1]十七城，户十七萬七千五百二十九，口八十六萬九千四百三十三。

[1]【今注】陳留郡：治陳留縣（今河南開封市祥符區東南陳留鎮）。東漢少帝光熹元年（189）封皇弟劉協爲陳留王，兩個月之後劉協即位爲獻帝。

陳留。有鳴鴈亭。[1]**浚儀**。本大梁。[2]**尉氏**。[3]**雍丘**。本杞國。[4]**襄邑**。有滑亭。[5]有承匡城。[6]**外黄**。[7]有葵丘聚，[8]齊桓公會此。[9]城中有曲棘里。[10]有繁陽城。[11]**小黄**。[12]**東昬**。[13]**濟陽**。[14]**平丘**。有臨濟亭，田儋死此。有匡。[15]有黄池亭。[16]**封丘**。[17]有桐牢亭，或曰古蟲牢。[18]**酸棗**。[19]**長垣**。侯國。有匡城。[20]有蒲城。[21]有祭城。[22]**己吾**。有大棘鄉。[23]有首鄉。[24]**考城**。故菑，[25]章帝更名。故屬梁。[26]**圉**。[27]故屬淮陽。有高陽亭。[28]**扶溝**。[29]故屬淮陽。

［1］【劉昭注】《左傳》成十六年衞伐鄭鳴鴈，杜預曰在縣西北。《陳留志》曰："有桐陵亭，古桐丘。"【今注】陳留：縣名。治所在今河南開封市祥符區東南陳留鎮。　鳴鴈亭：鄉亭名。在今河南杞縣北。鳴雁，春秋時爲鄭國之邑。《水經注·汳水》："汳水又東逕鳴雁亭南。《春秋左傳》成公十六年，'衞侯伐鄭，至於鳴雁'。杜預《釋地》云：'在雍丘縣西北，今俗人尚謂之爲白雁亭。'"

［2］【劉昭注】《帝王世記》曰（記，殿本作"紀"，下同）："禹避商均浚儀。"《晉地道記》："儀封人，此縣也。"《通俗文》曰"渠在浚儀，曰莨蕩"也。【今注】浚儀：縣名。治所在今河南開封市。安帝永初二年（108）刑徒葬磚銘文有"陳留俊儀完城旦張仲"（中國科學院考古研究所洛陽工作隊：《東漢洛陽城南郊的刑徒墓地》，《考古》1972年第4期），"俊儀"即"浚儀"。　大梁：戰國時期魏國都城，在今河南開封市西北。魏惠成王六年（前364），將都城自安邑（今山西夏縣西北）徙至大梁。

［3］【劉昭注】《陳留志》曰："有陵樹鄉，北有澤，澤有天子苑囿（菀，大德本、覆刻殿本作'苑'），有秦樂厩（《水經注·渠沙水》引《陳留風俗傳》作'長樂厩'，曹金華《後漢書稽疑》疑'秦'字誤），漢諸帝以馴養猛獸。"【今注】尉氏：縣名。治所在今河南尉氏縣北。東漢桓帝建和元年（147），清河王劉蒜因卷入天子廢立之事而被貶爲尉氏侯，不久自殺，侯國除爲縣。

［4］【劉昭注】《陳留志》曰："城内有神井，能興霧雹。"徐

齊民《北征記》曰（徐，大德本、殿本作“案”。齊民，殿本無）：“有吕禄臺，高七丈。有酈生祠。”曹植《禹廟讚》曰：“有禹祠，植移于其城，城本名杞城。”【今注】雍丘：縣名。治所在今河南杞縣。　杞國：西周封國，姒姓。開國之君爲夏禹後裔東樓公。杞地初在今河南杞縣一帶，後北遷，先遷至今山東昌樂縣，復遷至安丘縣一帶，公元前445年爲楚國所滅。

［5］【劉昭注】《左傳》莊三年次于滑（三，大德本作“二”），杜預曰在縣西北。【今注】襄邑：縣名。治所在今河南睢縣。光武帝建武二年（26），封更始帝劉玄之子劉求爲襄邑侯，後徙封爲成陽侯。桓帝建和元年（147），封外戚梁冀之子梁胤爲襄邑侯，延熹二年（159）梁氏被誅，侯國除爲縣。獻帝建安二十二年（217），鄗侯曹峻徙封爲襄邑侯，次年卒。靈帝建寧三年（170）刑徒葬磚銘文有“陳留襄邑髡鉗李農”〔胡海帆、湯燕編著：《中國古代磚刻銘文集（下）》，文物出版社2005年版，第34頁〕。滑亭：在今河南睢縣西北。周代姬姓封國滑國初都於此，後徙都於費（今河南偃師市府店鎮北）。

［6］【劉昭注】《地道記》曰在縣西。《左傳》文十一年會晉郤缺于承匡。有桐門亭，有黄門亭。襄元年會鄫，杜預曰縣東南有鄫城。【今注】承匡城：城邑名。在今河南睢縣匡城鄉。秦置承匡縣，屬碭郡。秦始皇以承匡地勢卑溼，故將縣治徙至承匡縣襄陵鄉，縣名遂改爲襄邑。

［7］【劉昭注】《左傳》“惠公季年，敗宋師于黄”，杜預曰宋邑，縣東有黄城。【今注】外黄：縣名。治所在今河南蘭考縣東南。

［8］【今注】葵丘聚：鄉聚名。在今河南蘭考、民權二縣一帶。葵丘，春秋時爲宋國之邑。《春秋》僖公九年九月“諸侯盟于葵丘”。聚爲漢代基層行政區劃名稱，與鄉同級而略小，下轄若干里，治下户數約一千户。聚的治所往往有城墻，城内設有交换商品

的集市。據統計，出現在史籍中的東漢“聚”共有68處，主要分布在今河南、山東、安徽、湖北、甘肅、陝西、山西、河北等省（參見王永莉、何炳武《漢代史籍之“聚”蠡測》，《歷史地理》2014年第2期）。

［9］【今注】案，桓，紹興本此字爲空格。

［10］【劉昭注】《左傳》昭二十五年“宋公佐卒曲棘”。【今注】曲棘里：外黄縣里名。在今河南民權縣西北内黄集。春秋時爲宋國之邑。《春秋》昭公二十五年“宋公佐卒于曲棘”，杜預注：“陳留外黄縣城中有曲棘里。”

［11］【今注】繁陽城：城邑名。在今河南内黄縣西北。戰國時爲魏邑。《史記》卷四三《趙世家》記載：趙孝成王二十一年（前245），“廉頗將，攻繁陽，取之”。《正義》引《括地志》云：“繁陽故城在相州内黄縣東北二十七里。應劭云：‘繁水之北，故曰繁陽也。’”案，陽，大德本作“傷”。

［12］【劉昭注】《漢舊儀》曰：“高祖母起兵時死縣北，爲作陵廟於小黄。”【今注】小黄：縣名。治所在今河南開封市祥符區東北。

［13］【劉昭注】《漢留志》曰（漢，紹興本、大德本、殿本作“陳”，底本誤）：“故户牖鄉有陳平祠。”【今注】東昬：縣名。治所在今河南蘭考縣北。《漢書·地理志》作“東緍”。《酸棗令劉熊碑》作“東昬”。惠棟《後漢書補注》以爲“昬”“緍”二字古通。

［14］【劉昭注】有武父鄉。《左傳》桓十二年“盟于武父”，杜預曰縣東北有武父城。縣東南有戎城（戎，大德本作“成”，殿本作“武”）。縣都鄉有行宫，光武生。【今注】濟陽：縣名。治所在今河南蘭考縣東北。

［15］【劉昭注】匡人之亭，曹公破袁術處。【今注】平丘：縣名。治所在今河南封丘縣東。　臨濟亭：鄉亭名。在今河南封丘

縣東。南臨古濟水，故名臨濟。《史記》卷九〇《魏豹彭越列傳》："章邯已破陳王，乃進兵擊魏王於臨濟。"　田儋：戰國末齊國貴族。狄縣（今山東高青縣東南）人。參加反秦起義，占領齊地，自立爲齊王。秦二世二年（前 208），率軍馳援魏王咎，在臨濟（今河南封丘縣東）城下被秦將章邯擊殺。傳見《史記》卷九四。　匡：鄉亭名。案，本書卷七五《袁術傳》載"與曹操戰于匡亭，大敗"。《三國志》卷一《魏書·武帝紀》記爲"術使將劉詳屯匡亭。太祖擊詳，術救之，與戰，大破之"。劉昭注所謂"匡人之亭"，或即"匡亭"。曹金華《後漢書稽疑》據此疑"匡"下脱"亭"字，並指出，本志同郡長垣縣有"匡城"，《陳俊傳》作"匡"，謂"建武二年春，攻匡賊"，然此"匡"指"匡城"，章懷注："《東觀記》作'匡城賊'。匡城，古匡邑也，故城在今滑州匡城縣南。"

［16］【劉昭注】《陳留志》云："黄亭在封丘。"《左傳》哀十三年盟黄池，杜預曰在縣南。傳曰"吴囚子服景伯以還，及户牖"，然即黄池在户牖西。或以爲外黄縣東溝，非也。【今注】黄池亭：在今河南封丘縣西南。黄池，春秋時屬衞地。《左傳》哀公十三年："公會晉侯及吴子于黄池。"此即"黄池之會"，又稱"黄池之盟"。

［17］【劉昭注】《博物記》有狄溝，即敗狄于長丘是也。【今注】封丘：縣名。治所在今河南封丘縣西南。東漢安帝元初六年（119）刑徒葬磚銘文有"陳留封丘髡鉗王勤"（中國科學院考古研究所洛陽工作隊：《東漢洛陽城南郊的刑徒墓地》，《考古》1972 年第 4 期）。

［18］【劉昭注】《左傳》成五年諸侯會蟲牢。《陳留志》："有鞠亭，古鞠居。"　【今注】桐牢亭：在今河南封丘縣北。錢大昕《廿二史考異·續漢書二》："古音'蟲'如'同'。《詩》'蘊隆蟲蟲'，徐仙民音徒冬反，《韓詩》亦作'烔烔'，故'蟲牢'轉爲

‘桐牢’也。”蟲牢，春秋時爲鄭地。《春秋》成公五年十二月己丑，“公會晉侯、齊侯、宋公、衛侯、鄭伯、曹伯、邾婁子、杞伯，同盟于蟲牢”。

［19］【劉昭注】《左傳》鄭太叔至于廩延，杜預曰縣北有延津。襄五年會城棣，杜預曰縣西南有棣城。東有地烏巢（王鳴盛《十七史商榷》卷三三以爲當作“東有地名烏巢”，“地”後脱“名”字），曹公破袁紹處。《陳留志》曰：“城内有韓王故宫闕。”【今注】酸棗：縣名。治所在今河南原陽縣東北。東漢和帝永元元年（89）刑徒葬磚銘文有“酸棗完城旦吴顔”〔胡海帆、湯燕編著：《中國古代磚刻銘文集（下）》，第9頁〕。

［20］【劉昭注】《陳留志》曰：“孔子囚此。”《北征記》城周三里。《左傳》僖十五年會牡丘，次于匡，杜預曰匡在縣西南。昭十三年會平丘，杜預曰縣西南有平丘城（南，殿本無）。【今注】長垣：縣名。治所在今河南長垣縣東北。據《水經注·濟水》，安帝建光元年（121）封元舅宋俊爲長垣侯，本書失載。本志記長垣爲侯國，當本於此。

［21］【劉昭注】《左傳》成九年會于蒲，杜預曰在縣西南。《史記》曰孔子自匡過蒲。《陳留志》云：“有子路祠。”【今注】蒲城：城邑名。在今河南長垣縣。蒲，春秋時爲衛國之邑。《左傳》桓公三年：“夏，齊侯、衛侯胥命于蒲。”

［22］【劉昭注】杜預曰鄭祭封人仲邑。《陳留志》曰：“有蘧伯玉墓及祠。”又西南有宛亭。《左傳》僖二十八年衛人盟宛濮，杜預曰近濮水。【今注】祭城：在今河南長垣縣東北。祭，春秋時爲鄭國之邑。《水經注·濟水》：“（長垣）縣有祭城，濮渠逕其北，鄭大夫祭仲之邑也。”

［23］【劉昭注】《左傳》宣二年鄭破宋師大棘，杜預曰在襄邑縣南。【今注】己吾：縣名。治所在今河南寧陵縣西南。西漢時不見此地名，據《水經注·陰溝水》注引《陳留風俗記》記載，

和帝永元十一年（99）新置。　大棘鄉：在今河南睢縣、柘城縣之間。大棘，又名“棘壁”，春秋時屬宋地。《左傳》宣公二年，宋華元及鄭公子歸生“戰於大棘”。

［24］【劉昭注】《左傳》桓八年齊侯師于首止，杜預曰在襄邑東南，有首止城。【今注】首鄉：在今河南睢縣東南。春秋時名“首止”，爲衞國之邑。《左傳》桓公十八年秋，“齊侯師於首止”。杜預注：“衞地。陳留襄邑縣東南有首鄉。”

［25］【劉昭注】《陳留志》曰：“古戴國地名。”杜預曰：“戴在外黄東南。”《爾雅》曰：“木立死曰菑。”《吕氏春秋》：“草鬱即爲菑。”【今注】考城：縣名。治所在今河南民權縣東北。《漢書·地理志》有甾縣，東漢章帝改爲考城。

［26］【劉昭注】《陳留志》曰：“有箕子祠。有穀亭。古句瀆之丘。”案本傳有蒲亭。

［27］【今注】圉：縣名。治所在今河南杞縣南。漢魏洛陽故城南郊東漢刑徒墓地出土刑徒磚文有“右部無任陳留圉髡鉗趙棠，永初元年五月廿一日物故死在此下”（中國科學院考古研究所洛陽工作隊：《東漢洛陽城南郊的刑徒墓地》，《考古》1972 年第 4 期）。

［28］【劉昭注】《陳留志》曰：“有萬人聚，王邑破翟義積尸處。”《前書》“今高陽”。文穎曰：“高陽，聚邑名，在縣西。”

［29］【今注】扶溝：縣名。治所在今河南扶溝縣東北。漢魏洛陽故城南郊東漢刑徒墓地出土刑徒磚文有“右部無□□留扶溝髡□□，永初元年五月十一日物故死在此下”（中國科學院考古研究所洛陽工作隊：《東漢洛陽城南郊的刑徒墓地》，《考古》1972 年第 4 期）。“□留”即陳留。

東郡。[1]秦置。去雒陽八百餘里。十五城，户十三萬六千八十八，口六十萬三千三百九十三。

［1］【今注】東郡：治濮陽縣（今河南濮陽市華龍區西南）。東漢獻帝初平二年（191），郡治徙至東武陽縣（今山東莘縣南）。

濮陽。古昆吾國，[1]春秋時曰濮。有鹹城，或曰古鹹國。[2]有清丘。[3]有鉏城。[4]**燕**。本南燕國。[5]有雍鄉。[6]有胙城，古胙國。[7]有平陽亭。[8]有瓦亭。[9]有桃城。[10]**白馬**。有韋鄉。[11]**頓丘**。[12]**東阿**。[13]有清亭。[14]**東武陽**。漯水出。[15]**范**。有秦亭。[16]**臨邑**。有沛廟。[17]**博平**。[18]**聊城**。有夷儀聚。[19]有聶戚。[20]**發干**。[21]**樂平**。侯國。故清，章帝更名。[22]**陽平**。侯國。有莘亭。[23]有岡成城。[24]**衞**。公國。本觀故國，姚姓，光武更名。有河牧城。[25]有竿城。[26]**穀城**。春秋時小穀。[27]有巂下聚。[28]

［1］【劉昭注】杜預曰古衞也。《帝王世記》曰："顓頊自窮桑徙商丘。"《左傳》曰"衞，顓頊之墟"，杜預曰帝丘，昆吾氏因之，故曰昆吾之墟，縣城内有顓頊冢。《皇覽》曰："冢在城門外廣陽里中。"《博物記》曰："桑中在其中。"【今注】濮陽：縣名。治所在今河南濮陽市華龍區西南。　昆吾國：夏商時期邦國，在今河南濮陽市。史稱昆吾氏善於製作陶器。《吕氏春秋·君守》："昆吾作陶。"高誘注："昆吾，顓頊之後，吴回黎之孫，陸終之子，己姓也，爲夏伯製作陶冶埏埴爲器。"

［2］【劉昭注】《左傳》僖十三年同會于鹹。【今注】鹹城：在今河南濮陽市東南。鹹，春秋時爲衞國之邑。《春秋》僖公十三年，"公會齊侯、宋公、陳侯、衞侯、鄭伯、許男、曹伯于咸。"杜預注："衞地。東郡濮陽縣東南有鹹城。"

［3］【劉昭注】《左傳》曰宣十二年盟清丘，杜預曰縣東南。

【今注】清丘：在今河南濮陽市東南。春秋時爲衛國之邑。《春秋》宣公十二年："晉人、宋人、衛人、曹人同盟於清丘。"

［4］【今注】鉏城：在今河南滑縣東。鉏，夏代國名。《左傳》襄公四年魏絳曰："昔有夏之方衰也，后羿自鉏遷于窮石，因夏民以代夏政。"杜預注："鉏，羿本國名。"

［5］【今注】燕：縣名。治所在今河南延津縣東北。東漢明帝永平二年（59），封樊宏之子樊鯈爲燕侯。傳國至曾孫劉建，無子，國絶。至安帝永寧元年（120），鄧太后復封劉建之弟劉盼爲燕侯。和帝永元四年（92）刑徒葬磚銘文有"東郡燕完城□□客"〔胡海帆、湯燕編著：《中國古代磚刻銘文集（下）》，文物出版社2005年版，第14頁〕。　南燕國：相傳爲黄帝之子伯儵封國。春秋時依附衛國，戰國時屬魏國，後歸秦，置燕縣，漢因之。

［6］【劉昭注】《謝沈書》曰，赤眉攻雍鄉。【今注】雍鄉：在今河南延津縣東北。

［7］【今注】胙城：在今河南延津縣北。胙，西周姬姓封國。《左傳》僖公二十四年富辰諫曰："凡、蔡、邢、茅、胙、祭，周公之胤也。"杜預注："東郡燕縣西南有胙亭。"《水經注·濟水》：濮水"又東逕胙亭東注，故胙國也"。

［8］【劉昭注】《左傳》哀十六年"衛侯飲孔悝酒於平陽"。【今注】平陽亭：在今河南滑縣東南。平陽，春秋時爲衛國之邑。

［9］【劉昭注】《左傳》曰定八年會于瓦，杜預曰縣東北。【今注】瓦亭：在今河南滑縣瓦崗寨鄉。春秋時爲衛國之邑。

［10］【劉昭注】《史記》曰春申君説秦曰"王又舉甲拔桃入邢"是也（"甲"字下大德本、殿本有"而"字）。【今注】桃城：在今河南延津縣東北。《史記》卷七八《春申君列傳》："王又舉甲而攻魏，杜大梁之門，舉河内，拔燕、酸棗、虚、桃，入邢，魏之兵雲翔而不敢捄。"

［11］【劉昭注】杜預曰："縣東南有韋城。古豕韋氏之國。"

【今注】白馬：縣名。治所在今河南滑縣東。　韋鄉：在今河南滑縣東南。夏、商時爲韋國之地。

［12］【劉昭注】《白虎通》曰"帝嚳冢在城臺陰野"是也（中華本改爲"《皇覽》曰'帝嚳冢在城南臺陰野中'是也"）。【今注】頓丘：縣名。治所在今河南清豐縣西。

［13］【劉昭注】《左傳》桓十年會于桃丘，杜預曰縣東南有桃城。襄十四年孫林父敗衛侯于阿澤，杜預曰縣西南大澤。《魏志》有渠丘山。【今注】東阿：縣名。治所在今山東陽穀縣阿城鎮。春秋戰國時爲齊國阿邑，或作"柯邑"。趙地有西阿（即葛城），故稱齊之阿邑爲東阿。

［14］【劉昭注】《左傳》隱四年"遇于清"是也。【今注】清亭：在今山東陽穀縣阿城鎮西。春秋時爲衛國之邑。《水經注·濟水》："濟水自魚山北逕清亭東，《春秋》隱公四年，'公及宋公遇于清'。京相璠曰：'今濟北東阿東北四十里，有故清亭，即《春秋》所謂清者也。'"

［15］【今注】東武陽：縣名。治所在今山東莘縣南。光武帝建武二年（26），封劉植爲昌城侯。劉植卒，其子劉向嗣爵，後徙封爲東武陽侯，傳國至其子劉述，至明帝永平十五年（72）爲楚王劉英謀反事牽涉，國除。桓帝延熹二年（159），中常侍具瑗因誅滅梁氏之功被封爲東武陽侯。延熹八年，具瑗因其兄犯罪，上還東武陽侯印綬，被貶爲都鄉侯。　漯水：古黄河支流。故道自今河南浚縣西南宿胥口出黄河，東北流至今山東濱州、利津一帶入海。濕，《漢書·地理志》作"漯"。王先謙《漢書補注》據《説文》以爲，"漯"隸省爲"濕"，二字並用。

［16］【劉昭注】《左傳》莊三十一年"築臺于秦"。《地道記》在縣西北。【今注】范：縣名。治所在今山東梁山縣西北。　秦亭：在今山東范縣東。傳世文獻屢見"蒼亭"（亦作"倉亭"），而"秦亭"僅此一見，曹金華《後漢書稽疑》疑其有誤。

[17]【今注】臨邑：縣名。治所在今山東東阿縣。光武帝建武三十年（54），封北海王劉興之子劉復爲臨邑侯。 沛廟：《漢書·地理志》作“泲廟”，本志字誤（並見惠棟《後漢書補注》、王鳴盛《十七史商榷》卷三三、李慈銘《後漢書札記》卷七）。泲廟爲祠祀濟水之所。西漢宣帝神爵元年（前61）建。應劭《風俗通義·山澤·四瀆》：“濟出常山房子贊皇山，東入泪……廟在東郡臨邑縣。”

[18]【今注】博平：縣名。治所在今山東聊城市茌平區博平鎮西北。

[19]【劉昭注】《左傳》僖元年“邢遷于夷儀”。【今注】聊城：縣名。治所在今山東聊城市東昌府區西北。東漢和帝永元元年刑徒葬磚銘文有“東郡聊城”〔胡海帆、湯燕編著：《中國古代磚刻銘文集（下）》，第10頁〕。 夷儀聚：鄉聚名。在今山東聊城市西南。公元前659年，邢國爲狄人所侵逼，遷都夷儀。

[20]【劉昭注】《左傳》曰“聊攝以東”。【今注】聶戚：在今山東聊城市茌平區博平鎮洪官屯鄉郭攝莊。聶，春秋時期爲邢國之地。《春秋》僖公元年：“齊師、宋師、曹師次於聶北，救邢。”公元前635年邢國亡，其地屬齊國，又稱“攝”。《左傳》昭公二十年“聊、攝以東，姑、尤以西，其爲人也多矣”，杜預注：“聊、攝，齊西界也。平原聊城縣東北有攝城。”

[21]【今注】發干：縣名。治所在今山東冠縣東。東漢光武帝建武十七年（41），封郭匡爲發干侯。傳國至其孫劉駿，明帝永平十三年（70），牽涉楚王劉英謀反案，國除。

[22]【今注】樂平：縣名。治所在今山東聊城市西。東漢和帝永元九年（97），封外戚梁棠爲樂平侯，故《本志》稱爲侯國。樂平，西漢及東漢前期名清縣，章帝建初中更名。《水經注·漯水》：“漯水又東北逕樂平縣故城東，縣，故清也。漢高帝八年，封室中同於清，宣帝封許廣漢少弟翁孫於樂平，並爲侯國。王莽之清

治矣。漢章帝建初中，更從今名也。”然本書卷一〇《皇后紀》記明帝皇女劉小迎在章帝“元年封樂平公主”，元年，當爲東漢章帝建初元年（76），則章帝即位之初，樂平之名即已存在，爲公主湯沐邑。

［23］【劉昭注】杜預注傳曰衞作新臺在縣北。衞殺公子伋之地，故曰“待諸莘”。【今注】陽平：縣名。治所在今山東莘縣。本書卷三七《桓焉傳》記載，順帝即位後“以焉前廷議守正，封陽平侯，固讓不受”，則或又以陽平封予他人，故可知陽平侯國之置，不早於順帝永建元年〔參見周振鶴、李曉傑、張莉《中國行政區劃通史·秦漢卷（下）》，復旦大學出版社 2016 年版，第 701 頁〕。　莘亭：在今山東莘縣北。春秋時爲衞國之邑，《左傳》桓公十六年載“公使諸齊，使盜待諸莘”。杜預注：“莘，衞地也。陽平縣西北有莘亭。”

［24］【劉昭注】秦封蔡澤爲岡成君，未詳。【今注】岡成城：在今山東莘縣西。“岡成”又作“綱成”。《史記》卷七九《范雎蔡澤列傳》：“蔡澤相秦數月，人或惡之，懼誅，乃謝病歸相印，號爲綱成君。居秦十餘年，事昭王、孝文王、莊襄王。卒事始皇帝，爲秦使於燕，三年而燕使太子丹入質於秦。”知岡成爲蔡澤封邑。

［25］【劉昭注】《左傳》文元年會于戚，鄭救晉中行氏，晉敗鄭鐵，杜預曰戚城南有鐵丘。【今注】衞：即西漢及東漢初之觀縣，治所在今河南清豐縣觀城鎮。東漢光武帝建武十三年（37），以周承休公姬武爲衞公，觀縣始爲衞公國。　觀：夏代方國名。《左傳》昭公元年：“夏有觀、扈。”戰國時魏有觀澤邑。《史記》卷四四《魏世家》記載，魏惠王三年（前 367），“齊敗我觀”。張家山漢簡《二年律令·秩律》中有“觀”，可知西漢初甚至秦代即置觀縣。　河牧城：在今河南清豐縣觀城鎮東北。《水經注·河水》：“浮水故瀆又東逕河牧城而東北出。”

［26］【劉昭注】《前書》故發干縣（中華本改“縣”爲

"城")。

［27］【劉昭注】《左傳》莊三十二年"城小穀"，杜預曰城中有管仲井。又傳曰埋長狄榮如首於周首之北門，杜預曰縣東北有周首亭。【今注】穀城：縣名。治所在今山東平陰縣西南。

［28］【劉昭注】《左傳》僖二十六年追齊師至酅，杜預曰縣西有地名酅下。《皇覽》曰："縣東十五里有項羽冢。"【今注】巂(juàn)下聚：鄉聚名。在今山東東阿縣西。春秋時稱"酅"，屬齊地。《春秋》僖公二十六年："齊人侵我西鄙。公追齊師至酅，弗及。"

東平國。[1]故梁，景帝分爲濟東國，宣帝改。雒陽東九百七十二里。[2]七城，户七萬九千一十二，口四十四萬八千二百七十。

［1］【今注】東平國：諸侯王國名。治無鹽縣（今山東東平縣東南）。東漢初爲東平郡。東漢光武帝建武十五年（39），封皇子劉蒼爲東平公。十七年，進爵爲東平王。傳國至玄孫劉凱，魏受禪，封爲崇德侯。

［2］案，二，紹興本、大德本、殿本作"五"。

無鹽。本宿國，任姓。[1]有章城。[2]**東平陸**。六國時曰平陸。有闞亭。[3]有堂陽亭。[4]**富成**。[5]**章**。[6]**壽張**。春秋曰良，漢曰壽良，光武改曰壽張。有堂聚，故聚屬東郡。[7]**須昌**。故屬東郡。[8]有致密城，古中都。[9]有陽穀城。[10]**寧陽**。[11]故屬泰山。

［1］【劉昭注】《左傳》昭二十五年臧會奔郈，杜預曰縣東南

有郈鄉亭。【今注】無鹽：縣名。治所在今山東東平縣東南。　宿國：古國名。在今山東東平縣宿城鎮。風姓。相傳爲太暤之後。春秋中後期爲魯國所滅。

［2］【劉昭注】古國。《左傳》莊三十年，齊取鄣。【今注】章城：在今山東東平縣接山鎮鄣城村一帶。鄣，春秋時姜姓小國，爲紀之附庸，公元前664年爲齊國所滅。

［3］【劉昭注】《左傳》桓十一年會于闞，杜預曰在須昌縣東南。有闞城，《博物記》云即此亭是。【今注】東平陸：縣名。治所在今山東汶上縣北。　闞亭：在今山東汶上縣南旺鎮闞城遺址。闞，春秋時期爲魯國之邑。案，《漢書·地理志》"東平陸"顔師古注引應劭曰："古厥國，今有厥亭是。"本書卷六《安帝紀》"東平陸上言木連理"，李賢注："東平陸，縣名，古厥國也，屬東平國，今兖州平陸縣也。"二注文意相似，"闞""厥"二字字形又相近，不知何者爲是。曹金華《後漢書稽疑》疑"闞亭"乃"闕亭"之訛。

［4］【劉昭注】故縣，後省。【今注】堂陽亭：此爲東平陸縣下轄之鄉亭，在今山東汶上縣一帶。《漢書·地理志》鉅鹿郡下有堂陽縣，東漢時改屬安平國。堂陽縣與東平陸縣相距甚遠，劉昭注"故縣，後省"，顯誤。

［5］【今注】富成：縣名。治所在今山東肥城市西南。《漢書·地理志》作"富城"。

［6］【今注】章：縣名。治所在今山東東平縣東。

［7］【劉昭注】《地道記》曰："有蚩尤祠，狗城（《漢書·地理志》作'朐城'，惠棟《後漢書補注》以爲'狗'當爲'朐'之誤）。"《皇覽》曰："蚩尤冢在縣闞城中（惠棟《後漢書補注》以爲諸本'闞'後皆脱一'鄉'字。中華本據補），高七丈。"【今注】壽張：縣名。治所在今山東東平縣西南。西漢時縣名壽良，東漢避光武帝劉秀叔父劉良名諱，改爲壽張。光武帝建武十五年

(39)，定封叔父樊宏爲壽張侯。 堂聚：鄉聚名。

［8］【劉昭注】杜預曰："須句，古國，在西北。"【今注】須昌：縣名。治所在今山東東平縣西。

［9］【今注】致密城：在今山東汶上縣西南。春秋時爲魯國之邑中都治所。據《史記》卷四七《孔子世家》，魯定公時，孔子曾爲中都宰。

［10］【劉昭注】《左傳》僖三年會陽穀，杜預曰在縣北。【今注】陽穀城：在今山東平陰縣西南。春秋時爲齊國之邑。《春秋》僖公三年："齊侯、宋公、江人、黄人會于陽穀。"

［11］【今注】寧陽：縣名。治所在今山東寧陽縣南。

任城國。章帝元和元年，分東平爲任城。雒陽東千一百里。[1]三城，户三萬六千四百四十二，口十九萬四千一百五十六。

［1］【今注】任城國：諸侯王國名。治任城縣（今山東濟寧市東南）。東漢章帝元和元年（84），從東平國析出任城、亢父、樊三縣置任城國，封東平憲王劉蒼之子劉尚爲任城王。傳國至桓帝元嘉元年（151），東平王劉崇卒，無子嗣爵，國絶。桓帝延熹四年（161），封河間王劉開之子劉博爲任城王，任城復爲王國。靈帝熹平三年（174），任城王劉博卒，無子，其國再絶。次年，封河間王劉建之子劉佗爲任城王，任城復國。傳至漢末，曹魏受禪，劉佗被封爲崇德侯，任城國除。

任城。本任國。有桃聚。[1]**亢父**。[2]**樊**。[3]

［1］【劉昭注】光武破龐萌於桃鄉。【今注】任城：縣名。治

所在今山東濟寧市東南。東漢靈帝建寧元年（168）刑徒葬磚銘文有“左無任任城鬼新紆便”〔胡海帆、湯燕編著：《中國古代磚刻銘文集（下）》，第34頁〕。　任國：古國名。在今山東微山縣西北。相傳爲太昊之後，風姓。戰國時爲齊國所滅。　桃聚：鄉聚名。或作“桃城”，如本書卷一《光武帝紀》“龐萌、蘇茂圍桃城”；或作“桃鄉”，如卷一二《龐萌傳》記光武帝親征龐萌，“晨夜馳赴，師次任城，去桃鄉六十里”。

［2］【劉昭注】《左傳》襄十三年“取邿”，杜預曰縣有邿亭。哀六年“城邾瑕”，杜預曰縣北有邾瑕城。【今注】亢父：縣名。治所在今山東濟寧市任城區喻屯鎮城南張村一帶。

［3］【今注】樊：縣名。治所在今山東濟寧市兖州區西南。

泰山郡。高帝置。雒陽東千四百里。[1]十二城，户八千九百二十九，口四十三萬七千三百一十七。[2]

［1］【今注】泰山郡：治奉高縣（今山東泰安市東）。　高帝置：此説有誤。其地西漢初屬齊國之濟北郡。西漢文帝二年（前178）以濟北郡封劉興居爲濟北王，次年國除爲郡。文帝十六年，復以濟北郡置國，封劉立爲濟北王。武帝元狩元年（前122）以濟北王所獻泰山及其旁邑，並濟南郡南部之地，始置泰山郡。

［2］【今注】案，泰山郡有12縣，總户數衹有8929户，平均每縣約744户，其數太少；8929户而有437317口，平均每户將近49人，其數太大。故張森楷《校勘記》以爲八千九百二十九之“千”當作“萬”，各本並誤。

奉高。有明堂，武帝造。[1]**博**。有泰山廟。岱山在西北。有龜山。[2]有龍鄉城。[3]**梁甫**。侯國。有菟裘聚。[4]**鉅平**。侯國。有亭禪山。[5]有陽關亭。[6]**嬴**。[7]有鐵山。**茌**。侯國。[8]**萊蕪**。有原山，潘水出。[9]**蓋**。沂水出。[10]**南武陽**。侯國。有顓臾城。[11]**南城**。故屬東海。有東陽城。[12]**費**。侯國。[13]故屬東海。有祊亭。[14]有台亭。[15]**牟**。故國。[16]

［1］【劉昭注】《前書》曰在縣西南四里。《左傳》昭八年"大蒐于紅，至于商、衞"。紅亭在縣西北，杜預曰接宋、衞也。【今注】奉高：縣名。治所在今山東泰安市東。　明堂：古代天子宣明政教的場所。武帝造明堂事，詳《漢書·郊祀志》。

［2］【劉昭注】《左傳》定十年齊歸龜陰之田，杜預曰田在山北。《琴操》孔子作龜山之操。【今注】博：縣名。治所在今山東泰安市東南。　泰山廟：祠祀東嶽泰山神之所，在今山東泰安市。　岱山：即泰山。　龜山：在今山東新泰市西南。《春秋》定公十年"齊人來歸鄆、讙、龜陰田"，杜預注："泰山博縣北有龜山。"《水經注·汶水》："龜山在博縣北十五里，昔夫子傷政道之陵遲，望山而懷操，故《琴操》有龜山操焉。"

［3］【劉昭注】《左傳》成二年齊圍龍，杜預曰在縣西南。《史記》作"隆"。又楚有蜀之役，杜預曰縣西北有蜀亭。【今注】龍鄉城：在今山東泰安市西南。即春秋時魯國之龍邑。

［4］【劉昭注】《左傳》隱公"使營菟裘，吾將老焉"，杜預曰縣南有菟裘城。【今注】梁甫：縣名。治所在今山東新泰市西。置侯國情形，史書失載。梁甫，一作"梁父"，"甫"與"父"通。縣境内有梁甫山。漢代帝王行封禪之禮，在泰山築壇祭天，是所謂"封於泰山"。在梁甫山上除場祭地，是所謂"禪於梁甫"。　菟裘聚：鄉聚名。在今山東泰安市樓德鎮。春秋時爲魯國之邑。

［5］【劉昭注】即古所禪亭亭者也。【今注】鉅平：縣名。治所在今山東泰安市南。置侯國情形，史書失載。　亭禪山：即今山東泰安市南之蒿里山（又稱高里山），屬泰山支脈。案，《漢書·

地理志》記鉅平縣有“亭亭山祠”。又《水經注·汶水》記“汶水自博來，西南逕亭亭山東，黄帝所禪也。山有神廟”。“亭禪山”當爲“亭亭山”之誤。

［6］【劉昭注】《左傳》襄十七年“師自陽關”。桓六年會于成，杜預曰縣東南。成城即孟孫之邑。【今注】陽關亭：在今山東泰安市南汶水東岸。春秋時爲魯國之地，後屬齊國。

［7］【今注】嬴：縣名。治所在今山東萊蕪市西北。

［8］【今注】茌：惠棟《後漢書補注》以爲當作“茬”。各本“有鐵山”之“山”字皆連上爲句，錢大昕《廿二史考異·續漢書二》以爲“山”字當連下句，“山茬”乃縣名。中華本據改，可從。山茬縣治所在今山東濟南市長清區東南。東漢侯國置除情形，史書失載。

［9］【劉昭注】杜預曰汶水出。【今注】萊蕪：縣名。治所在今山東沂源縣西北。　原山：在今山東萊蕪市東北。又名飴山、馬耳山。　潘水：原山爲汶水、甾水之源，前者南流，後者北流。未見有潘水。王先謙《後漢書集解》引惠棟説，謂潘水無考，或淄水之誤，即《漢書·地理志》之“甾水”。李慈銘《後漢書札記》卷七亦以爲，“潘水”當作“淄水”。曹金華《後漢書稽疑》以爲，《漢書·地理志》云“甾水所出”，又云“汶水出西南入泲”。本書卷三《章帝紀》“宗祀五帝於汶上明堂”，章懷注：“汶水出太山朱虚縣萊蕪山。”而本志“潘水出”，劉昭注：“杜預曰汶水出。”故“潘水”抑或“汶水”之訛。

［10］【劉昭注】《左傳》會于防，杜預曰在縣東南，有防城。【今注】蓋：縣名。治所在今山東沂源縣東南。　沂水：古沂水源出今山東沂源縣魯山，南流經臨沂、郯城，至江蘇邳州市合泗水，又東南至淮陰入淮水。

［11］【今注】南武陽：縣名。治所在今山東平邑縣。置侯國情形，史書失載。　顓臾城：在今山東平邑縣柏林鎮固城村北。古

有顓臾國，風姓，受周天子之命奉祀蒙山，春秋時淪爲魯國附庸。《論語·季氏》記載季氏將伐顓臾，孔子曰："夫顓臾，昔者先王以爲東蒙主，且在邦域之中矣，是社稷之臣也，何以伐爲？"顓臾故城遺址居蒙山之陽，東臨制麥河，平面近正方形，南北長約六百米，東西寬約五百五十米。

［12］【劉昭注】《吕氏春秋》夏孔甲遊田于東陽萯山。《左傳》哀八年"克東陽"。襄十九年城武城，杜預曰南城縣。哀十四年司馬葬丘輿（惠棟《後漢書補注》卷二三以爲諸本"司馬"下脱"牛"字。中華本據補），杜預曰縣西北有輿城。【今注】南城：縣名。治所在今山東費縣西南。《漢書·地理志》東海郡有南成侯國，東漢時歸屬泰山郡。南成即"南城"。　東陽城：在今山東費縣西南關陽鎮。春秋時爲魯國之邑。

［13］【劉昭注】曹騰封費是鄼縣費亭，非此國。【今注】費：縣名。治所在今山東費縣西北。置侯國情形，史書失載。

［14］【劉昭注】《左傳》隱八年鄭歸祊，杜預曰在縣東南。閔二年莒人歸共仲及密，杜預曰縣有密如亭。【今注】祊亭：在今山東費縣東南。祊，一作"邴"，春秋時爲鄭國祭祀泰山的湯沐邑。《左傳》隱公八年："鄭伯請釋泰山之祀而祀周公，以泰山之祊易許田。三月，鄭伯使宛來歸祊。不祀泰山也。"

［15］【劉昭注】《左傳》襄十二年莒圍台，杜預曰縣南有台亭。【今注】台亭：在今山東費縣南。春秋時爲魯國之邑。《春秋》襄公十二年載"莒人伐我東鄙，圍台"。杜預注："琅邪費縣南有台亭。"

［16］【今注】牟：縣名。治所在今山東萊蕪市東。　故國：此指古牟國，春秋時魯國之附庸國。

濟北國。和帝永元二年，分泰山置。[1]雒陽東千一百五十里。五城，户四萬五千六百八十九，口二十三萬五千八百九十七。

［1］【劉昭注】臣昭案：濟北，前漢之舊國，此是經并泰山復分。【今注】濟北國：治盧縣（今山東濟南市長清區東南）。

盧。[1]有平陰城。有防門。[2]有光里。[3]有景茲山。[4]有敖山。[5]有清亭。[6]有長城至東海。[7]**蛇丘**。有遂鄉。[8]有下讙亭。[9]有鑄鄉城。[10]**成**。本國。[11]**茌平**。[12]本屬東郡。**剛**。[13]

［1］【劉昭注】《左傳》隱三年齊鄭尋盧之盟，杜預曰今縣故城。有鄁山，在縣北。成二年封鋭司徒女石窌，杜預曰縣東有地名石窌。【今注】盧：縣名。治所在今山東濟南市長清區東南。

［2］【劉昭注】《左傳》襄十八年齊禦晉平陰，塹防門，杜預曰在縣北。又齊登巫山以望晉師，杜預曰在縣東北。【今注】平陰城：在今山東平陰縣東北。春秋時爲齊國之邑。　防門：在今山東平陰縣東北。春秋時期屬齊國，爲齊長城重要關口。《水經注・濟水》引京相璠曰："平陰城南有長城，東至海，西至濟，河道所由，名防門，去平陰三里。齊侯塹防門，即此也。"

［3］【今注】光里：即"廣里"，在今山東濟南市長清區孝里鎮廣里村。春秋時屬齊國。《左傳》襄公十八年："齊侯禦諸平陰，塹防門，而守之廣里。"《水經注・濟水》引京相璠曰："齊人言廣，音與光同，即《春秋》所謂守之'廣里'者也。"

［4］【劉昭注】杜預曰在縣東南。【今注】景茲山：在今山東肥城市西。"景茲"即"京茲"，春秋時屬齊國。《左傳》襄公十八年："荀偃、士匄以中軍克京茲。"

［5］【劉昭注】《左傳》曰"先君獻、武廢二山"，即敖山、

具山。【今注】敖山：即今山東新泰市東南之青雲山。

［6］【劉昭注】《左傳》哀十年（十，覆刻殿本作“十一”），齊伐魯及清是也。【今注】清亭：在今山東濟南市長清區東南。春秋時稱“清”，屬齊國。

［7］【劉昭注】《史記》蘇代説燕王曰“齊有長城、巨防”。巨防即防門。【今注】長城：此指春秋戰國時期齊國修築的長城。大體西起今山東平陰縣北，向東經泰安市西北、萊蕪市北、濟南市章丘區南、淄博市淄川區西南、臨朐縣南、安丘市西南、諸城市南，至青島市黄島區大朱山東側接海。

［8］【劉昭注】古遂國，《左傳》莊十三年齊人滅遂。【今注】蛇（yí）丘：縣名。治所在今山東肥城市南。蛇，一作“虵”。遂鄉：在今山東肥城市南。遂，春秋時期小國，公元前681年爲齊國所滅。遂鄉，《漢書·地理志》作“隧鄉”。全祖望《漢書地理志稽疑》以爲當以“遂鄉”爲是。

［9］【劉昭注】《左傳》桓三年送姜氏于讙。【今注】下讙亭：在今山東肥城市西南。讙，春秋時期爲魯國之邑。

［10］【劉昭注】周武王未及下車，封堯後於鑄。《左傳》有棘地，成公三年叔孫僑如所圍。杜預曰汶水北地有棘鄉。《東觀書》有芳陘山。【今注】鑄鄉城：在今山東肥城市西南鑄鄉。鑄，周代封國。《吕氏春秋·慎大覽》：“武王勝殷，入殷，未下轝，命封黄帝之後於鑄。”

［11］【劉昭注】《左傳》“衞師入郕”，杜預曰東平剛父縣西南有郕鄉。【今注】成：縣名。治所在今山東寧陽縣東北。《漢書·地理志》泰山郡有成縣而無式縣，當是東漢省式縣而置成縣所致。惠棟《後漢書補注》以爲，《漢書·地理志》泰山郡之“式縣”之“式”當爲“成”，二字字形相近，傳寫致誤。　本國：此指成國，西周姬姓封國。在今山東寧陽縣北。成，一作“郕”，又作“盛”。

[12]【今注】茌平：縣名。治所在今山東聊城市茌平區西南。《漢書·地理志》作“茬平”。肩水金關漢簡有“東郡茌平”“東郡茌平邑”。

[13]【劉昭注】《左傳》哀八年齊取闡，杜預曰在縣北，有闡鄉。【今注】剛：縣名。治所在今山東寧陽縣東北。

山陽郡。故梁，景帝分置。雒陽東八百一十里。[1]十城，户十萬九千八百九十八，口六十萬六千九十一。

[1]【今注】山陽郡：治昌邑縣（今山東巨野縣東南）。東漢初爲山陽郡。光武帝建武十五年（39），封皇子劉荆爲山陽公，以郡地爲公國。建武十七年，山陽公進爵爲山陽王，郡地復爲王國。明帝永平元年（58），劉荆徙封爲廣陵王，山陽國除爲漢郡。獻帝建安十七年（212），封皇子劉懿爲山陽王，山陽復爲王國。　故梁：西漢高祖五年（前202）封彭越爲梁王，梁國轄秦碭郡之地。高祖十一年誅彭越，封皇子劉恢爲梁王，復以東郡之地益梁國。吕后七年（前181），劉恢徙爲趙王，吕王吕産被徙爲梁王。吕后八年，太后去世，吕氏梁國之地復爲漢郡。文帝二年（前178），以碭郡之地封皇子劉揖爲梁王。十一年，劉揖死。十二年，徙淮陽王劉武爲梁王。景帝中元六年（前144），梁孝王劉武死，梁國之地析分爲梁、濟川、濟東、山陽、濟陰等五國。“故梁”意謂山陽郡之地故屬梁國。

昌邑。刺史治。有梁丘城。[1]有甲父亭。[2]**東緡**。春秋時曰緡。[3]**鉅野**。[4]有大野澤。[5]**高平**。侯國。故橐，章帝更名。[6]有茅鄉城。[7]**湖陸**。故湖陸，章帝更名。[8]**南平陽**。侯國。有漆亭。[9]有閭丘亭。[10]**方與**。

有武唐亭，[11]魯侯觀魚臺。[12]有泥母亭，或曰古甯母。[13]**瑕丘**。[14]**金鄉**。[15]**防東**。[16]

[1]【劉昭注】《左傳》莊三十二年遇于梁丘，杜預曰梁丘鄉在縣西南。【今注】昌邑：縣名。治所在今山東巨野縣東南昌邑故城。兖州刺史、山陽郡太守皆駐於此。 梁丘城：即《漢書・地理志》之“梁丘鄉”，在今山東成武縣東北。梁丘，春秋時期爲魯國之邑。

[2]【劉昭注】杜預曰甲父，古國名，在縣東南。《左傳》隱十年“取防”，杜預曰縣西有防城。【今注】甲父亭：在今山東金鄉縣南。甲父，古國名。《左傳》昭公十六年載，齊侯伐徐，徐人不敵，“徐子及郯人、莒人會齊侯，盟于蒲隧，賂以甲父之鼎”。杜預注：“甲父，古國名也。高平昌邑縣東南有甲父亭。徐人得甲父鼎以賂齊。”

[3]【劉昭注】《左傳》僖二十三年齊圍緡。【今注】東緡：縣名。治所在今山東金鄉縣。東漢光武帝建武十三年（37），封馮異之子馮彰爲東緡侯。明帝永平中，徙封爲平鄉侯。 緡：春秋時爲宋國之邑。

[4]【劉昭注】《左傳》桓七年“焚咸丘”，杜預曰縣西有咸亭。【今注】鉅野：縣名。治所在今山東巨野縣東北。

[5]【劉昭注】《春秋》西狩獲麟之所。《爾雅》十藪，魯有大野。杜預曰縣西南有郥亭（郥，殿本作“郥”）。定十三年齊伐晉之所。【今注】大野澤：古湖澤名。即“巨野澤”。在今山東巨野縣北，今已乾涸。

[6]【劉昭注】《前漢志》莽改曰高平，章帝復莽此號。《左傳》隱元年費伯城郎（元，覆刻殿本作“九”），杜預曰縣東南有郁郎亭。【今注】高平：縣名。治所在今山東鄒城市西南。置侯國情形，史書失載。《漢書・地理志》縣名爲“橐”，新莽更名爲

高平。東漢初復用橐名，至章帝時復更用高平之名。居延漢簡有“田卒昌邑國邔成里公士公丘異”“田卒昌邑國邔靈里公士朱廣年二十四”，陳直《漢書新證》疑“邔”即“橐”字之簡寫，從石存其聲，從邑存其義（陳直：《漢書新證》，中華書局2008年版，第199頁）。案，橐，殿本作“櫜”。

［7］【劉昭注】杜預曰茅鄉在昌邑西南。【今注】茅鄉城：在今山東金鄉縣西北。茅，西周姬姓封國，春秋時爲邾國之邑。

［8］【劉昭注】《前漢志》王莽改曰湖陸，章帝復其號。《博物記》曰茍水出。《地道記》縣西有費亭城，魏武帝初所封。【今注】湖陸：縣名。治所在今山東魚臺縣東南。《漢書·地理志》作“湖陵”，新莽改稱“湖陸”。顔師古注引應劭曰：“《尚書》一名湖。章帝封東平王倉子爲湖陵侯，更名湖陵。”案，本書《光武帝紀》《劉永傳》《王常傳》《蓋延傳》《東平憲王蒼傳》載光武、明帝時皆稱“湖陵”，《度尚傳》《儒林·楊倫傳》《方術·單揚傳》載東漢後期皆稱“湖陸”，或可證本志所載章帝改稱“湖陸”爲是，《漢書·地理志》所載章帝更名湖陵爲誤；然章帝爲何改用新莽地名，令人費解（參曹金華《後漢書稽疑》）。案，故湖陸，紹興本、大德本、殿本作“故湖陵”。

［9］【劉昭注】《左傳》城漆。【今注】南平陽：縣名。治所在今山東諸城市。置侯國情形，史書失載。　漆亭：在今山東諸城市東。漆，春秋時期爲邾國之邑，後屬魯國。

［10］【劉昭注】《左傳》襄二十一年“邾庶其以漆、閭丘來奔”，杜預曰縣東北有漆鄉，西北有顯閭亭。哀七年囚邾子負瑕，杜預曰縣西北有瑕丘城。【今注】閭丘亭：在今山東諸城市東。閭丘，春秋時期爲邾國之邑，後屬魯國。

［11］【劉昭注】《左傳》桓二年盟于唐，杜預曰在西南。【今注】方與：縣名。治所在今山東魚臺縣西北。　武唐亭：在今山東魚臺縣武臺村。春秋時稱“唐”，一作“棠”，爲魯國之邑。《左

傳》桓公二年：“秋，八月庚辰，公及戎盟于唐。”杜預注：“高平方與縣北有武唐亭。”

［12］【劉昭注】《春秋經》隱五年矢魚于棠。【今注】魯侯觀魚臺：在今山東魚臺縣武臺村。魯隱公五年（前718），隱公曾到棠邑“觀魚”（一作“矢魚”），故稱爲觀魚臺。後世魚臺縣名亦由此而來。《水經注·濟水》：“菏水又東逕武棠亭北，《公羊》以爲濟上邑也。城有臺，高二丈許，其下臨水，昔魯侯觀魚于棠，謂此也。”

［13］【劉昭注】《左傳》僖七年盟甯母，杜預曰在縣東。三十一年臧文仲宿重館，杜預曰縣西北有重鄉城。【今注】泥母亭：在今山東魚臺縣。泥母，古稱“甯母”，春秋時爲魯國之邑。

［14］【今注】瑕丘：縣名。治所在今山東濟寧市兖州區北。

［15］【劉昭注】《晉地道記》曰：“縣多山，所治名金山。山北有鑿石爲冢，深十餘丈，隧長三十丈，傍却入爲堂三方，云得白兔不葬，更葬南山，鑿而得金，故曰金山。故冢今在。或云漢昌邑所作，或云秦時。”【今注】金鄉：縣名。治所在今山東嘉祥縣南。西漢有金鄉，在東平國境内。西漢平帝元始元年（1）封東平思王劉宇之孫劉不害爲金鄉侯，金鄉爲侯國。按照王子侯國一旦建立，必須脱離原諸侯國，别屬相鄰漢郡的原則，金鄉侯國當由東平國别屬山陽郡，故金鄉縣不見於《漢書·地理志》而載於《續漢書·郡國志》“山陽郡”條下（詳趙海龍《〈東漢政區地理〉縣級政區補考》，《南都學壇》2016年第2期）。

［16］【今注】防東：縣名。治所在今山東單縣東北。

濟陰郡。故梁，景帝分置。雒陽東八百里。[1] 十一城，户十三萬三千七百一十五，口六十五萬七千五百五十四。

［1］【今注】濟陰郡：治定陶縣（今山東菏澤市定陶區西北）。東漢明帝永平十五年（72），封皇子劉長爲濟陰王，以濟陰郡地置濟陰國。章帝元和元年（84），劉長卒，無子嗣爵，濟陰國除爲漢郡。安帝延光三年（124）九月，太子劉保被廢爲濟陰王，濟陰郡復爲王國，但劉保居於京師，並未就國。次年十一月，劉保被擁立爲天子，是爲順帝。濟陰國復爲漢郡。獻帝建安十七年（212），封皇子劉熙爲濟陰王，由此直到曹魏代漢。　故梁：意謂濟陰郡之地故屬梁國。西漢景帝中元六年（前144），梁國之地一分爲五，其中即有濟陰國，梁孝王之子劉不識被封爲濟陰王。次年國除爲濟陰郡。

定陶。本曹國，[1]古陶，堯所居。[2]有三鬷亭。[3]**冤句**。有煮棗城。[4]**成陽**。有堯冢、靈臺，有雷澤。[5]**乘氏**。侯國。[6]有泗水。[7]有鹿城鄉。[8]**句陽**。有垂亭。[9]**鄄城**。[10]**離狐**。[11]故屬東郡。**廩丘**。故屬東郡。有高魚城。有運城。[12]**單父**。侯國。[13]故屬山陽。**成武**。故屬山陽。[14]有部城。[15]**己氏**。故屬梁。[16]

［1］【劉昭注】郭璞曰："城中有陶丘。"《皇覽》曰："伯樂冢縣東南一里所，高四五丈。"【今注】定陶：縣名。治所在今山東菏澤市定陶區西北。　曹國：周武王弟姬振鐸之封國。都陶（今山東菏澤市定陶區西北）。公元前487年爲宋國所滅。

［2］【劉昭注】《帝王世記》曰："舜陶河濱，縣西南陶丘亭是。"【今注】陶：在今山東菏澤市定陶區西北。傳説堯曾居此，故號陶唐氏。《禹貢》有"陶丘"。《漢書·地理志》有"陶丘亭"。

［3］【劉昭注】湯伐三鬷，孔安國曰今定陶。【今注】三鬷（zōng）亭：在今山東菏澤市定陶區北。三鬷，夏代小國。鬷，一

作“叜”，又作“䑿”。《尚書·商書·湯誓》記載：“夏師敗績，湯遂從之，遂伐三䑿，俘厥寶玉，誼伯、仲伯作《典寶》。”

［4］【劉昭注】《史記》蘇秦說魏襄王曰：“大王之地，東有淮、潁、煮棗（東有淮，底本漫漶不清，今據諸本補）。”【今注】宛句（qú）：縣名。一作“宛朐”，亦作“宛句”。治所在今山東曹縣西北。　煮棗城：在今山東東明縣南。《水經注·濟水》：“北濟自濟陽縣北，東北逕煮棗城南。”煮棗，戰國時爲魏國之邑。公元前242年爲秦國所取，屬東郡宛朐縣。

［5］【劉昭注】《禹貢》曰：“雷夏既澤（澤，底本漫漶不清，今據諸本補）。”《帝二世記》曰（二，紹興本、大德本作“王”，底本誤）：“舜耕歷山，漁雷澤，濟陰有歷山。”【今注】成陽：縣名。治所在今山東鄄城縣東南。　堯冢：堯的陵墓。在今山東鄄城縣富春鄉穀林莊南。案，堯陵所在，衆說不一。一說在今山西臨汾市堯都區大陽鎮嶽壁村，一說在今河南范縣，一說在今山東東明縣。然本志及《漢書·地理志》均繫堯冢於“成陽”之下；東漢光武帝建武二年（26），劉秀即位不久，百廢待舉之際，有司即奏議“宜脩奉濟陽成陽縣堯冢”（《東觀漢記·光武帝紀》）；章帝元和二年（85）二月東巡途中，派遣使者“祠唐堯於成陽靈臺”（本書卷三《章帝紀》）；桓帝永康元年（167），濟陰太守孟郁修堯廟而建碑（洪适：《隸釋·濟陰太守孟郁修堯廟碑》），均可證東漢采信堯冢在濟陰郡成陽縣之說。　靈臺：相傳爲堯母慶都葬所。靈帝建寧五年（172）所建《堯母碑》記云：“堯母慶都感赤龍而生堯，遂以侯伯，恢踐帝宮。慶都仙没，蓋葬於兹。欲人莫知，名曰靈臺，上立黄屋，堯所奉祠。”堯冢與靈臺的位置，《水經注·瓠子河》有詳細記録：“今成陽城西二里有堯陵，陵南一里有堯母慶都陵，於城爲西南，稱曰靈臺。鄉曰崇仁，邑號修義，皆立廟，四周列水，潭而不流。水澤通泉，泉不耗竭，至豐魚筍，不敢採捕。前並列數碑，栝柏數株，檀馬成林。二陵南北，列馳道逕通，皆以磚

砌之，尚修整。”　雷澤：古湖澤名。即“雷夏澤”，在今山東菏澤市牡丹區東北、鄄城縣東南一帶。相傳舜曾在此漁耕。案，舜漁耕之雷澤、歷山，一説在今山西永濟市。

［6］【劉昭注】《博物記》曰古乘丘。【今注】乘氏：縣名。治所在今山東巨野縣西南。東漢和帝永元九年（97），封外戚梁雍爲乘氏侯，食邑五千户。傳國至其孫梁冀，桓帝延熹二年（159），梁氏敗，侯國除爲漢縣。

［7］【今注】泗水：源出今山東泗水縣東蒙山南麓，四源並發，故名泗水。古泗水南流入淮水。

［8］【今注】鹿城鄉：在今山東曹縣東北。鹿城，春秋時稱“鹿”，爲宋國之邑。《左傳》僖公二十一年記載，“宋人、齊人、魯人盟於鹿上”。

［9］【劉昭注】《左傳》隱八年遇于垂。《史記》元忌説魏安僖王曰（元，紹興本、大德本作“无”，殿本作“無”，底本誤）：“文臺隳，垂都焚。”徐廣曰：“縣有垂亭。”【今注】句（gōu）陽：縣名。治所在今山東菏澤市牡丹區西北。　垂亭：在今山東曹縣北。垂，又名犬丘，春秋時爲衞國之邑，戰國時屬魏國。

［10］【今注】鄄城：縣名。治所在今山東鄄城縣北。東漢和帝元興元年（105）刑徒葬磚銘文有“無任濟陰鄄城完城旦張常”〔胡海帆、湯燕編著：《中國古代磚刻銘文集（下）》，文物出版社2005年版，第21頁〕。

［11］【今注】離狐：縣名。治所在今河南濮陽縣東南。

［12］【劉昭注】《左傳》襄二十六年“齊烏餘以廩丘奔晉”，杜預曰今縣故城是。又“襲衞羊角取之”，杜預曰今縣所治城。又襲我高魚，杜預曰在縣東北。【今注】廩丘：縣名。治所在今山東鄆城縣西北。　高魚城：在今山東鄆城縣西北。高魚，一作“高梧”，又作“高吾”，春秋時期爲魯國之邑。　運城：在今山東鄆城縣東。運，又作“鄆”，春秋時期爲魯國之邑。

[13]【今注】單父：縣名。治所在今山東單縣。東漢光武帝建武十三年（37），中山王劉茂降爲單父侯，後徙封爲穰侯。單父侯國除。和帝永元九年（97），封外戚梁翟爲單父侯，食邑五千户。桓帝延熹二年（159），梁氏敗，侯國除爲漢縣。

[14]【劉昭注】《左傳》隱七年“戎執凡伯於楚丘”，杜預曰在縣西南。【今注】成武：縣名。治所在今山東成武縣。東漢光武帝建武二年（26），封族兄南陽太守劉順爲成武侯。建武十一年，劉順卒，其子劉遵嗣爵，後因與諸王交通獲罪，降爲端氏侯，成武侯國除爲縣。獻帝初平三年（192），封鎮南將軍、荆州牧劉表爲成武侯。

[15]【劉昭注】《左傳》隱十年“取郜”，杜預曰縣東南有郜城。《地道記》有秺城。【今注】郜城：在今山東成武縣東南郜鼎集鄉一帶。郜，西周姬姓封國，國都在今山東成武縣城湖故城遺址（參見郅同林、宫衍軍、郭立《郜國都城考》，山東省文物考古研究所、北京大學震旦古代文明研究中心編著《青銅器與山東古國學術研討會論文集》，上海古籍出版社 2017 年版，第 214—221 頁）。春秋時屬宋國之邑。

[16]【劉昭注】《皇覽》曰有平和鄉，鄉有伊尹冢。【今注】己氏：縣名。治所在今山東曹縣東南。《漢書·地理志》作“已氏”，出土漢簡均作“己氏”，“已”“己”字形相近，或傳抄致誤，當以“己氏”爲是（詳侯甬堅《西漢梁國己氏縣名校正》，載《歷史地理探索》，中國社會科學出版社 2004 年版）。

右兗州刺史部，郡、國八，縣、邑、公侯國八十。

東海郡。高帝置。雒陽東千五百里。[1] 十三城，户十四萬八千七百八十四，口七十萬六千四百一十六。

［1］【今注】東海郡：治郯縣（今山東郯城縣西北）。東漢光武帝建武十五年（39），封皇子劉陽（即後來的漢明帝劉莊）爲東海公，東海郡爲東海公國。建武十七年，劉陽進爵爲東海王，東海公國變爲東海王國。建武十九年，皇太子劉强廢爲東海王。至建武二十八年，光武帝以劉强"廢不以過，去就有禮，故優以大封，兼食魯郡，合二十九縣"（本書卷四二《光武十王傳》）。關於東海郡是"郡"還是"國"，諸説不一。錢大昕以爲，光武帝封子劉彊爲東海王，傳國最久，期間無改國爲郡之事，故此處"郡"字當爲"國"之訛（《廿二史考異·續漢書二》）。洪頤煊以爲仍當爲"郡"爲是："按《東海王傳》，帝以彊廢優以大封，兼食魯郡，合二十九縣，故詔彊都魯，是彊封東海而國都在魯，故終東京之世魯稱國置相，而東海仍爲郡，錢説非也。"馬與龍《晉書地理志注》謂東海終東京世無太守，國都在魯，故此稱郡。曹金華《後漢書稽疑》以爲，"既爲東海郡，當置太守領之方是，而范書迄無東海太守記載。又據《郡國志》統計，除司隸所轄七郡外，十二州有諸侯國二十，屬國六，七十二郡，而《百官五》載十二州郡國'凡九十八，其二十七國相，其七十一郡太守'，明多一郡而少一國。故疑東海郡乃'東海國'之訛，錢説不誤。《劉寬傳》載'再遷，出爲東海相'，章懷注：'東海王彊曾孫臻之相也。'《黄琬傳》載刁韙爲'魯、東海二郡相'，《集解》引錢大昕説，謂漢制諸侯王國稱相，郡稱太守，此'郡'當爲'國'之訛同，其説亦是。"

郯。本國。刺史治。[1]**蘭陵**。有次室亭。[2]**戚**。[3]**朐**。[4]有鐵。有伊盧鄉。[5]**襄賁**。[6]**昌慮**。有藍鄉。[7]**承**。[8]**陰平**。[9]**利城**。[10]**合城**。[11]**祝其**。有羽山。[12]春秋時曰祝其，夾谷地。[13]**厚丘**。[14]**贛榆**。本屬琅邪，建初五年復。[15]

[1]【劉昭注】《博物記》曰："有勇王亭（陳景雲《兩漢訂誤》卷四疑'王'爲'士'字之訛。王先謙《後漢書集解》亦以爲'王'爲'士'訛），即勇士萬丘欣（士，大德本作'山'。萬，覆刻殿本作'菑'，王先謙《後漢書集解》以爲當以'菑'爲是）。"【今注】郯（tán）：縣名。治所在今山東郯城縣西北。爲東海郡治所，亦爲徐州刺史治所。　本國：此指郯國，故城遺址在今山東郯城縣郯城鎮城關北。郯爲西周時少昊後裔受封建立的小國，春秋時爲魯國附庸，公元前414年爲越國所滅。

[2]【劉昭注】《地道記》曰："故魯次室邑。"《列女傳》有漆室之女，或作"次室"。【今注】蘭陵：縣名。治所在今山東蘭陵縣西南蘭陵鎮。　次室亭：在今山東蘭陵縣蘭陵鎮。次室，一作"漆室"，春秋時期爲魯國之邑，後爲楚國所取，改稱蘭陵。

[3]【今注】戚：縣名。治所在今山東臨沂市附近。

[4]【劉昭注】《山海經》曰："都洲在海中（洲，大德本作'州'），一曰郁洲（洲，紹興本作'州'）。"郭璞曰："在縣界。世俗傳此山在蒼梧徙來，上皆有南方樹木。"《博物記》："縣東北海邊植石，秦所立之東門。"【今注】朐：縣名。治所在今江蘇連雲港市西南。

[5]【劉昭注】《史記》曰，鍾離昧冢在伊盧（冢，殿本作"家"）。【今注】伊盧鄉：在今江蘇灌雲縣伊蘆鄉伊蘆山附近。伊盧，一作"伊廬"。《史記》卷九二《淮陰侯列傳》《正義》引《括地志》云："中廬在義清縣北二十里，本春秋時廬戎之國也，秦謂之伊廬，漢爲中廬縣。項羽之將鍾離昧冢在。"尹灣漢墓簡牘《集簿》記東海郡下有"伊盧鹽官"。

[6]【今注】襄賁（féi）：縣名。治所在今山東蘭陵縣南。東漢末董卓把持朝政時，封幽州牧劉虞爲襄賁侯。

[7]【劉昭注】《左傳》昭三十一年邾黑肱以濫來奔，杜預曰縣所治，城東北有郳城。郳，小邾國也。【今注】昌慮：縣名。治

所在今山東滕州市東南。 藍鄉：在今山東滕州市東南。藍，一作“濫”，春秋時期爲邾國之邑。《左傳》魯昭公三十一年載，邾國大夫黑肱以濫邑投靠魯國。

［8］【今注】承：縣名。治所在今山東棗莊市嶧城區嶧城鎮。

［9］【今注】陰平：侯國名。治所在今山東棗莊市嶧城區陰平鎮。

［10］【今注】利城：縣名。治所在今江蘇連雲港市贛榆區西。《漢書·地理志》、尹灣漢墓簡牘《集簿》均作“利成”。

［11］【劉昭注】漷水自此南至湖陸（此，殿本作“北”）。【今注】合城：縣名。治所在今山東滕州市東北。錢大昕《廿二史考異·續漢書二》以爲，《漢書·地理志》東海郡條下作“合鄉”，《晉書·地理志》東海亦衹有合鄉縣，故“合城”必爲“合鄉”之誤。中華本據改爲“合鄉”。

［12］【劉昭注】殛鮌之山（鮌，覆刻殿本作“鯀”）。杜預曰在縣西南。《博物記》曰：“東北獨居山，西南有淵水，即羽泉也，俗謂此山爲懲父山。”【今注】祝其：縣名。治所在今江蘇連雲港市贛榆區西。一説在今連雲港市海州區和贛榆區之間（詳周運中《漢代縣治考：江淮篇》，載《秦漢研究》第4輯，陝西人民出版社2010年版）。祝其，尹灣漢墓簡牘《集簿》作“況其”；《隸釋》卷二《魯相謁孔廟殘碑》作“況基”。 羽山：在今山東郯城縣東北。

［13］【劉昭注】《左傳》定十年會齊侯夾谷，孔子相。【今注】夾谷地：在今江蘇連雲港市贛榆區西北。一説在今山東萊蕪市東南夾谷峪。夾谷，春秋時屬齊國。公元前500年，魯定公與齊景公會盟於此，時孔子擔任魯國相儀。

［14］【劉昭注】《左傳》成九年“城中城”，杜預曰在縣西南，有中鄉城。【今注】厚丘：縣名。治所在今江蘇沭縣北。一説在今山東臨沂市東（詳周運中《漢代縣治考：江淮篇》，載《秦漢

研究》第4輯)。

[15]【劉昭注】《左傳》“齊伐莒,莒子奔紀鄣”,杜預曰縣東北有紀城。《地道記》曰:“海中去岸百五十步(五,大德本、覆刻殿本作‘九’),有秦始皇碑,長一丈八尺,廣五尺,厚八尺三寸;一行十二字(二,大德本、覆刻殿本作‘三’)。潮水至加其上三丈,去則三尺見也。”【今注】贛榆:縣名。治所在今江蘇連雲港市贛榆區北。漢封泥有“贛揄令印” “贛揄丞印”,“榆”或爲“揄”之訛誤(詳楊樹達《漢書窺管》,科學出版社1955年版)。

琅邪國。秦置。建武中省城陽國,以其縣屬。[1]雒陽東一千五百里。十三城,户二萬八百四,口五十七萬九百六十七。[2]

[1]【劉昭注】案本紀,永壽元年置,都尉治。【今注】琅邪國:治所初在東武縣(今山東諸城市),東漢光武帝建武十三年(37)之後徙治莒縣(今山東莒縣),章帝建初五年(80)改治開陽縣(今山東臨沂市北)。初爲琅邪郡,光武帝建武十五年,封皇子劉京爲琅邪公,以琅邪郡爲公國。建武十七年,劉京進爵爲琅邪王,琅邪公國始爲王國。傳國至琅邪順王劉容,獻帝初平四年(193)卒,琅邪國暫絶。建安十一年(206),曹操把持下的漢廷復封劉容之子劉熙爲琅邪王。建安二十一年,曹操殺劉熙,琅邪國除爲漢郡。 秦置:秦始皇二十六年(前221)秦滅齊,以齊國東部之地置琅邪郡,後又分置即墨郡。秦封泥有“琅邪水丞”“琅邪左鹽”“琅邪司馬”“琅邪都水”“琅邪發弩”“即墨大守”等,里耶秦簡亦有“琅邪假守”,均可佐證秦置琅邪郡及即墨郡。楚漢之際,其地分屬膠東、齊二國。西漢高祖六年(前201)屬劉肥齊國。吕后七年(前181)封劉澤爲琅邪王。文帝元年(前179)劉

澤徙爲燕王，琅邪國復爲漢郡。

［2］【今注】户二萬八百四：此户數有誤。中華本校勘記以爲："若如此文，則一城祇千餘户，太少；一户凡三十口，太多，殊不近情，疑'户'下脱去一'十'字。"

開陽。[1]故屬東海，建初五年屬。[2]**東武**。[3]**琅邪**。[4]**東莞**。有鄆亭。[5]有邳鄉。有公來山，或曰古浮來。[6]**西海**。[7]**諸**。[8]**莒**。本國，故屬城陽。[9]有鐵。有峥嶸谷。[10]**東安**。[11]故屬城陽。**陽都**。故屬城陽。有牟臺。[12]**臨沂**。故屬東海。有叢亭。[13]**即丘**。侯國。故屬東海，《春秋》曰祝丘。[14]**繒**。侯國。故屬東海。有概亭。[15]**姑幕**。[16]

［1］【劉昭注】杜預曰古鄅。《左傳》哀三年城啓陽（三，大德本作"二"），杜預曰開陽。【今注】開陽：縣名。治所在今山東臨沂市北。春秋至漢初稱"啓陽"，後避西漢景帝劉啓名諱而改稱開陽。

［2］【今注】案，本書卷四二《光武十王傳》記載，琅邪"國中有城陽景王祠，吏人奉祠。神數下言宫中多不便利，京上書願徙宫開陽，以華、蓋、南武陽、厚丘、贛榆五縣易東海之開陽、臨沂，肅宗許之"。此事發生在章帝建初五年（80）。琅邪國之贛榆縣轉屬東海郡，華縣、蓋縣及南武陽縣轉屬泰山郡，東海郡之開陽、臨沂二縣劃入琅邪國〔詳周振鶴、李曉傑、張莉《中國行政區劃通史·秦漢卷（下）》，第746頁〕。

［3］【今注】東武：縣名。治所在今山東諸城市。

［4］【劉昭注】《山海經》云有琅邪臺，在勃海間，琅邪之東。郭璞曰："琅邪臨海邊，有山嶕嶢特起，狀如高臺。此即琅邪

臺。”齊景公曰：“吾循海而南，放乎琅邪。”越絶曰：“句踐徙琅邪，起觀臺，臺周七里，以望東海。”《史記》曰秦始皇徙黔首三萬户琅邪臺下。傳有勞山。【今注】琅邪：縣名。治所在今山東青島市黄島區西南。

［5］【劉昭注】《左傳》曰“公處鄆”。【今注】東莞：縣名。治所在今山東沂水縣。　鄆亭：在今山東莒縣東北之東莞鎮。鄆，春秋時期爲魯國之邑。

［6］【劉昭注】《左傳》隱八年盟浮來，杜預曰邳來山之間，號曰邳來。莊九年鮑叔受管仲，及堂阜而脱之。杜預曰：“東莞蒙陰縣西北有夷吾亭，或曰鮑叔解夷吾縛於此，因以爲名。”即古堂阜也，東莞後爲名（惠棟《後漢書補注》謂諸本皆誤“郡”爲“名”）。【今注】邳鄉：在今山東沂水縣北沭水北岸。《水經注·沭水》：沭水“東南流逕邳鄉南，南去縣八十許里，城有三面而不周於南，故俗謂之半城。沭水又東南流，左合峴水，水北出大峴山，東南流逕邳鄉東，東南流注於沭水也”。　公來山：古山名。又名浮來山，在今山東莒縣西。

［7］【劉昭注】《東觀書》曰有勝山。《博物記》：“太公吕望所出，今有東吕鄉。又釣於棘津，其浦今存。”【今注】西海：錢大昕以爲《漢書·地理志》無此縣，當爲“海曲”之訛誤（《廿二史考異》卷一四《續漢書二》）。海曲縣治在今山東日照市西。

［8］【劉昭注】《左傳》莊二十九年“城諸”，杜預曰諸縣在城陽郡。又隱四年“莒人伐杞，取牟婁”（“又”字下大德本、殿本有“言”字），杜預曰縣東北有婁鄉。【今注】諸：縣名。治所在今山東諸城市西南。

［9］【劉昭注】《左傳》成八年申公巫臣會渠丘公，杜預曰縣有蘧丘里。【今注】莒：縣名。治所在今山東莒縣。莒，一作“簹”，漢封泥有“簹丞”“簹丞之印”。　本國：此指莒國，相傳爲少昊之後，嬴姓，以莒爲都，公元前431年爲楚國所滅。

［10］【今注】峥嶸谷：即今山東莒縣之南鳳凰山，又有焦原山、青泥弄、横山等名。

［11］【今注】東安：縣名。治所在今山東沂水縣南。

［12］【劉昭注】《左傳》宣元年會于平州，杜預曰在縣西。【今注】陽都：縣名。治所在今山東沂南縣南。東漢光武帝建武三年（27），封伏湛爲陽都侯，六年，徙封爲不其侯。獻帝初平四年（193），封琅邪順王劉容之弟劉邈爲陽都侯。　牟臺：在今山東沂南縣東南。其地古屬根牟國，春秋時魯國滅根牟，其地爲魯邑。漢置牟鄉。一説牟鄉在今山東安丘縣。

［13］【劉昭注】《左傳》隱六年盟于艾，杜預曰縣東南有艾山。七年"城中丘"，杜預曰縣東北有中丘亭。《博物記》曰："縣東界次睢有大叢社，民謂之食人社，即次睢之社。"【今注】臨沂：縣名。治所在今山東臨沂市西北。

［14］【今注】即丘：縣名。治所在今山東郯城縣北。即丘置侯國情形不詳。本書卷二七《吴良傳》載明帝永平中議郎吴良左遷爲即丘長，知即丘爲小縣，且明帝時尚非侯國（參見錢大昕《廿二史考異·續漢書二》）。又《衡方碑》記碑主衡方早年曾任即丘相，案衡方卒於東漢靈帝建寧元年（168），享年六十三歲，推其仕宦經歷，任即丘相當在桓帝時期，即丘時爲侯國。又本書卷五八《臧洪傳》記臧洪在靈帝熹平年間"以父功拜童子郎，知名太學……舉孝廉，補即丘長……中平末，棄官還家"。則即丘侯國最晚在靈帝時熹平中已恢復爲縣。　祝丘：遺址即今山東郯城縣東北禹王城。春秋時爲魯國之邑。公元前707年，魯桓公在祝丘築城。魯地"祝""即"音近，漢代轉稱"即丘"。

［15］【劉昭注】《左傳》莊九年盟于蔇，杜預曰在縣北。【今注】繒：縣名。治所在今山東蘭陵縣西北。據本書卷八二《方術傳·公沙穆》，東海恭王劉彊之後劉敞曾爲繒侯。公沙穆任繒侯相，對繒侯劉敞多有規治，遷爲弘農令。案桓帝永壽元年（155）公沙

穆尚在弘農令任上，則繒侯國在桓帝永壽之前尚存。　概亭：在今山東蘭陵縣西北。其地春秋時稱“蔇”，又作“暨”，爲魯國之邑。據《春秋》莊公九年“公及齊大夫盟于蔇”。杜預注：“蔇，魯地。琅邪繒縣北有蔇亭。”

［16］【劉昭注】《左傳》昭五年“莒牟夷以牟婁及防兹來奔”，杜預曰縣東北有兹亭。《博物記》曰淮水入。城東南五里有公冶長墓。【今注】姑幕：縣名。治所在今山東諸城市西北。

彭城國。高祖置爲楚，章帝改。雒陽東千二百二十里。[1]八城，户八萬六千一百七十，口四十九萬三千二十七。

［1］【今注】彭城國：治彭城縣（今江蘇徐州市雲龍區）。東漢初爲楚郡。光武帝建武十五年（39），封皇子劉英爲楚公，楚郡爲楚公國。建武十七年，楚公劉英進爵爲楚王，楚公國升格爲楚王國。明帝永平十三年（70），楚王劉英謀反被廢，楚國除爲漢郡。和帝章和二年（88），以楚郡爲彭城國，徙六安王劉恭爲彭城王。傳國至劉祗，曹魏代漢，以爲崇德侯。1982年江蘇邳縣發掘的東漢繆宇墓，出土墓誌有“彭城相行長史事吕長繆宇字叔異”，墓主繆宇卒於桓帝和平元年（150）（龍振堯、陳永清、周曉陸：《東漢彭城相繆宇墓》，《文物》1984年第8期）。

彭城。[1]有鐵。**武原**。[2]**傅陽**。有柤水。[3]**吕**。[4]**留**。[5]**梧**。[6]**菑丘**。[7]**廣戚**。故屬沛國。[8]

［1］【劉昭注】古大彭邑。《北征記》城西二十里有山，山有楚元王墓。伏滔《北征記》曰：“城北六里有山，臨泗，有宋桓魋石槨，皆青石，隱起龜龍麟鳳之象（麟，大德本、殿本作

‘鱗’）。”【今注】彭城：縣名。治所在今江蘇徐州市雲龍區。

［2］【今注】武原：縣名。治所在今江蘇邳州市西北。東漢桓帝延熹二年（159），中常侍徐璜因除滅外戚梁氏有功而被封爲武原侯。延熹八年國除。安帝元初二年（115）刑徒葬磚銘文有“彭城武原髡鉗鋈金”〔胡海帆、湯燕編著：《中國古代磚刻銘文集（下）》，第28頁〕。

［3］【劉昭注】《左傳》襄十年滅偪陽，杜預曰即此縣也。【今注】傅陽：縣名。治所在今山東棗莊市南。　柤水：一作“祖水”。《水經注·沭水》：“沭水故瀆自下堰東南逕司吾城東，又東南歷柤口城中，柤水出於楚之柤也……柤水又東南，亂於沂而注於沭，謂之柤口，城得其名矣。東南至朐縣入游，注海也。”柤，春秋時爲楚地，在今江蘇邳州市邳城鎮泇口村。

［4］【今注】吕：縣名。治所在今江蘇徐州市銅山區東南。1982年江蘇邳縣發掘的東漢繆宇墓，出土墓誌有“彭城相行長史事吕長繆宇字叔異”，墓主繆宇卒於東漢桓帝和平元年（150），生前曾任吕縣縣長（南京博物院、邳縣博物館：《東漢彭城相繆宇墓》，《文物》1984年第8期）。

［5］【劉昭注】《西征記》曰城中有張良廟。【今注】留：縣名。治所在今江蘇沛縣東南。

［6］【今注】梧：縣名。治所在今安徽蕭縣東南。

［7］【今注】菑丘：縣名。治所在今安徽宿州市東北。東漢光武帝建武九年（33），封宗室劉般爲菑丘侯，後因菑丘縣屬楚國而徙封爲杼秋侯。菑丘，《漢書·地理志》作“甾丘”。

［8］【今注】廣戚：縣名。治所在今江蘇沛縣東南。

廣陵郡。景帝置爲江都，武帝更名。建武中有泗水國，以其縣屬。雒陽東一千六百四十里。[1] 十一城，户八萬三千九百七，口四十一萬百九十。

［1］【今注】廣陵郡：治廣陵縣（今江蘇揚州市西北）。東漢明帝永平元年（58），以郡廣陵國，徙山陽王劉荆爲廣陵王。永平十年，劉荆畏罪自殺，廣陵國除。　景帝置爲江都武帝更名：西漢初，廣陵之地先後屬劉賈荆國、劉濞吴國。景帝前元四年（前153），吴王劉濞參與“七國之亂”，事敗國除，景帝封皇子劉非爲江都王，廣陵之地屬江都國。武帝元狩二年（前121），江都王劉建有罪自殺，國除爲廣陵郡。　建武中有泗水國：西漢末有泗水國，轄三縣（即淩縣、泗陽縣、于縣），新莽時廢。東漢光武帝建武二年（26），封更始政權的元氏王劉歙爲泗水王。至建武十三年，省併東漢建國之初所封的十個諸侯王國，泗水國併入廣陵郡。有，大德本、殿本作“省”。

廣陵。[1]有東陵亭。[2]**江都**。有江水祠。[3]**高郵**。[4]**平安**。[5]**淩**。[6]故屬泗水。**東陽**。故屬臨淮。有長洲澤，吴王濞太倉在此。[7]**射陽**。故屬臨淮。[8]**鹽瀆**。[9]故屬臨淮。**輿**。[10]侯國。故屬臨淮。**堂邑**。故屬臨淮。有鐵。春秋時曰堂。[11]**海西**。[12]故屬東海。

［1］【劉昭注】吴王濞所都，城周十四里半。【今注】廣陵：縣名。治所在今江蘇揚州市西北蜀崗古城遺址（參中國社會科學院考古研究所、南京博物院、揚州市文物考古研究所《揚州城——1987—1998年考古發掘報告》，文物出版社2010年版）。東漢明帝永平十四年（71），封故廣陵王劉荆之子劉元壽爲廣陵侯，以原廣陵王國六縣爲食邑。

［2］【劉昭注】《博物記》曰：“女子杜姜，左道通神，縣以爲妖，閉獄桎梏，卒變形莫知所極。以狀上，因以其處爲廟祠，號曰東陵聖母。”【今注】東陵亭：在今江蘇揚州市江都區宜陵鎮。東陵聖母事迹，又見晉葛洪《神仙傳》卷六：“東陵聖母者，廣陵

海陵人也。適杜氏，師事劉綱學道，能易形變化，隱顯無方。杜不信道，常恚怒之。聖母或行理疾救人，或有所之詣，杜恚之愈甚，告官訟之，云聖母姦妖，不理家務。官收聖母付獄，頃之，已從獄窗中飛去，衆望見之，轉高入雲中，留所著履一緉在窗下，自此昇天。”

［3］【今注】江都：縣名。治所在今江蘇揚州市邗江區西南。　江水祠：秦漢時期祭祀長江之所。在今江蘇揚州市邗江區。西漢初於蜀地祭江水，宣帝時移設於廣陵江都縣，一歲四祠。《水經注·淮水》：“應劭《地理風俗記》曰：‘江都縣爲一都之會，故曰江都也。’縣有江水祠，俗謂之伍相廟也，子胥但配食耳，歲三祭，與五岳同，舊江水道也。”

［4］【今注】高郵：縣名。治所在今江蘇高郵市。

［5］【今注】平安：縣名。治所在今江蘇寶應縣西南。

［6］【今注】淩：縣名。治所在今江蘇泗陽縣西北。

［7］【劉昭注】縣多麋。《博物記》曰：“千千爲群，掘食草根，其處成泥，名曰麋畯。民人隨此畯種稻，不耕而穫，其收百倍。”又扶海洲上有草名蒒，其實食之如大麥，射從七月稔熟（紹興本、大德本、殿本無“射”字），民斂穫至冬乃訖，名曰自然穀，或曰禹餘糧。【今注】東陽：縣名。治所在今江蘇盱眙縣馬壩鎮東陽村。　長洲澤：古湖澤名。在今江蘇盱眙縣東南。　吴王濞太倉：西漢前期吴國的中央糧倉。《漢書》卷五一《枚乘傳》載枚乘游説吴王劉濞之語，有“轉粟西鄉，陸行不絶，水行滿河，不如海陵之倉”之語，形容其儲量之巨。注引臣瓚曰：“海陵，縣名也。有吴大倉。”

［8］【劉昭注】有梁湖。《地道記》曰有博支湖。【今注】射陽：縣名。治所在今江蘇寶應縣東北。東漢光武帝建武十三年（37），封舅父樊宏之弟樊丹爲射陽侯。射，底本闕，今據諸本補。

［9］【今注】鹽瀆：縣名。治所在今江蘇鹽城市鹽都區。

[10]【今注】輿：縣名。治所在今江蘇儀徵市北。侯國建置情形不詳。

[11]【今注】堂邑：縣名。治所在今江蘇南京市六合區西北。　堂：地名。又作"棠"，在今江蘇南京市六合區西北。春秋時爲楚國之邑，後屬吴國。

[12]【今注】海西：縣名。治所在今江蘇灌南縣東南。

下邳國。武帝置爲臨淮郡，永平十五年更爲下邳國。雒陽東千四百里。[1]十七城，户十三萬六千三百八十九，口六十一萬一千八十三。

[1]【今注】下邳國：治下邳縣（今江蘇邳州市南）。東漢明帝永平十五年（72），封皇子劉衍爲下邳王。傳國至獻帝建安十一年（206），下邳王劉宜卒，無子嗣，國除爲郡〔參見周振鶴、李曉傑、張莉《中國行政區劃通史·秦漢卷（下）》，第771頁〕。　武帝置爲臨淮郡：西漢武帝元狩六年（前117）分廣陵郡、沛郡之地置臨淮郡。　永平十五年更爲下邳國：此説有誤。東漢初有臨淮郡，光武帝建武十五年（39）爲劉衡臨淮公國，十七年除爲漢郡。明帝永平十五年始置之下邳國，係析東海郡下邳、曲陽、司吾、良成四縣而成。章帝建初四年（79），將臨淮郡十二縣及九江郡五縣納入下邳國，始成二十一縣規模。〔參見周振鶴、李曉傑、張莉《中國行政區劃通史·秦漢卷（下）》，第769—770頁〕

下邳。本屬東海。[1]葛嶧山，本嶧陽山。[2]有鐵。**徐**。本國。有樓亭，或曰古蔞林。[3]**僮**。[4]侯國。**睢陵**。[5]**下相**。[6]**淮陰**。[7]**淮浦**。[8]**盱台**。[9]**高山**。[10]**潘旌**。[11]**淮陵**。[12]**取慮**。有蒲姑陂。[13]**東成**。[14]**曲陽**。[15]

侯國。故屬東海。**司吾**。[16]侯國。故屬東海。**良成**。故屬東海。春秋時曰良。[17]**夏丘**。故屬沛。

［1］【劉昭注】戴延之《西征記》曰："有沂水，自城西西南注泗，别下迴城南，亦注泗。舊有橋處，張良與黄石公會此橋。"【今注】下邳：縣名。治所在今江蘇邳州市南。

［2］【劉昭注】山出名桐，伏滔《北征記》曰今檕根往往而存。【今注】葛嶧山：又名葛陽山，《禹貢》稱之爲"嶧陽"，即今江蘇邳州市與睢寧縣交界處的岠山。李慈銘《後漢書札記》卷七以爲"葛嶧山"上脱一"有"字。《漢書·地理志》"下邳"注云："葛嶧山在西。"

［3］【劉昭注】杜預曰在僮縣東南。伏滔《北征記》曰："縣北有大冢，徐君墓，延陵解劍之處。"【今注】徐：縣名。治所在今江蘇泗洪縣南。　本國：此指徐國。西周方國，在今江蘇泗洪縣南徐大臺子一帶。《春秋》昭公三十年："吴滅徐，徐子章羽奔楚。"　樓亭：又作"婁亭"。在今安徽泗縣東北。其地春秋時稱婁林，爲徐國之邑，後屬吴國。《春秋》僖公十五年載，"楚人敗徐于婁林"。杜預注："婁林，徐地。下邳僮縣東南有婁亭。"

［4］【今注】僮：縣名。治所在今安徽泗縣東北。東漢明帝永平元年（58），封中山王劉輔之子劉嘉爲僮侯。

［5］【今注】睢陵：縣名。治所在今江蘇淮安市洪澤區西。

［6］【今注】下相：縣名。治所在今江蘇宿遷市西南。東漢安帝永初元年（107）刑徒葬磚銘文有"下邳下相髡鉗曹福"（中國科學院考古研究所洛陽工作隊：《東漢洛陽城南郊的刑徒墓地》，《考古》1972年第4期）。

［7］【劉昭注】下鄉有南昌亭，韓信寄食處。【今注】淮陰：縣名。治所在今江蘇淮安市淮陰區西南。

［8］【今注】淮浦：縣名。治所在今江蘇漣水縣西。

[9]【今注】盱（xū）台（yí）：縣名。治所在今江蘇盱眙縣東北。《漢書·地理志》作“盱眙”。《漢書·王子侯表》載武帝元鼎元年（前116）封江都易王子劉象之爲盱台侯。漢封泥有“盱台丞印”，則盱眙亦作“盱台”。楊樹達《漢書窺管》以爲“盱台”正而“盱眙”誤（科學出版社1955年版，第150頁）。

[10]【今注】高山：縣名。治所在今江蘇盱眙縣南。

[11]【今注】潘旌：縣名。治所今地無考。《漢書·地理志》作“播旌”。

[12]【今注】淮陵：縣名。治所在今安徽五河縣東南。

[13]【劉昭注】《左傳》昭十六年齊師至蒲隧，杜預曰縣東有蒲姑陂。【今注】取（zōu）慮：縣名。治所在今安徽靈璧縣東北。　蒲姑陂：在今江蘇睢寧縣西南。一名“蒲陽坡”。本書卷四四《張禹傳》記載：“徐縣北界有蒲陽坡，傍多良田，而堙廢莫修。禹爲開水門，通引灌溉，遂成孰田數百頃。勸率吏民，假與種糧，親自勉勞，遂大收穀實。”“坡”與“陂”同。李賢注引《東觀記》曰：“坡水廣二十里，徑且百里，在道西，其東有田可萬頃。”

[14]【今注】東成：縣名。治所在今安徽定遠縣東南。殿本、《漢書·地理志》作“東城”，漢封泥有“東成丞印”，“城”與“成”通。

[15]【今注】曲陽：縣名。治所在今安徽沭陽縣東南。侯國建置情形不詳。

[16]【今注】司吾：縣名。治所在今江蘇宿遷市北。侯國建置情形不詳。

[17]【劉昭注】《左傳》昭十三年晉會吴於良。【今注】良成：縣名。治所在今江蘇邳州市東。成，殿本作“城”。　良：春秋時爲吴國之邑。《左傳》昭公十三年：“晉侯會吴子於良。”

右徐州刺史部，郡、國五，縣、邑、侯國六

十二。[1]

［1］【劉昭注】《魏氏春秋》曰："初平三年，分琅邪、東海爲城陽、新城、昌慮郡（新，大德本作'所'。案，王先謙《後漢書集解》引馬與龍説，徐州無新城郡，'新'當爲'利'，形近而訛）。建安十一年，省昌慮并東海。"

後漢書　志第二十二

郡國四

濟南　平原　樂安　北海　東萊　齊國

右青州

南陽　南郡　江夏　零陵　桂陽　武陵　長沙

右荆州

九江　丹陽　廬江　會稽　吴郡　豫章

右揚州

濟南國。故齊，文帝分。雒陽東千八百里。[1] 十城，户七萬八千五百四十四，口四十五萬三千三百八。

［1］【今注】濟南國：治東平陵縣（今山東濟南市章丘區西北）。東漢初爲濟南郡。光武帝建武十五年（39），封皇子劉康爲濟南公，以濟南郡爲濟南公國。建武十七年，濟南公進爵爲濟南王，濟南公國遂爲王國。傳國至濟南孝王劉香，安帝延光四年（125），劉香卒，無子嗣爵，國暫絶。永建元年（126），復封濟南簡王劉錯之子皁陽侯劉顯爲濟南王。桓帝永興元年（153），濟南悼王劉廣卒，無子嗣爵，國除爲郡。靈帝熹平三年（174），封河間安

王劉利之子劉康（康，一作“庾”，又作“虎”）爲濟南王，濟南郡復爲王國。獻帝建安十二年（207），濟南王劉贇爲黄巾餘部所殺，其子劉開嗣爵。至獻帝延康元年（220），曹魏代漢，以劉開爲崇德侯，濟南國絶。　故齊文帝分：其地秦時屬濟北郡。西漢高祖六年（前201）分濟北郡置博陽郡，屬劉肥齊國，後更名爲濟南郡。吕后元年（前187）割齊國之濟南郡爲吕王吕台奉邑。吕后七年改吕國爲濟川國，封惠帝子劉太爲濟川王。次年復爲濟南郡，仍屬齊國。文帝十五年（前165）齊哀王劉襄死，國除，濟南郡屬漢。文帝十六年，復立齊悼惠王劉肥之子劉辟光爲濟南王。至景帝三年（前154），濟南王參與“吴楚之亂”，事敗被誅，國除爲漢郡。

東平陵。有鐵。[1]有譚城。[2]有天山。[3]**著**。[4]**於陵**。[5]**臺**。[6]**菅**。有賴亭。[7]**土鼓**。[8]**梁鄒**。[9]**鄒平**。[10]**東朝陽**。[11]**歷城**。有鐵。有巨里聚。[12]

［1］【今注】東平陵：縣名。治所在今山東濟南市章丘區龍山鎮。故城遺址平面呈正方形，周長約7500米，面積約300萬平方米。遺址中有鑄鐵作坊區，俗稱“鐵十里鋪”，可見鐵屑和爐渣，並采集到鐵器及鐵範等遺物，有的器範上帶有“大山二”“陽丘”等銘文，可證其地設有鐵官，冶鐵業十分發達（參見徐龍國《秦漢城邑考古學研究》，中國社會科學出版社2013年版，第75—76頁）。

［2］【劉昭注】故譚國。【今注】譚城：在今山東濟南市章丘區西。譚，周代小國，公元前684年爲齊國所滅。

［3］【今注】天山：在今山東濟南市章丘區一帶。

［4］【今注】著：縣名。治所在今山東濟南市濟陽區西。著，一作“蓍”。漢封泥有“蓍丞之印”。

［5］【劉昭注】杜預曰縣西北有于亭。陳桓子以封齊公子周。【今注】於陵：縣名。治所在今山東鄒平市東南臨池鎮古城村。東漢光武帝建武十三年（37），大司徒侯霸卒，被追封爲則鄉侯，其子侯昱嗣爵，後徙封爲於陵侯。

［6］【今注】臺：縣名。治所在今山東濟南市歷城區東北。

［7］【劉昭注】《左傳》哀六年公如賴。【今注】菅：縣名。治所在今山東濟南市濟陽區東。　賴亭：在今山東濟南市章丘區西北。賴，春秋時期爲齊國之邑。《左傳》哀公十年，趙鞅率晉軍伐齊，"毀高唐之郭，侵及賴而還"。

［8］【今注】土鼓：縣名。治所在今山東濟南市章丘區東。

［9］【今注】梁鄒：縣名。治所在今山東鄒平市北。

［10］【今注】鄒平：縣名。治所在今山東鄒平市西北。

［11］【劉昭注】杜預曰縣西有崔城。【今注】東朝陽：縣名。治所在今山東鄒平市碼頭鎮舊延安村東南。《漢書·地理志》作"朝陽"，東漢前期沿用，後改稱"東朝陽"。案，東漢南陽郡亦有朝陽縣（今河南新野縣西南），或以濟南之朝陽位置居東，稱東朝陽以示區別。本書卷四二《光武十王傳》記載："濟南安王康，建武十五年封濟南公，十七年進爵爲王……三十年，以平原之祝阿、安德、朝陽、平昌、隰陰、重丘六縣益濟南國……康在國不循法度……有司舉奏之，顯宗以親親故，不忍窮竟其事，但削祝阿、隰陰、東朝陽、安德、西平昌五縣。"明帝時所削之"東朝陽"即建武三十年增益之"朝陽"。據此，朝陽改名爲東朝陽之時間，當在明帝永平年間。

［12］【劉昭注】耿弇破費敢處。《皇覽》曰："太甲有冢，在歷山上。"【今注】歷城：縣名。治所在今山東濟南市西。　巨里聚：一名聚合城。在今山東濟南市章丘區龍山鎮。東漢光武帝建武五年（29），建威大將軍耿弇在此大破張步部將費敢。

平原郡。高帝置。雒陽北一千三百里。[1]九城，[2]户十五萬五千五百八十八，口百萬二千六百五十八。

[1]【今注】平原郡：治平原縣（今山東平原縣南）。東漢殤帝延平元年（106），封皇兄劉勝爲平原王，平原郡爲平原國。傳國至平原王劉翼，安帝建光元年（121），廢爲都鄉侯。平原國除爲平原郡。桓帝建和二年（148），桓帝封己弟都鄉侯劉碩爲平原王，平原郡復爲王國。獻帝建安十一年（206），國除爲郡。　高帝置：此説有誤。其地漢初屬齊國之濟北郡。西漢文帝二年（前178）以濟北郡爲濟北國。文帝三年，濟北王劉興居反，國除爲漢濟北郡。景帝四年（前153）析濟北郡地置平原郡。

[2]【今注】九城：錢大昕《廿二史考異》卷一四《續漢書二》以爲當爲"十城"，漏西平昌縣。

平原。[1]**高唐**。漯水出。[2]**般**。[3]**鬲**。侯國。夏時有鬲君，滅浞立少康。[4]**祝阿**。春秋時曰祝柯。[5]有野井亭。[6]**樂陵**。[7]**溼陰**。[8]**安德**。[9]侯國。**厭次**。[10]本富平，明帝更名。

[1]【劉昭注】《地道記》曰有篤馬河。【今注】平原：縣名。治所在今山東平原縣南。東漢獻帝建安十六年（211），封丞相曹操子曹植爲平原侯。建安十九年，徙封爲臨菑侯，平原復爲漢縣。

[2]【今注】高唐：縣名。治所在今山東禹城市西。　漯水：即漯（tà）水，古黄河支流。故道自今河南浚縣西南宿胥口出黄河，東北流至今山東濱州、利津一帶入海。

[3]【今注】般：縣名。治所在今山東樂陵市西南。

[4]【劉昭注】《魏都賦》注曰縣有蓋節淵。《三齊記》曰：

“城南有蒲臺，高八十尺，秦始皇所頓處。在臺下縈蒲繫馬，今蒲猶縈者。”【今注】鬲（gé）：縣名。治所在今山東德州市東南。東漢光武帝建武十三年（37），封建義大將軍朱祐爲鬲侯。傳國至其孫朱演，和帝永元十四年（102），因卷入陰皇后巫蠱事被免爲庶人，國除爲縣。至永初七年（113），鄧太后紹封朱演之子朱沖爲鬲侯，鬲縣復爲侯國。《賈武仲妻馬姜墓記》記伏波將軍馬援之女馬姜嫁左將軍賈復第五子賈武仲，生育四女，其中第三女嫁於“鬲侯朱氏”，以年代考之，朱氏當即朱演〔參見高文《漢碑集釋（修訂本）》，河南大學出版社 1997 年版，第 22 頁〕。

［5］【劉昭注】《左傳》哀十年“取犁及轅”，杜預曰縣西有轅城。故縣，省。【今注】祝阿：縣名。治所在今山東濟南市長清區東北。東漢光武帝建武十三年（37），封陳俊爲祝阿侯。傳國至其子陳浮，建武三十年徙爲蘄春侯，祝阿轉爲濟南國屬縣。安帝延光四年（125），中黄門張賢因擁立順帝有功而被封爲祝阿侯。 祝柯：春秋時爲齊國之邑。《春秋》襄公十九年“諸侯盟于祝柯”。一作“祝阿”，又作“督揚”。

［6］【劉昭注】《左傳》昭二十五年“齊侯唁公于野井”，杜預曰在縣東。【今注】野井亭：在今山東齊河縣東南黄河北岸。野井，春秋時爲齊地。在今山東齊河縣東南黄河東岸。據《春秋》記載，魯昭公二十五年（前 517），魯昭公奔齊，“齊侯唁公于野井”。

［7］【今注】樂陵：縣名。治所在今山東樂陵市東南。東漢光武帝建武九年（33），邳彤之子靈壽侯邳湯徙爲樂陵侯，樂陵縣爲侯國。本書卷二二《邳彤傳》記建武十九年“湯卒，子某嗣，無子，國除”。國除爲縣之具體年代不詳。

［8］【今注】濕陰：縣名。治所在今山東臨邑縣東南。濕陰，《漢書·地理志》作“漯陰”。《漢書·景武昭宣元成功臣表》記武帝元狩三年（前 120）封率衆來降的匈奴昆邪王爲濕陰侯，元封五年（前 106）無後國除。其事《史記》卷二〇《建元以來侯者年

表》、卷五五《衞青霍去病列傳》並作“漯陰”。王先謙《漢書補注》卷八據《説文》以爲，“濕”正字爲“漯”，隸省作“濕”。漢封泥有“濕陰丞印”，亦證“濕陰”“漯陰”並用。

［9］【今注】安德：縣名。治所在今山東平原縣東北。《漢書·地理志》作“安悳”。顔師古注曰：“悳，古德字。”侯國始置年代不詳。宋洪适《隸釋》卷一《魯相韓敕造孔廟禮器碑》中有“故安德侯相彭城劉彪伯存五百”，案此碑立置時間爲東漢桓帝永壽二年（156），則桓帝時安德尚爲侯國。

［10］【今注】厭次：縣名。治所在今山東惠民縣桑落墅鎮（一説在今山東德州市陵城區神頭鎮）。西漢初本名厭次，宣帝時益封爲富平侯張延壽食邑，遂稱富平侯國。東漢初建，光武帝恢復富平侯張純爵位封國，後更封爲武始侯，以故富平侯國之半爲食邑，富平遂爲縣。明帝時更名爲厭次。

樂安國。高帝西平昌置，爲千乘，永元七年更名。雒陽東千五百二十里。[1]九城，户七萬四千四百，口四十二萬四千七十五。

［1］【今注】樂安國：治臨濟縣（今山東高青縣）。東漢初爲千乘郡。明帝永平三年（60），封皇子劉建爲千乘王。永平四年，劉建卒，無子嗣爵，千乘國除爲漢郡。章帝建初四年（79），封長子劉伉爲千乘王，千乘郡復爲王國。傳國至其子劉寵，和帝永元七年（95），改國名爲樂安。劉寵卒，其子劉鴻嗣爵。劉鴻之子後被立爲帝（即漢質帝）。質帝本初元年（146），梁太后下詔，樂安國土卑濕、租收薄寡，改封樂安王劉鴻爲勃海王。樂安國當於此年除爲漢郡。　高帝西平昌置：錢大昕《廿二史考異》卷一四《續漢書二》：“文當云‘高帝置’，不應有‘西平昌’三字，其爲衍字無疑。後讀《宦者傳》，彭愷爲西平昌侯，注云‘西平昌縣屬平原

郡’，乃悟此三字當屬上文平原郡，而平原郡九城當爲十城。因此三字錯入樂安注中，校書者遂改十爲九，以合見存之數耳。”此論甚確。今案，其地漢初屬齊國。西漢武帝元封元年（前 110），齊國國除，析其地置千乘郡，故“高帝置”之説有誤。

臨濟。本狄，安帝更名。[1] **千乘**。[2] **高菀**。[3] **樂安**。[4] **博昌**。有薄姑城。[5] 有貝中聚。[6] 有時水。[7] **蓼城**。侯國。[8] **利**。[9] 故屬齊。**益**。[10] 侯國。故屬北海。**壽光**。[11] 故屬北海。有灌亭。[12]

[1]【劉昭注】《地道記》曰：“狄伐衛懿公。”【今注】臨濟：縣名。治所在今山東高青縣高城鎮。其地古稱“狄”，又作“翟”，戰國時爲齊國之邑。《戰國策·齊策》：“田單遂攻狄，三月而不克也。”西漢至東漢前期縣名爲狄，東漢安帝永初二年（108）改稱臨濟。

[2]【今注】千乘：縣名。治所在今山東高青縣東北。

[3]【今注】高菀：縣名。治所在今山東鄒平市北。《漢書·地理志》作“高宛”。菀，殿本作“苑”。

[4]【今注】樂安：縣名。治所在今山東博興縣東北。

[5]【劉昭注】古薄姑氏，杜預曰薄姑地。【今注】博昌：縣名。治所在今山東博興縣東南。　薄姑城：在今山東博興縣東南。薄姑，又作“蒲姑”“亳姑”，商周之際諸侯名。周成王時，薄姑氏與徐、奄、熊、盈等方國一起，參與了武庚、管叔、蔡叔發動的叛亂，後被周公姬旦率軍平定。

[6]【劉昭注】《左傳》齊侯田于貝丘，杜預曰縣南有地名貝中（中，殿本作“丘”）。【今注】貝中聚：鄉聚名。在今山東博興縣東南。古稱貝丘。

[7]【劉昭注】《左傳》莊九年“戰于乾時”，杜預曰時水在

縣界，岐流，旱則竭涸，故曰乾時。【今注】時水：又稱如水。上游即今發源於山東淄博市臨淄區西南的烏河。自臨淄西北以下，古分二支，一支西流經今桓臺縣西北入濟水，旱時乾涸，故又稱幹（乾）時，久湮。另一支北流折東略循今小清河合淄水入海。

［8］【劉昭注】杜預曰縣東北有攝城。【今注】蓼城：縣名。治所在今山東利津縣西南。侯國置廢情形不詳。

［9］【今注】利：縣名。治所在今山東博興縣東。章帝時齊王劉晃之弟劉剛爲利侯，章帝章和元年（87），免爵爲庶人，國除爲縣。

［10］【今注】益：縣名。治所在今山東壽光市東南。東漢明帝永平十八年（75），封北海王劉睦二子爲縣侯，其一爲壽光侯，頗疑另一縣侯爲益侯，故本志自注云“侯國”〔詳見周振鶴、李曉傑、張莉《中國行政區劃通史·秦漢卷（下）》，復旦大學出版社2016年版，第730頁〕

［11］【今注】壽光：縣名。治所在今山東壽光市東北。東漢明帝時至和帝時曾爲侯國。本書卷一四《宗室四王三侯傳》記載，北海敬王劉睦卒後，其子劉基嗣位。“永平十八年，封基二弟爲縣侯，二弟爲鄉侯。建初二年，又封基弟毅爲平望侯。基立十四年薨，無子，肅宗憐之，不除其國。永元二年，和帝封睦庶子斟鄉侯威爲北海王，奉睦後。”本志未注“侯國”，當是永初元年（107）壽光侯劉普進爵爲北海王之後，壽光侯國即除之故〔詳見周振鶴、李曉傑、張莉《中國行政區劃通史·秦漢卷（下）》，第730頁〕。

［12］【劉昭注】古灌國。【今注】灌亭：在今山東壽光市東北。其地古有斟灌國，爲夏后氏所建。

北海國。景帝置。建武十三年有菑川、高密、膠東三國，以其縣屬。[1]十八城，户十五萬八千六百四十一，口八十五萬三千六百四。

[1]【今注】北海國：治劇縣（今山東昌樂縣西北）。東漢初爲北海郡。光武帝建武二十八年（52），徙魯王劉興爲勃海王，勃海郡爲勃海國。傳國至勃海哀王劉基，卒後無子繼嗣，章帝哀憐，不除其國。和帝永元二年（90），封斟鄉侯劉威爲北海王。永元八年，劉威有罪自殺，北海國除爲郡。至安帝永初元年（107），鄧太后執政，復封壽光侯劉普爲北海王，北海郡復爲王國。傳國至獻帝建安十一年（206），北海康王卒，無子嗣爵，國除爲漢郡。清吴玉搢《金石存》卷六載，《北海相景君碑》碑文有“惟漢安二年仲秋□□、故北海相任城景府君卒”，此爲順帝漢安二年（143）前後北海爲諸侯王國的記録。　景帝置：其地漢初屬齊國之膠西郡。西漢文帝十六年（前164）屬膠西國。景帝二年（前155）膠西王劉印因“賣爵有奸”而被削六縣，漢以其地置北海郡〔詳周振鶴、李曉傑、張莉《中國行政區劃通史·秦漢卷（上）》，第310頁〕。案，有，中華本作“省”。黄山《後漢書集解校補》謂“有”爲“省”之訛。

劇。[1]有紀亭，古紀國。[2]**營陵**。[3]**平壽**。[4]有斟城。[5]有寒亭，古寒國，浞封此。[6]**都昌**。[7]**安丘**。[8]有渠丘亭。[9]**淳于**。[10]永元九年復。[11]有密鄉。[12]**平昌**。侯國。故屬琅邪。有蔞鄉。[13]**朱虚**。侯國。故屬琅邪，永初元年屬。[14]**東安平**。故屬菑川。六國時曰安平。有酅亭。[15]**高密**。侯國。[16]**昌安**。侯國。[17]安帝復。**夷安**。[18]侯國，安帝復。**膠東**。[19]侯國。**即墨**。[20]侯國。有棠鄉。[21]**壯武**。安帝復。[22]**下密**。[23]安帝復。拒。[24]**觀陽**。[25]

[1]【今注】劇：縣名。治所在今山東昌樂縣西北。

［2］【今注】紀亭：在今山東壽光市紀臺鎮。　紀國：周代姜姓小國，公元前 690 年爲齊國所滅。

［3］【今注】營陵：縣名。治所在今山東昌樂縣東南。

［4］【今注】平壽：縣名。治所在今山東昌樂縣東南。

［5］【劉昭注】杜預曰有斟亭。古斟國，故縣，後省。【今注】斟城：一作“斟亭”。在今山東濰坊市東南。其地古屬斟尋國，姒姓，相傳爲禹之後。《漢書·地理志》記北海郡有斟縣，東漢初省併。

［6］【今注】寒亭：在今山東濰坊市寒亭區。　寒國：夏代方國。《左傳》襄公四年記魏絳曰：“昔有夏之方衰也，后羿自鉏遷于窮石，因夏民以代夏政……棄武羅、伯因、熊髡、尨圉，而用寒浞。”杜預注：“寒，國。北海平壽縣東有寒亭。”

［7］【劉昭注】《左傳》莊元年齊遷紀之郚城。《地道記》曰郚城在縣西。【今注】都昌：縣名。治所在今山東昌邑市西。

［8］【今注】安丘：縣名。治所在今山東安丘市西南。丘，大德本作“平”。

［9］【劉昭注】《地道記》曰有渠丘城。【今注】渠丘亭：在今山東安丘市南。春秋時爲莒國之邑。《左傳》成公九年：“楚子重自陳伐莒，圍渠丘。”

［10］【今注】淳于：縣名。治所在今山東安丘市東北。

［11］【今注】永元九年復：案，《漢書·地理志》有淳于縣。本書卷一六《鄧禹傳》記光武帝建武十三年（37），封鄧禹爲高密侯，食高密、昌安、夷安、淳于四縣。明帝永平元年（58），鄧禹卒，“帝分禹封爲三國：長子震爲高密侯，襲爲昌安侯，珍爲夷安侯”。可知淳于縣作爲鄧禹侯國的一部分，至少應當存在至鄧禹卒年；鄧禹卒後，淳于不復爲侯國封域，則淳于縣應於此時省併（詳見趙海龍《〈東漢政區地理〉縣級政區補考》，《南都學壇》2016 年第 2 期）。

［12］【劉昭注】《左傳》隱二年紀莒盟密。故密鄉，在縣東北（北，底本作“此”，今據諸本改），後省。【今注】密鄉：《漢書·地理志》有“密鄉侯國”，在今山東昌邑市東南。

［13］【劉昭注】《左傳》昭五年“莒牟夷以牟婁及防、兹來奔”，杜預曰縣西南有防亭。【今注】平昌：縣名。治所在今山東諸城市西北。侯國置除情形，史書失載。疑其或爲琅邪王子侯國，後改屬北海〔詳見周振鶴、李曉傑、張莉《中國行政區劃通史·秦漢卷（下）》，第737頁〕。 蔞鄉：在今山東諸城市西南。春秋時爲杞國之邑，後歸莒國，復屬魯國。

［14］【劉昭注】《左傳》莊元年齊遷紀郚（郚，紹興本、大德本、殿本作“部”），杜預曰朱虛縣東南有郚城（郚，紹興本、大德本、殿本作“部”）。《鄭志》曰：“有小泰山，公玉帶曰岐伯令黄帝封東泰山（玉，大德本作‘王’。岐，覆刻殿本作‘岐’。東，大德本、殿本無），即此山也。”【今注】朱虚：縣名。治所在今山東臨朐縣東南。

［15］【劉昭注】故兆（陳景雲《兩漢訂誤》卷四疑“兆”爲“紀”之誤）。《左傳》莊三年“紀季以酅入於齊”。《地道記》有羌頭山。【今注】東安平：縣名。治所在今山東淄博市臨淄區東。據《水經注·淄水》，東漢光武帝建武七年（31），封劉茂爲東安平侯。 六國時曰安平：安平，戰國時期爲齊國之邑。《史記》卷八二《田單列傳》：“燕師長驅平齊，而田單走安平。”秦滅齊，因故趙地河間郡有安平縣，故改稱東安平以區别。 酅亭：在今山東青州市西北。酅，春秋時爲紀國之邑。

［16］【今注】高密：縣名。治所在今山東高密市西南。東漢光武帝建武十三年（37），封鄧禹爲高密侯，以高密、昌安、夷安、淳于四縣爲食邑。傳國至和帝永元十四年（102），高密侯鄧乾爲陰皇后巫蠱事牽連，國除爲縣。和帝元興元年（105），鄧乾恢復爵位，高密復爲侯國。

［17］【今注】昌安：縣名。治所在今山東安丘市東南。東漢光武帝建武十三年（37），封鄧禹爲高密侯，以高密、昌安、夷安、淳于四縣爲食邑。明帝永平元年鄧禹卒，侯國分爲三國，封鄧禹子鄧襲爲昌安侯。章帝章和元年（87）刑徒葬磚銘文殘字有“北海昌”〔胡海帆、湯燕編著：《中國古代磚刻銘文集（下）》，文物出版社2005年版，第6頁〕，“昌”即昌安，闕“安”字。

［18］【今注】夷安：縣名。治所在今山東高密市。東漢光武帝建武十三年（37）至明帝永平元年（58）爲高密侯鄧禹食邑。鄧禹卒，侯國分爲三國，以夷安縣封鄧禹子鄧珍爲侯。

［19］【今注】膠東：縣名。治所在今山東平度市。東漢光武帝建武十三年（37），封賈復爲膠東侯，以郁秩、壯武、下密、淳于、即墨、挺、觀陽六縣爲食邑。傳國至其孫賈敏，章帝建初元年（76），因誣告母殺人，有罪國除。同年，封賈復之子賈邯爲膠東侯。

［20］【今注】即墨：縣名。治所在今山東平度市東南。東漢光武帝建武十三年（37）至章帝建初元年（76），爲膠東侯食邑六縣之一。章帝建初元年，復封賈復之子賈宗爲即墨侯。

［21］【劉昭注】《左傳》襄六年圍棠，杜預曰棠國也。【今注】棠鄉：在今山東昌邑市南。

［22］【劉昭注】故夷國。《左傳》隱元年紀伐夷。【今注】壯武：縣名。治所在今山東青島市即墨區西。東漢光武帝建武十三年（37）至章帝建初元年（76），爲膠東侯食邑六縣之一。

［23］【今注】下密：縣名。治所在今山東昌邑市東。東漢光武帝建武十三年至章帝建初元年，爲膠東侯食邑六縣之一。

［24］【劉昭注】《地道記》曰：“養澤在西（錢大昕《三史拾遺》卷五據《漢書·地理志》琅琊長廣縣注引《地理記》，以爲‘養澤’上當有‘奚’字），幽州藪。有萊山、萊王祠。”【今注】拒：《漢書·地理志》《宋書·郡國志》並作“挺”，錢大昕《廿二

史考異·續漢書二》以爲“拒”當作“挺”，中華本據改，可從。又漢封泥有“梃丞”，或以爲當以“梃”爲是（詳見楊樹達《漢書窺管》，科學出版社 1955 年版，第 154 頁）。挺縣治所在今山東萊陽市南。東漢光武帝建武十三年（37）至章帝建初元年，爲膠東侯食邑六縣之一。

［25］【今注】觀陽：縣名。治所在今山東萊陽市。東漢光武帝建武十三年（37）至章帝建初元年（76），爲膠東侯食邑六縣之一。

東萊郡。高帝置。雒陽東三千一百二十八里。[1] 十三城，户十萬四千二百九十七，口四十八萬四千三百九十三。

［1］【今注】東萊郡：治黄縣（今山東龍口市）。　高帝置：此説有誤。其地秦時屬琅邪郡。漢初屬齊國之膠東郡。西漢文帝十六年（前 164）屬膠東國。景帝三年（前 154）膠東國參與吴楚七國之亂，國除爲郡。次年析膠東郡地置東萊郡。案，一，大德本、殿本作“二”。

黄。[1] **牟平**。[2] **㡉**。侯國。[3] **曲成**。侯國。[4] **掖**。侯國。[5] 有過鄉。[6] **當利**。侯國。[7] **東牟**。侯國。[8] **昌陽**。[9] **盧鄉**。[10] **長廣**。[11] 故屬琅邪。**黔陬**。侯國。[12] 故屬琅邪。有介亭。[13] **葛盧**。[14] 有尤涉亭。[15] **不期**。侯國，故屬琅邪。[16]

［1］【劉昭注】《地道記》曰：“縣東二百三十里至海中，連岑有上道（上，大德本、殿本作‘土’），秦始皇登此山，列二碑（列，大德本、殿本作‘刻’），東二百三十里有始皇、漢武

帝二碑。"【今注】黄：縣名。治所在今山東龍口市黄城鎮東。

［2］【今注】牟平：治所在今山東烟臺市西北。東漢光武帝建武五年（29），封耿舒爲牟平侯，以牟平縣爲侯國。傳國至安帝延光四年（125），安帝崩，牟平侯耿寶以"阿附嬖倖，共爲不道"之罪貶爲則亭侯，遂自殺，國除爲縣。順帝陽嘉三年（134），紹封耿寶之子耿箕爲牟平侯，牟平縣復爲侯國，後爲大將軍梁冀族滅，國除。

［3］【劉昭注】《地道記》曰有百枝萊君祠。《三齊記》曰："南有蹲犬山，山似犬蹲（山，大德本、殿本無），有神，劉寵出西都，經此山，山犬吠之，寵曰'山神謂我人也'。"【今注】惤（jiān）：縣名。治所在今山東龍口市東南。侯國置除情形不詳。惤，《漢書·地理志》作"㡨"。

［4］【劉昭注】《前書》𥜥萬里沙，在縣。【今注】曲成：縣名。治所在今山東招遠市西北。亦作"曲城"。侯國置除情形不詳。本書卷四一《寒朗傳》記永平中有曲成侯劉建卷入楚王劉英等謀反案件（《後漢紀·孝明皇帝紀》記爲"曲成侯竇建"），則明帝時即有曲成侯國。又宋洪适《隸釋》卷一載《魯相韓勑造孔廟禮器碑》記桓帝永壽二年（156）魯相韓勑整飭孔廟諸事，碑陰捐錢者題名中有"曲成侯王暠"，則當時曲成尚爲侯國。

［5］【今注】掖：縣名。治所在今山東萊州市。東漢光武帝建武九年（33），更封被陽侯歐陽歙。傳國至其子歐陽復，卒後無子嗣爵，國除爲縣。掖，又作"夜"。秦封泥有"夜丞之印"，漢封泥有"夜印""夜丞之印"。

［6］【劉昭注】故過國。【今注】過鄉：在今山東萊州市西北。過，古國名。相傳夏朝時寒浞封其子澆於此，後爲少康所滅。

［7］【今注】當利：縣名。治所在今山東萊州市西南。侯國置除情形不詳。

［8］【今注】東牟：縣名。治所在今山東烟臺市西北。侯國置

除情形不詳。

［9］【今注】昌陽：縣名。治所在今山東威海市文登區南。東漢安帝元初二年（115）刑徒葬磚銘文有“東萊昌陽髡鉗太史少”〔胡海帆、湯燕編著：《中國古代磚刻銘文集（下）》，第30頁〕。

［10］【今注】盧鄉：縣名。治所在今山東平度市北。

［11］【今注】長廣：縣名。治所在今山東萊陽市東。

［12］【今注】黔陬：縣名。治所在今山東膠州市西南。侯國置除情形不詳。

［13］【劉昭注】《左傳》襄二十四年“伐莒，侵介根”，杜預曰縣東北計基城。號介國。【今注】介亭：在今山東膠州市西南。介，春秋時期東夷小國，後併入齊國。《春秋》僖公二十九年：“介葛盧來。”

［14］【今注】葛盧：縣名。治所在今山東膠州市，具體位置無考。《漢書·地理志》中未見此縣，當是東漢新置。黎翔鳳《管子校注》引張佩綸説：“葛盧，《續漢書·郡國志》東萊郡葛盧有尤涉亭，疑即葛盧山也。”（中華書局2011年版，第1359頁）

［15］【今注】尤涉亭：鄉亭名。具體位置不詳。

［16］【劉昭注】《三齊記》曰：“鄭玄教授不期山，山下生草大如韰（生，大德本作‘土’；韰，大德本作‘薤’），葉長一尺餘，堅刃異常（刃，覆刻殿本作‘韌’），土人名曰康成書帶。”【今注】不期：《漢書·地理志》作“不其”，“期”當作“其”。不其縣治所在今山東青島市即墨區西南。東漢光武帝建武六年（30），徙封伏湛爲不其侯。傳國至獻帝建安十九年（214），不其侯伏完被曹操誅殺，國除。

齊國。秦置。雒陽東千八百里。[1]六城，户六萬四千四百一十五，口四十九萬一千七百六十五。[2]

［1］【今注】齊國：治臨菑縣（今山東淄博市臨淄區北）。東漢初爲齊郡。光武帝建武十一年（35），徙太原王劉章爲齊王，以齊郡爲王國。建武十三年，齊王降爲齊公，齊王國相應降爲齊公國。建武十九年，齊公進爵爲齊王，齊公國復爲齊王國。傳國至章帝章和元年（87），齊王劉晃有罪，被貶爲蕪湖侯，國除爲郡。和帝永元二年（90），紹封劉晃之子劉無忌爲齊王，齊郡復爲齊王國。傳國至其孫劉承，獻帝建安十一年（206）國除。

［2］【今注】案，大德本無"四"字。

臨菑。本齊。刺史治。[1] **西安**。[2] 有棘里亭。[3] 有蘧丘里，古渠丘。[4] **昌國**。[5] **臨朐**。[6] 有三亭，古郱邑。[7] **廣**。[8] **般陽**。[9] 故屬濟南。

［1］【劉昭注】《爾雅》十藪，齊有海隅，郭璞曰海濱廣斥。《左傳》齊戍葵丘，杜預曰在縣西。《皇覽》曰："吕尚冢在縣城南，去縣十餘里，在齊桓公冢南（桓，紹興本作'淵聖御名'，下'桓'字同）。菑水南桓公冢西北有晏嬰冢。"《孟子》注曰："南小山，曰牛山。"《博物記》曰縣西有袁婁。【今注】臨菑：縣名。治所在今山東淄博市臨淄區北。齊國（劉郡）、青州刺史治所皆設於此。東漢獻帝建安十九年（214），封曹植爲臨菑侯。

［2］【今注】西安：縣名。治所在今山東淄博市東北。

［3］【劉昭注】杜預曰在縣東。陳桓子封子山。【今注】棘里亭：在今山東淄博市臨淄區西北。

［4］【今注】渠丘：在今山東淄博市臨淄區西。春秋時爲齊國之邑。《左傳》昭公十一年記楚申無宇之語："齊渠丘實殺無知。"杜預注："渠丘，今齊國西安縣也。齊大夫雍廩邑。"

［5］【今注】昌國：縣名。治所在今山東淄博市東南。

［6］【今注】臨朐：縣名。治所在今山東臨朐縣。

[7]【劉昭注】《左傳》莊元年齊所徙，杜預曰在縣東南。應劭曰伯氏邑也。《地道記》曰有石高山。【今注】郱：在今山東臨朐縣東南。春秋時爲紀國之邑，後屬齊國。《春秋》莊公元年載，“齊師遷紀郱、鄑、郚”。杜預注：“齊欲滅紀，故徙其三邑之民而取其地。郱在東莞臨朐縣東南。”郱，又作“缾”。《漢書·地理志》有缾侯國。

[8]【今注】廣：縣名。治所在今山東青州市西南。

[9]【今注】般（pán）陽：縣名。治所在今山東淄博市西南。

右青州刺史部，郡、國六，縣六十五。

南陽郡。秦置。雒陽南七百里。[1]三十七城，户五十二萬八千五百五十一，[2]口二百四十三萬九千六百一十八。

[1]【今注】南陽郡：治宛縣（今河南南陽市卧龍區）。　秦置：南陽郡原爲韓、楚、魏三國交界之地，秦昭襄王三十五年（前272）據其地而置南陽郡。據《釋名》，在中國之南而居陽地，故以爲名。

[2]【今注】案，五十一，大德本作“十一”。

宛。本申伯國。[1]有南就聚。[2]有瓜里津。[3]有夕陽聚。[4]有東武亭。[5]**冠軍**。邑。[6]**葉**。有長山，曰方城。[7]有卷城。[8]**新野**。[9]有東鄉，故新都。[10]有黄郵聚。[11]**章陵**。[12]故春陵，世祖更名。[13]有上唐鄉。[14]**西鄂**。[15]**雉**。[16]**魯陽**。有魯山。[17]有牛蘭累亭。[18]**犨**。[19]**堵陽**。[20]**博望**。[21]**舞陰**。邑。[22]**比陽**。[23]**復陽**。侯

國。[24]有杏聚。[25]**平氏**。桐柏大復山，淮水出。[26]有宜秋聚。[27]**棘陽**。[28]有藍鄉。[29]有黄淳聚。[30]**湖陽**。邑。[31]**隨**。[32]西有斷蛇丘。[33]**育陽**。邑。[34]有小長安。[35]有東陽聚。[36]**涅陽**。[37]**陰**。[38]**酇**。[39]**鄧**。[40]有鄾聚。[41]**山都**。侯國。[42]**酈**。侯國。[43]**穰**。[44]**朝陽**。[45]**蔡陽**。侯國。[46]**安衆**。侯國。[47]**筑陽**。侯國。有涉都鄉。[48]**武當**。有和成聚。[49]**順陽**。侯國。[50]故博山。有須聚。[51]**成都**。[52]**襄鄉**。[53]**南鄉**。[54]**丹水**。故屬弘農。[55]有章密鄉。有三户亭。[56]**析**。[57]故屬弘農。故楚白羽邑。[58]有武關，在縣西。[59]有豐鄉城。[60]

[1]【劉昭注】《荆州記》曰："郡城周三十六里。"《博物記》有申亭。《南都賦》注曰有玉池、澤陂。【今注】宛：縣名。治所在今河南南陽市卧龍區。東漢和帝永元四年（92）刑徒葬磚銘文有"南陽宛完城旦魏蘭"〔胡海帆、湯燕編著：《中國古代磚刻銘文集（下）》，第14頁〕。　申伯國：古國名。申爲姜戎的一支，其首領申伯爲周宣王之舅父，被封於謝（今河南南陽市北），此即申國。春秋時爲楚國所滅。

[2]【今注】南就聚：鄉聚名。在今河南南陽市宛城區黄臺崗鎮。《水經注·淯水》："淯水之南，又有南就聚，《郡國志》所謂南陽宛縣有南就聚者也。"

[3]【劉昭注】《東觀書》鄧奉拒光武瓜里。【今注】瓜里津：古渡口名。又稱"淯陽渡"，在今河南南陽市宛城區新店鄉英莊村至卧龍區七一街道辦事處之間的白河（即淯水）上。係溝通南陽盆地與洛陽盆地的方城路的交通要地，河上設有三道橋梁。《水經注·淯水》："淯水又西南逕史定伯碑南，又西爲瓜里津，水上有三梁，謂之瓜里渡。自宛道途東出堵陽，西道方城。建武三年，世祖

自堵陽西入，破虜將軍鄧奉怨漢掠新野，拒瓜里，上親搏戰，降之夕陽下，遂斬奉。《郡國志》所謂宛有瓜里津、夕陽聚者也。"

［4］【劉昭注】《袁山松書》曰："賈復從擊鄧奉，追至夕陽聚。"【今注】夕陽聚：鄉聚名。在今河南南陽市卧龍區蒲山鎮。

［5］【今注】東武亭：在今河南南召縣南。春秋時爲楚國武城邑。

［6］【今注】冠軍：縣名。治所在今河南鄧州市西北。本南陽郡穰縣盧陽鄉、宛縣臨駣聚地，西漢武帝元朔六年（前123）以其地封霍去病爲冠軍侯，取功冠諸軍之義。東漢光武帝建武元年（25），封執金吾賈復爲冠軍侯。建武十三年，賈復定封爲膠東侯，冠軍侯國除爲漢縣。和帝永元四年（92），竇憲被更封爲冠軍侯，不久自殺，國除。順帝永和三年（138），封皇女劉成男爲冠軍長公主，以冠軍縣爲湯沐邑，故本志作"冠軍邑"，惟除邑之年不詳。靈帝熹平元年（172），中常侍王甫告發勃海王劉悝謀反有功，封爲冠軍侯。光和二年（179），王甫被收捕誅死，國除。

［7］【劉昭注】杜預曰方城山在縣南。屈完曰"楚國方城以爲城"。《皇覽》曰："縣西北去城三里葉公諸梁冢，近縣祠之，曰葉君丘。"【今注】葉（shè）：縣名。治所在今河南葉縣西南。東漢安帝永初元年（107），封外戚鄧悝爲葉侯，傳國至其子鄧廣宗，建光元年（121），被免爲庶人，國除。　有長山曰方城：《漢書·地理志》作"有長城號曰方城"，惠棟《後漢書補注》引《水經注》《晉書·地理志》及盛宏之《荆州記》俱作"長城"，中華本校勘記據此以爲"長山"當作"長城"。方城爲春秋戰國時期楚國在北界構築的長城，主體在今河南南陽市境内。

［8］【劉昭注】《左傳》昭二十五年楚子使季然郭卷。【今注】卷城：在今河南葉縣西南。卷，春秋時爲楚國之邑。

［9］【今注】新野：縣名。治所在今河南新野縣。

［10］【劉昭注】王莽封也。【今注】新都：在今河南新野縣

東。西漢時本爲南陽郡新野縣都鄉之地，成帝永始元年（前 16）封外戚王莽爲新都侯，遂有新都縣。東漢時省併新都縣，其地爲新野縣之東鄉。

［11］【劉昭注】吴漢破秦豐也（也，殿本作“地”）。【今注】黄郵聚：鄉聚名。在今河南新野縣新甸鋪鄉南王村，南臨黄渠河（漢代稱黄郵水）。西漢時屬南陽郡棘陽縣。《漢書》卷九九上《王莽傳上》記載，哀帝即位後以黄郵聚三百五十户益封新都侯王莽。顔師古注引服虔曰：“黄郵在南陽棘陽縣。”東漢屬新野縣。本書卷一八《吴漢傳》記載，光武帝建武二年（26）春，大司馬吴漢率諸將與秦豐大戰於黄郵水上，大獲全勝。黄郵水是古棘水流經新野縣東河段之名，黄郵聚即在水濱。《水經注·棘水》：“棘水又南逕新野縣，歷黄郵聚，世祖建武三年，傅俊、岑彭進擊秦豐，先拔黄郵者也。謂之黄郵水，大司馬吴漢破秦豐於斯水之上。其聚落悉爲蠻居，猶名之爲黄郵蠻。”

［12］【今注】章陵：縣名。治所在今湖北棗陽市南。其地西漢時爲南陽郡蔡陽縣白水鄉，元帝初元元年（前 48），將舂陵侯劉仁封國從零陵郡徙至此地，稱舂陵侯國。東漢初爲舂陵鄉，屬蔡陽縣。東漢光武帝建武六年（30）春正月，以其爲龍興之地，下詔改舂陵鄉爲章陵縣，世世免除徭役。

［13］【劉昭注】《古今注》曰：“建武十八年，使中郎將耿遵築城。”

［14］【劉昭注】《前志》曰故唐國。下江兵，荆州軍。【今注】上唐鄉：在今湖北隨州市唐縣鎮。本書卷一五《王常傳》記載，新莽末，下江兵首領王常等“引軍與荆州牧戰於上唐，大破之”。今案，劉昭注“下江兵，荆州軍”似不成文，當有脱漏，當云“下江兵破荆州軍處”（詳黄山《後漢書集解校補》），或“下江兵破王莽荆州軍處”（詳曹金華《後漢書稽疑》）。

［15］【劉昭注】有精山，朱儁破孫夏。《山海經》曰：“有豐

山，神耕父處之，常遊清泠之淵，出入有光，見即其國爲敗。有九鍾焉，是知霜鳴。”郭璞曰：“清泠水在西鄂縣山上，神來時水赤光耀，今有屋祠也。霜降則鍾鳴，故言知也。物有自然感應，而不可爲也。”《南都賦》注：“耕父，旱鬼也。”《皇覽》曰王子朝冢在縣西。【今注】西鄂：縣名。治所在今河南南陽市東北。

［16］【劉昭注】《博物記》曰滍水出。【今注】雉：縣名。治所在今河南南召縣東南。

［17］【劉昭注】《前志》曰古魯縣。《南都賦》注：“有堯山，封劉累，立堯祠。”【今注】魯陽：縣名。治所在今河南魯山縣。東漢安帝元初六年（119）刑徒葬磚銘文有“南陽魯陽鬼新胡生”（中國科學院考古研究所洛陽工作隊：《東漢洛陽城南郊的刑徒墓地》，《考古》1972年第4期）。　魯山：王念孫《讀書雜志四·漢書第六》以爲當爲“堯山”。相傳堯之後裔劉累善養龍，爲避夏后求索，遷至魯縣，立堯祠於西山，謂之堯山。

［18］【劉昭注】《謝沈書》云牛蘭山也。【今注】牛蘭累亭：在今河南魯山縣西北。

［19］【今注】犨（chōu）：縣名。治所在今河南魯山縣東南。犨，亦作“犫”。西漢封泥有“犫丞之印”。張家山漢簡《二年律令·秩律》有“犫”縣。

［20］【今注】堵（zhě）陽：縣名。治所在今河南方城縣東。東漢光武帝建武二年（26），更封安陽侯朱祐爲堵陽侯。建武十三年，定封爲鬲侯，堵陽國除。

［21］【今注】博望：縣名。治所在今河南方城縣西南。

［22］【今注】舞陰：縣名。治所在今河南泌陽縣西北。東漢光武帝建武三年（26），封征南大將軍岑彭爲舞陰侯，舞陰縣爲侯國。傳國至其子岑遵，徙封爲細陽侯，舞陰侯國除。建武十五年，封皇女劉義王爲舞陰長公主，以舞陰縣爲湯沐邑。據本書卷三四《梁統傳》記載，章帝建初八年（83），夫家梁氏遭竇太后嚴治，

兩位梁貴人被譖殺，梁竦等以惡逆罪名死於獄中，家屬遠徙九真郡，“辭語連及舞陰公主，坐徙新城，使者護守”。舞陰長公主遭此牽連，湯沐邑或同時被除，舞陰當復爲縣。安帝建光元年（121），封其妹劉别得爲舞陰長公主，舞陰縣復爲湯沐邑，故本志作“舞陰邑”。又據本書卷一六《鄧禹傳》記載，高密侯鄧褒“尚安帝妹舞陰長公主，桓帝時爲少府。褒卒，長子某嗣。少子昌襲母爵爲舞陰侯，拜黄門侍郎”。則公主劉别得卒後，其少子劉昌襲爵，舞陰邑轉爲舞陰侯國，時當在桓帝時期。安帝永初元年（107）刑徒葬磚銘文有“南陽武陰完城旦捐祖”（中國科學院考古研究所洛陽工作隊：《東漢洛陽城南郊的刑徒墓地》，《考古》1972 年第 4 期），“武陰”即舞陰。

［23］【今注】比陽：縣名。治所在今河南泌陽縣。本書卷四《和帝紀》載，和帝永元三年（91）“夏六月辛卯，尊皇太后母比陽公主爲長公主”。據李賢注，比陽公主爲東海恭王劉彊之女，則比陽縣曾爲公主湯沐邑。

［24］【今注】復陽：縣名。治所在今河南桐柏縣西北。地在大復山之南，故名。東漢安帝延光四年（125），中黄門李建因擁立順帝有功而被封爲復陽侯，故本志作“復陽侯國”。

［25］【今注】杏聚：鄉聚名。在今河南桐柏縣南。據本書卷一七《岑彭傳》記載，兩漢之際，南方大亂，許邯起兵於杏，光武帝建武二年（26）被岑彭擊破。

［26］【劉昭注】《前書》曰在縣南。《荆州記》曰：“桐柏淮源涌發，其中潛流三十里，東出大復山南，山南有淮源廟。”《博物記》曰：“有陽山，出紫草。”【今注】平氏：縣名。治所在今河南桐柏縣西北。　大復山：在今河南桐柏縣東，爲桐柏山支峰，淮水源出之地。

［27］【劉昭注】伯升見下江兵。【今注】宜秋聚：鄉聚名。在今河南唐河縣東南。劉縯、劉秀起兵之初，曾與下江兵領袖王常等

會面於此，約定合軍反抗新莽政權。

［28］【劉昭注】《荆州記》曰東北百里有謝城。【今注】棘陽：縣名。治所在今河南新野縣東北。本書卷二二《馬成傳》記載，光武帝建武二十七年（51），馬成封爲全椒侯。傳國至其孫馬香，徙封棘陵侯。傳國至馬醜，桓帝時以罪失國。棘陵，錢大昭《後漢書補表》卷三《光武明章和安順沖功臣侯》逕作“棘陽”。曹金華《後漢書稽疑》以爲，兩漢無“棘陵”，疑作“棘陽”，屬南陽郡。

［29］【劉昭注】伯升襲甄阜也（也，殿本作“處”）。【今注】藍鄉：在今河南唐河縣西。王莽地皇三年（22）十二月，前隊大夫甄阜、屬正梁丘賜率官軍鎮壓南陽境内農民起義，初戰獲勝，留輜重於藍鄉，南渡黄淳水，繼續進擊。劉縯所部漢軍與新市、平林、下江諸部義軍聯合，夜襲藍鄉，盡獲莽軍輜重，次日大敗莽軍，殺其主帥甄阜、梁丘賜。此即“藍鄉之戰”。

［30］【劉昭注】又伯升攻梁丘賜。杜預曰蓼國在東南。《前志》蓼國湖陽是。【今注】黄淳聚：鄉聚名。在今河南新野縣東。王莽地皇三年（22），反莽義軍在此大敗前隊大夫甄阜、屬正梁丘賜率官軍。

［31］【劉昭注】《荆州記》曰：“樊重母畏雷，爲石室避之，悉以文石爲階，今存。”【今注】湖陽：縣名。治所在今河南唐河縣南。東漢光武帝建武二年（26），封其長姊劉黄爲湖陽長公主，以湖陽縣爲湯沐邑，故本注稱“湖陽邑”。

［32］【劉昭注】古隨國。【今注】隨：縣名。治所在今湖北隨州市曾都區。

［33］【劉昭注】即銜珠之蛇也。杜預曰有賴亭。《左傳》僖十五年齊伐厲，在縣北。《帝王世記》曰（記，殿本作“紀”，下同）：“神農氏起列山，謂列山氏，今隨厲鄉是也。”《荆州記》曰：“縣北界有重山，山有一穴，云是神農所生。又有周迴一頃二

十畝地，外有兩重壍，中有九井。相傳神農既育，九井自穿，汲一井則衆井動，即此地爲神農社，年常祠之。”【今注】斷蛇丘：在今湖北隨州市西北。《水經注·溳水》：“溠水又東南逕隨縣故城西……水側有斷蛇丘，隨侯出而見大蛇中斷，因舉而藥之，故謂之斷蛇丘。後蛇銜明珠報德，世謂之隨侯珠，亦曰靈蛇珠。”

［34］【今注】育陽：縣名。亦作“淯陽”。治所在今河南南陽市宛城區。東漢光武帝建武十七年（41），封皇女劉禮劉爲育陽公主，以育陽縣爲湯沐邑，故本志作“育陽邑”。桓帝延熹四年（161），封外戚鄧秉（秉，一作“庾”）爲育陽侯。延熹八年，鄧氏敗，國除。靈帝建寧元年（168），中常侍曹節因誅殺竇武、陳蕃有功被封爲育陽侯。熹平元年（172）徙封爲冠軍侯，育陽侯國除。

［35］【劉昭注】漢軍爲甄阜所破處。【今注】小長安：鄉聚名。在今河南南陽市宛城區瓦店鎮（一説在今南陽市宛城區黃臺崗鎮白河東岸）。王莽地皇三年（22），劉縯、劉秀所部義軍在此遭受重創，劉氏宗族數十人死難。光武帝建武二年（26），光武帝於此大破叛將鄧奉。

［36］【劉昭注】朱祐破張成處。【今注】東陽聚：鄉聚名。在今河南南陽市南。東漢光武帝建武三年（27），建義大將軍朱祐與延岑大戰於東陽，斬其將張成。

［37］【今注】涅陽：縣名。治所在今河南鄧州市穰東鎮和鎮平縣侯集鎮之間。東漢光武帝建武十五年，封皇女劉中禮爲涅陽公主，以涅陽縣爲湯沐邑，邑除時間不詳。安帝建光元年（121），封其妹劉侍男爲涅陽長公主，涅陽縣復爲湯沐邑。

［38］【今注】陰：縣名。治所在今湖北老河口市北。

［39］【今注】酇：侯國名。治所在今湖北老河口市西北。東漢光武帝建武元年（25），封鄧禹爲酇侯，次年更封爲梁侯，酇侯國除。建武十三年，更封期思侯馬宫爲酇侯，建武十五年，定封爲朗陵侯。章帝建初七年（82），紹封蕭何後人蕭熊爲酇侯。

［40］【今注】鄧：縣名。治所在今湖北襄陽市樊城區團山鎮鄧城遺址。東漢獻帝建安二十二年（217），封曹操之孫曹琮爲鄧侯。安帝元初六年（119）刑徒葬磚銘文有“南陽鄧髡鉗乾慮”（中國科學院考古研究所洛陽工作隊：《東漢洛陽城南郊的刑徒墓地》，《考古》1972年第4期）。

［41］【劉昭注】《左傳》桓九年楚師圍鄾。【今注】鄾聚：鄉聚名。在今湖北襄陽市樊城區團山鎮鄧城東南。鄾，春秋時期鄧國之附庸。

［42］【今注】山都：縣名。治所在今湖北襄陽市襄城區西北。光武帝建武元年，封馬武爲山都侯。建武十三年，更封鄃侯，山都侯國除。安帝延光四年（125），中黄門楊佗因擁立順帝有功而被封爲山都侯。

［43］【劉昭注】《荆州記》曰：“縣北八里有菊水，其源旁悉芳菊，水極甘馨。又中有二十家（二，紹興本、大德本、殿本作‘三’），不復穿井，仰飲此水（仰，殿本作‘即’），上壽百二十三十，中壽百餘，七十者猶以爲夭。漢司空王暢、太傅袁隗爲南陽令，縣月送三十餘石，飲食澡浴悉用之。太尉胡廣父患風羸，南陽恒汲飲此水，疾遂瘳。此菊莖短花大（花，殿本作‘葩’），食之甘美，異於餘菊。廣又收其實，種之京師，遂處處傳植之。”【今注】酈：縣名。治所在今河南内鄉縣西北。東漢安帝延光四年（125），長樂太官丞王國因擁立順帝有功而被封爲酈侯。

［44］【今注】穰（ráng）：縣名。治所在今河南鄧州市。東漢光武帝建武十三年，中山王劉藏降爲穰侯。和帝永元四年，封鄧疊爲穰侯，其後不久鄧疊下獄被殺，國除。

［45］【劉昭注】《南都賦》陂澤有鉗盧，注曰在縣。【今注】朝陽：縣名。治所在今河南新野縣西南。東漢明帝永平中，封劉浮爲朝陽侯，傳國至其孫劉護，無子嗣爵，國除。安帝延光中，紹封劉護從兄劉瓌爲朝陽侯。延光四年（125），劉瓌被貶爲亭侯，朝陽

侯國除。

［46］【劉昭注】《襄陽耆舊傳》曰：“有松子亭，下有神陂，中多魚，人捕不可得。”《南都賦》所稱（都，大德本作“郡”）。【今注】蔡陽：縣名。治所在今湖北棗陽市西南。東漢光武帝建武十三年（37），封城陽恭王劉祉嫡子劉平爲蔡陽侯，後因與諸王交通而被廢黜，蔡陽侯國除。明帝永平五年（62），更封爲竟陵侯，本志記蔡陽爲侯國，置除情形不詳。靈帝光和二年（179），封故司徒張濟之子張根爲蔡陽侯。

［47］【劉昭注】《博物記》曰：“有土魯山，出紫石英。”【今注】安乘：紹興本、大德本、殿本作“安衆”，底本誤，應從諸本改。安衆，縣名。治所在今河南鄧州市東北。東漢光武帝建武二年（26），紹封故安衆侯劉崇從父弟劉寵（一説爲劉宣）爲安衆侯。

［48］【劉昭注】杜預曰穀國在縣北。《博物記》曰今穀亭。《荆州記》曰：“縣北四里有開林山，西北有𪓰山。”【今注】筑陽：縣名。治所在今湖北穀城縣東北。東漢光武帝建武二十年（44），封吴漢之子吴盱爲筑陽侯。章帝建初八年（83），徙封爲平春侯，筑陽侯國除。本志記筑陽爲侯國，置除情形不詳。　涉都鄉：在今湖北穀城縣西北。西漢有涉都侯國，西漢武帝曾於元封元年（前110）封南粤國降將嘉於涉都。本書卷八二上《方術傳》記前司徒李郃曾謀立順帝，“於是録陰謀之功，封郃涉都侯，辭讓不受”。

［49］【劉昭注】《荆州記》曰：“縣有女思山，南二百里。有武當。”【今注】武當：縣名。治所在今湖北丹江口市西北。東漢光武帝建武二十五年（49），西華侯鄧晨卒，少子鄧棠嗣爵，後徙封爲武當侯。傳國至鄧福，順帝永建元年（126）卒，無子嗣爵，國除。　和成聚：鄉聚名。在今湖北丹江口市西北。《後漢紀·光武皇帝紀》卷四記建武三年岑彭征討秦豐，“乃令軍中曰：‘明旦軍會和成’”。曹金華《後漢書稽疑》以爲“和成”即本志之“和成聚”。成，大德本、殿本作“城”。

[50]【今注】順陽：縣名。治所在今河南淅川縣東南順陽堡。西漢哀帝綏和二年（前7）封孔光爲博山侯，順陽之名遂爲博山取代，故《漢書·地理志》無順陽而有博山侯國。東漢恢復順陽故稱，恢復故稱之時間，史書説法不一。《漢書·地理志》記“博山，侯國。哀帝置，故順陽”，注引應劭曰：“漢明帝改曰順陽，在順水之陽也。”師古曰：“順陽，舊名，應説非。”據應劭所言，明帝時改博山之名爲順陽。顔師古認爲博山舊稱順陽，明帝衹是恢復舊稱而不是改名，故對應劭所言予以否定，但對明帝時更用舊名這一時間點，似乎是認可的。然本書卷一四《劉嘉傳》載建武十三年（37），光武帝封族兄劉嘉爲順陽侯。據此，則建武時即用順陽之名，與應劭所説不同，不知何者爲是。劉嘉傳國至其子劉參，因罪削爵爲南鄉侯，順陽侯國除。章帝建初四年（79），封外戚馬廖爲順陽侯。傳國至其子馬遵，和帝時徙封爲程鄉侯。本志記順陽爲侯國，置除情形不詳。

[51]【今注】須聚：鄉聚名。當在今河南淅川縣東南。

[52]【今注】成都：南陽郡屬縣。今地無考。《漢書·地理志》不見此縣名，或爲東漢時新置。李慈銘《後漢書札記》卷七以爲“成都”當作“新都”。

[53]【今注】襄鄉：縣名。治所在今湖北棗陽市東北。《漢書·地理志》不見此縣名。本爲蔡陽縣下轄鄉，東漢時析置爲縣。

[54]【今注】南鄉：縣名。治所在今河南淅川縣西南。《漢書·地理志》不見此縣名。漢魏洛陽故城南郊東漢刑徒墓地出土刑徒磚有“右無任南陽南鄉鬼薪張伯，永寧元年五月十六日死”（中國社會科學院考古研究所編著：《漢魏洛陽故城南郊東漢刑徒墓地》，文物出版社2007年版，第104頁）。永寧爲漢安帝年號，可知南鄉最晚在安帝永寧元年（120）已經置縣。

[55]【劉昭注】南鄉、丹水二縣有商城，張儀與楚商於之地。【今注】丹水：縣名。治所在今河南淅川縣西。

［56］【劉昭注】《左傳》哀四年晉執蠻子畀楚師。【今注】三户亭：在今河南淅川縣西北。本書卷四二《光武十王傳》記延熹四年（161），桓帝立河間孝王子參户亭侯劉博爲任城王，以奉其祀。李賢注："杜預注《左傳》曰：'今丹水縣北有三户亭。'故城在今鄧州内鄉縣西南也。"曹金華《後漢書稽疑》以爲，《後漢書·郡國志》南陽郡丹水縣有"三户亭"，然鄴城西也有"三户"，河間王子未必封於南陽。

［57］【今注】析：縣名。治所在今河南西峽縣。東漢安帝延光四年（125），中黄門趙封因擁立順帝有功而被封爲析侯。

［58］【劉昭注】《左傳》昭十八年"許遷于白羽"。

［59］【劉昭注】《南都賦》曰武關在其西，文穎曰去縣百七十里。【今注】武關：關隘名。在今陝西丹鳳縣武關鎮，是從南陽盆地西北進入關中平原的必經之地。戰國秦漢時期，這條利用丹江谷地聯繫關中平原和南陽盆地，進而實現與江漢平原溝通的重要道路，稱爲武關道。

［60］【劉昭注】《左傳》哀四年"司馬起豐、析"。《荆州記》曰："縣有龍淵，深不測。縣北有馬頭山。"【今注】豐鄉城：在今陝西山陽縣。豐，春秋時期爲楚國之邑。《左傳》哀公四年夏，楚國左司馬眅"起豐、析與戎狄，以臨上雒"。

南郡。秦置。雒陽南一千五百里。[1]十七城，户十六萬二千五百七十，口七十四萬七千六百四。

［1］【今注】南郡：始治江陵縣（今湖北荆州市荆州城西北）。東漢章帝建初四年（79），徙鉅鹿王劉恭爲江陵王，以南郡之地爲江陵國。元和二年（85），徙江陵王爲六安王，江陵國復爲南郡。

江陵。[1]有津鄉。[2]**巫**。西有白帝城。[3]**秭歸**。本歸國。[4] **中盧**。侯國。[5] **編**。有藍口聚。[6] **當陽**。[7] **華容**。侯國。雲夢澤在南。[8] **襄陽**。有阿頭山。[9] **邔**。侯國。有犂丘城。[10] **宜城**。侯國。[11] **鄀**。侯國，永平元年復。[12] **臨沮**。侯國。有荆山。[13] **枝江**。侯國。[14] 本羅國。[15] 有丹陽聚。[16] **夷道**。[17] **夷陵**。有荆門，[18] 虎牙山。[19] **州陵**。[20] **佷山**。[21] 故屬武陵。

[1]【劉昭注】《史記》曰楚熊渠立長子康爲句亶王，張瑩曰今江陵也。《皇覽》曰："孫叔敖傳在城中白土里（傳，紹興本、大德本、殿本作'冢'，底本誤）。"【今注】江陵：縣名。治所在今湖北荆州市荆州城西北。秦至西漢前期，江陵縣及南郡皆治郢城（今湖北荆州市紀南生態文化旅游區）。約在西漢中晚期，遷至今荆州城西北的嵠峨山城址附近，東漢沿用。（參見荆州博物館《郢城遺址的年代與性質新證》，《江漢考古》2020 年第 3 期；王紅星、朱江松《江陵城、南郡城、荆州城辨正——以考古資料爲中心》，《歷史地理研究》2020 年第 2 期）

[2]【劉昭注】《左傳》莊十九年楚子大敗於津。《荆州記》曰："縣東三里餘有三湖，湖東有水，名萇谷（萇，大德本、覆刻殿本作'長'），又西北有小城名曰冶父，《左傳》曰：'莫敖縊于荒谷，群帥囚于冶父（帥，大德本、殿本作"師"。冶，紹興本作"台"）。'縣北十餘里有紀南城，楚王所都。東南有郢城，子囊所城（囊，大德本作'襄'）。"《史記》蘇秦説楚威王："楚東有夏州（大德本無'楚'字）。"《左傳》楚莊伐陳，鄉取一人以歸，謂之夏州。今夏口城有洲（洲，大德本、覆刻殿本作"州"），名夏口。【今注】津鄉：在今湖北江陵縣東，爲江防重地。津，春秋時爲楚國之地。《左傳》莊公十九年，"楚子大敗於津"。杜預注："津，楚地。或曰江陵縣有津鄉。"據本書卷一上

《光武帝紀上》，建武五年（29），征南大將軍岑彭大破田戎於此。又據本書卷一七《岑彭傳》，岑彭將伐公孫述，“自引兵還屯津鄉，當荆州要會”。李賢注：“津鄉，縣名，所謂江津也。《東觀記》曰：‘津鄉當荆、楊之咽喉。’”今案，李賢注誤，津鄉爲鄉名而非縣名。

［3］【劉昭注】郭璞曰有巫山。【今注】巫：縣名。治所在今重慶市巫山縣北。　白帝城：在今重慶市奉節縣白帝鎮白帝山上。兩漢之際，公孫述割據巴蜀，於此地因山勢築城，扼守長江三峽西口，以白帝自詡，故後世名之爲白帝城。

［4］【劉昭注】杜預曰夔國。《荆州記》曰：“縣北一百里有屈平故宅，方七頃，累石爲屋基，今其地名樂平。宅東北六十里有女須廟（北，底本作‘共’，今據諸本改。須，大德本作‘預’）。”【今注】秭歸：縣名。治所在今湖北秭歸縣。　本歸國：大德本作“本國”。此指歸國，西周羋姓方國。春秋時遷至今湖北秭歸縣東南，後爲楚國所滅。歸，一作“夔”。

［5］【劉昭注】《襄陽耆舊傳》曰：“古盧戎也。縣西山中有一道，漢時常有數百匹馬出其中，馬形皆小，似巴、滇馬。三國時陸遜攻襄陽，又值此穴中有數十匹馬出（此，紹興本作‘比’），遜載還建業。蜀使來，有五部兵家滇池者，識其馬色，云亡父所乘，對之流涕。”《荆州記》云：“是析縣馬頭山。又縣南十五里有踈水（踈，大德本、殿本作‘陵’），東流注沔（東，大德本作‘水’）。水中有物如馬，甲如鮮鯉，不可入。七八月中好在磧上自曝，膝頭似虎掌爪。小兒不知，欲取弄戲，便殺人（便，大德本作‘使’）。或曰，生得者，摘其鼻，厭可小，小使名爲木盧。”【今注】中盧：縣名。治所在今湖北襄陽市襄州區西南。盧，一作“廬”。西漢初爲襄平侯國别邑，即荆州松柏漢墓《南郡免老簿》“襄平侯中廬”（荆州博物館：《湖北荆州紀南松柏漢墓發掘簡報》，《文物》2008年第4期）。西漢武帝元封元年（前

110）襄平侯國除，中廬由侯國别邑改爲縣。東漢安帝延光四年（125），中黄門孟叔因擁立順帝有功而被封爲中廬侯，故本志作“中盧侯國”。

［6］【劉昭注】下江兵所據。《左傳》鬬緡以權叛，楚遷於那處，杜預曰：縣東南有郡口城（郡，紹興本、大德本、殿本作“那”）。【今注】編：縣名。治所在今湖北荆門市北。　藍口聚：鄉聚名。在今湖北鍾祥市西北。新莽末，王常、成丹、張卬所部義軍曾屯聚藍口，號稱“下江兵”。

［7］【劉昭注】杜預曰縣東有權城。楚武王所剋。《荆州記》曰：“縣東南有麥城，城東有盧城，沮水西有磨城，伍子胥造此二城以攻麥城。”【今注】當陽：縣名。治所在今湖北荆門市南。

［8］【劉昭注】杜預曰州國在縣東。枝江縣有雲夢城，江夏安陸縣東南有雲夢城，或曰華容縣東南亦有雲夢。巴丘湖，江南之雲夢也。《爾雅》十藪，楚有雲夢，郭璞曰巴丘湖是也。【今注】華容：縣名。治所在今湖北潛江市。安帝延光四年（125），中黄門王康因擁立順帝有功而被封爲華容侯，故本志作“華容侯國”。　雲夢澤：古湖澤名。在今湖北江陵市江陵區、監利縣、潛江市交界地帶。

［9］【劉昭注】岑彭破張楊。《襄陽耆舊傳》曰：“縣西九里有萬山（萬，大德本、覆刻殿本作‘方’），父老傳云交甫所見游女處（‘云’字下大德本有‘交云’二字。游女處，殿本作‘玉女游處’），此山之下曲隈是也（此，殿本作‘北’）。”《荆州記》曰：“襄陽舊楚之北津，從襄陽渡江，經南陽，出方關，是周、鄭、晉、衛之道，其東津經江夏，出平睾關（睾，大德本、殿本作‘澤’），是通陳、蔡、齊、宋之道。”【今注】襄陽：縣名。治所在今湖北襄陽市襄州區。本書卷八三《逸民傳·龐公》李賢注引《襄陽記》曰：“鹿門山舊名蘇嶺山，建武中，襄陽侯習郁立神祠於山，刻二石鹿，夾神道口，俗因謂之鹿門廟，遂以廟名山

也。”據此，東漢光武帝時，襄陽曾爲侯國。　阿頭山：在今湖北襄陽市西。據本書卷一七《岑彭傳》記載，東漢光武帝建武三年（27），征南大將軍岑彭暗渡沔水，在阿頭山大破秦豐部將張楊。

［10］【劉昭注】朱祐禽秦豐蘇嶺山（祐，大德本無）。【今注】邔（qǐ）：縣名。治所在今湖北宜城市北。東漢光武帝建武十年（34），封淄川王劉終之子劉柱爲邔侯。邔，大德本作“印”。　犁丘城：更始、建武之際楚黎王秦豐之都城。犁，當爲“黎”字之誤。本書《光武帝紀上》李賢注引習鑿齒《襄陽記》曰：“秦豐，黎丘鄉人。黎丘楚地，故稱楚黎王。”據此，黎丘當爲邔縣所轄之鄉。

［11］【劉昭注】杜預曰縣西舊羅國，後徙枝江。【今注】宜城：縣名。治所在今湖北宜城市東南楚皇城之金城遺址（參見徐龍國《秦漢城邑考古學研究》，中國社會科學出版社 2013 年版，第 126—127 頁）。荆州松柏漢墓出土《南郡免老簿》作“宜成”。東漢順帝永建元年（126），中黄門浮陽侯孫程徙封爲宜城侯，故本志作“宜城侯國”。本書卷七八《宦者傳》載：“永建元年，程與張賢、孟叔、馬國等爲司隸校尉虞詡訟罪，懷表上殿，呵叱左右。帝怒，遂免程官，因悉遣十九侯就國，後徙封程爲宜城侯。程既到國，怨恨恚懟，封還印綬、符策，亡歸京師，往來山中。詔書追求，復故爵土，賜車馬衣物，遣還國。”《後漢紀》卷一八《孝順皇帝紀》記其事爲：“秋九月，有司奏浮陽侯孫程、祝阿侯張賢爲司隸校尉虞詡訶叱左右，謗訕大臣，妄造不祥，干亂悖逆；王國等皆與程黨，久留京都，益其驕溢。詔免程等，徙爲都梁侯。程怨恨，封還印綬，更封爲宜城侯。”二者所記不同。

［12］【劉昭注】《左傳》楚文王伐黄，還及湫，杜預曰縣東南有湫城。【今注】鄀：縣名。治所在今湖北宜城市東南。西漢南郡即有此縣，《漢書・地理志》作“若”。東漢初省併，永平中復置。侯國置除情形不詳。

［13］【劉昭注】《山海經》曰："其陽多鐵（鐵，殿本作'鉄'），其陰多赤金，其東多牛（東，殿本作'中'）。"《荆州記》曰："西北三十里有清谿，谿北即荆山，首曰景山，即卞和抱璞之處。"《南都賦》注曰："漢水至荆山，東别流，爲滄浪之水。"【今注】臨沮：縣名。治所在今湖北南漳縣東南。東漢安帝延光四年（125），中黄門史汎因擁立順帝有功而被封爲臨沮侯，故本志作"臨沮侯國"。　荆山：在今湖北南漳縣西北武當山東南。

［14］【今注】枝江：縣名。治所在今湖北枝江市東北。東漢安帝延光四年（125），中黄門李剛因擁立順帝有功而被封爲臨沮侯，故本志作"枝江侯國"。

［15］【今注】羅國：熊姓古國，春秋時爲楚國所滅，其遺民被遷至今湖北枝江市一帶，後又被遷至今湖南平江縣一帶。

［16］【劉昭注】《史記》曰秦、齊破楚屈匄，遂皐丹陽（皐，紹興本、大德本、殿本作"取"）。

［17］【劉昭注】《荆州記》曰縣西北有宜陽山，東南有羊腸山。【今注】夷道：縣名。治所在今湖北宜都市。漢武帝伐西南夷，道由此出，故名夷道。

［18］【劉昭注】岑彭破田戎處。【今注】夷陵：縣名。治所在今湖北宜昌市東南。東漢安帝延光四年（125），中黄門魏猛因擁立順帝有功而被封爲夷陵侯。　荆門：山名。在今湖北宜都市西北長江南岸，歷來爲控扼長江的軍事要地。東漢光武帝建武十一年，公孫述遣部將田戎、任滿據守荆門天險，後被征南大將軍岑彭攻破。

［19］【劉昭注】《荆州記》曰："荆門，江南；虎牙，江北。虎牙有文如齒平（平，紹興本、大德本、殿本作'牙'，底本誤），荆門上合下開。"【今注】虎牙山：在今湖北宜昌市東南，處長江北岸，與南岸之荆門山扼制長江而成天塹。本書卷一下《光武帝紀下》李賢注引《水經注》曰："江水東歷荆門、虎牙之間。荆門山在南，上合下開，其狀似門，虎牙山在北，石壁色紅，間有白

文類牙，故以名也。此二山，楚之西塞也。”

［20］【劉昭注】《史記》楚考烈王納州于秦。【今注】州陵：縣名。治所在今湖北洪湖市東北。

［21］【今注】佷山：縣名。治所在今湖南長陽土家族自治縣西。紹興本作“很山”，大德本作“限山”。《漢書·地理志》作“佷山”。

江夏郡。高帝置。雒陽南千五百里。[1]十四城，户五萬八千四百三十四，口二十六萬五千四百六十四。

［1］【今注】江夏郡：治西陵縣（今湖北武漢市新洲區西）。東漢獻帝建安十三年（208），南北交争，曹操控制江夏郡北部石陽、鄳、平春、西陵、西陽、軑等縣，所置江夏太守屯駐石陽；孫權控制江夏郡南部沙羨、鄂、竟陵、雲杜、安陸、南新市等縣，所置江夏太守治沙羨〔詳參周振鶴、李曉傑、張莉《中國行政區劃通史·秦漢卷（下）》，第961—962頁〕。　高帝置：此説誤。西漢初無江夏郡。西漢武帝元狩元年（前122），以衡山郡西部數縣與南郡東部數縣合置江夏郡。

西陵。[1]**西陽**。[2]**軑**，侯國。[3]**鄳**。[4]**竟陵**。侯國。[5]有郧鄉。[6]立章山，本内方。[7]**雲杜**。[8]**沙羨**。[9]**邾**。[10]**下雉**。[11]**蘄春**。侯國。[12]**鄂**。[13]**平春**。侯國。[14]**南新市**。侯國。[15]**安陸**。[16]

［1］【今注】西陵：縣名。治所在今湖北武漢市新洲區西。東漢章帝建初二年（77），封汝南王劉暢舅父陰棠爲西陵侯。

［2］【今注】西陽：縣名。治所在今河南光山縣西。和帝永元

四年（92），司空任隗卒，其子任屯被擢爲步兵校尉，徙封西陽侯。本書卷二一《任隗傳》，李賢注曰："西陽，縣名，屬山陽郡也。"沈欽韓《後漢書疏證》卷二以爲，西漢山陽郡有西陽縣，然《續漢書·地理志》不見，則東漢已省，此當爲江夏郡之西陽縣。曹金華《後漢書稽疑》以爲任屯乃南陽宛人，故沈説當是。據此，和帝永元四年後西陽縣爲西陽侯國，惟國除年代不詳。

［3］【劉昭注】杜預曰："古邵國，在東南，有邵城。"【今注】軑（dài）：縣名。治所在今河南息縣南。東漢明帝永平二年（59），淮陵侯王霸卒，其子王符嗣爵，徙封爲軑侯。

［4］【劉昭注】《史記》曰無忌説魏安僖王曰"秦不敢攻冥阨之塞"（僖，殿本作"釐"），徐廣云即此縣也。【今注】鄳（méng）：縣名。治所在今河南羅山縣西。光武帝時，鄧禹族人、鄧彪之父鄧邯因功封爲鄳侯。本書卷四四《鄧彪傳》載："彪少勵志，修孝行。父卒，讓國於異母弟荆鳳，顯宗高其節，下詔許焉。"據此，明帝永平年間，鄳縣尚爲侯國。

［5］【今注】竟陵：縣名。治所在今湖北潛江市西北。東漢光武帝建武十三年（37），封南郡太守劉隆爲竟陵侯。建武十六年，劉隆因罪免爲庶人，竟陵侯國除。明帝永平五年（62），更封故蔡陽侯劉平爲竟陵侯，傳國至曾孫劉嘉，或至順帝時尚未絶，故本志作"竟陵侯國"。

［6］【劉昭注】《左傳》桓十一年"鄖人軍蒲騷"。【今注】鄖鄉：在今湖北潛江市西北。

［7］【劉昭注】《荆州記》曰："山高三十丈，周迴百餘里。"縣東有申水（錢大昭《續漢書辨疑》卷六以爲"申"當作"白"）。《左傳》楚公子比爲王次魚陂，杜預曰在縣西北。【今注】立章山：《漢書·地理志》"竟陵，章山在東北"。惠棟《後漢書補注》據之以爲本志"立"字衍。李慈銘《後漢書札記》、黄山《後漢書集解校補》皆以爲"立"乃"有"字之訛，中華本據改。

章山，在今湖北鍾祥市南，即《禹貢》所謂“内方山”。

［8］【劉昭注】杜預曰縣東南有鄖城，故國。【今注】雲杜：縣名。治所在今湖北京山市。

［9］【今注】沙羨：縣名。治所在今湖北武漢市武昌區西。

［10］【劉昭注】《地道記》曰：“楚滅邾，徙其君此城。”【今注】邾（zhū）：縣名。治所在今湖北黄岡市北。

［11］【今注】下雉：縣名。治所在今湖北陽新縣東。南陽郡有雉縣，此在江漢之下，故名“下雉”以别之。

［12］【今注】蘄春：縣名。治所在今湖北蘄春縣漕河鎮西北蘄水南岸、京九鐵路北側羅州城遺址（參見黄岡市博物館、湖北省文物考古研究所、湖北省京九鐵路考古隊《羅州城與漢墓》，科學出版社2000年版）。東漢光武帝建武二十三年（47），祝阿侯陳俊卒，其子陳浮嗣爵，後徙封蘄春侯，傳國至其孫陳篤。或至順帝時侯國未絶，故本志作“蘄春侯國”。和帝永元二年（90）刑徒葬磚銘文有“江夏蘄春司寇□霸”〔胡海帆、湯燕編著：《中國古代磚刻銘文集（下）》，文物出版社2005年版，第11頁〕。

［13］【今注】鄂：縣名。治所在今湖北鄂州市鄂城區。東漢安帝永初元年（107）刑徒葬磚銘文有“江夏鄂完城旦謝郎”（中國科學院考古研究所洛陽工作隊：《東漢洛陽城南郊的刑徒墓地》，《考古》1972年第4期）。

［14］【今注】平春：縣名。治所在今河南信陽市西北。《漢書·地理志》不見此縣名，當爲東漢新置。東漢章帝建初四年（79），封皇子劉全爲平春王，以江夏郡之地爲平春王國。然劉全當年即死，實未就國赴任。建初八年，徙封吴漢之子筑陽侯吴盱爲平春侯。

［15］【劉昭注】案本傳有離鄉聚、緑林。【今注】南新市：縣名。治所在今湖北京山市東北。《漢書·地理志》不見此縣名，當爲東漢新置。漢魏洛陽故城南郊東漢刑徒墓地出土刑徒磚有“無

任江夏南新市髡……叔，元初六年□月三日”“無任江夏南新市髡鉗張升，元初六年閏月九日死”（中國社會科學院考古研究所編著：《漢魏洛陽故城南郊東漢刑徒墓地》，第112、114頁）。元初爲漢安帝年號，可知南新市最晚在安帝元初六年（119）已經置縣。侯國置除情形不詳。

［16］【今注】安陸：縣名。治所在今湖北雲夢縣。東漢和帝永元五年（93）刑徒葬磚銘文有“無任江夏安陸鬼新張仲”〔胡海帆、湯燕編著：《中國古代磚刻銘文集（下）》，第15頁〕。

零陵郡。武帝置。雒陽南三千三百里。[1]十三城，户二十一萬二千二百八十四，口百萬一千五百七十八。

［1］【今注】零陵郡：治泉陵縣（今湖南永州市零陵區）。武帝置：西漢武帝元鼎六年（前111），漢軍平南越國，析桂陽郡零陵、洮陽等數縣及南越之始安縣，置零陵郡。

泉陵。[1]**零陵**。陽朔山，湘水出。[2]**營道**。南有九疑山。[3]**營浦**。[4]**泠道**。[5]**洮陽**。[6]**都梁**。[7]有路山。[8]**夫夷**。侯國。故屬長沙。[9]**始安**。侯國。[10]**重安**。侯國。[11]故鍾武，永建三年更名。**湘鄉**。[12]**昭陽**。侯國。[13]**烝陽**。侯國，[14]故屬長沙。

［1］【今注】泉陵：縣名。治所在今湖南永州市零陵區。

［2］【劉昭注】羅含《湘中記》曰：“有營水，有洮水（洮，殿本作‘桃’），有灌水（灌，殿本作‘雍’），有祁水，有宜水，有舂水（黄山《後漢書集解校補》引柳從辰説，以爲‘舂’當作‘舂’），有烝水，有耒水（耒，大德本作‘來’，殿本作

‘表’），有米水（米，殿本作‘來’），有渌水，有連水，有倒水（黄山《後漢書集解校補》引柳從辰説，以爲‘倒’當作‘瀏’），有僞水（黄山《後漢書集解校補》引柳從辰説，以爲‘僞’當作‘溈’），有伯水（伯，殿本作‘泊’），有資水，皆注湘。”【今注】零陵：縣名。治所在今廣西全州縣西南。西漢爲零陵郡治所。　陽朔山：在今廣西桂林市東。又名零陵山，今稱海洋山。　湘水：源出今廣西海洋山西麓，東北流，至湖南湘陰縣注入洞庭湖。

［3］【劉昭注】舜之所葬。郭璞《山海經》注曰：“其山九谿皆相似，故曰九疑。”《湘州營陽郡記》曰（營，大德本作“滎”）：“山下有舜祠，故老相傳，舜登九疑。”【今注】營道：縣名。治所在今湖南寧遠縣南。　九疑山：即“九嶷山”。又稱“蒼梧山”。在今湖南寧遠縣南。

［4］【劉昭注】《營陽郡記》曰：“縣南三里餘有舜南巡止宿處，今立廟。”【今注】營浦：縣名。治所在今湖南道縣東北。

［5］【劉昭注】有舂陵鄉（舂，紹興本作“春”）。【今注】泠道：縣名。治所在今湖南寧遠縣東城鄉胡家村土城遺址（參見曲英傑《水經注城邑考》，中國社會科學出版社 2013 年版，第 606—612 頁）。

［6］【今注】洮陽：縣名。治所在今廣西全州縣永歲鄉梅塘村古城遺址（參見曲英傑《水經注城邑考》，第 605—605 頁）。

［7］【今注】都梁：縣名。治所在今湖南武岡市東北。《後漢紀》卷一八《孝順皇帝紀》記載，東漢順帝永建元年（126）秋九月，浮陽侯孫程徙爲都梁侯，“程怨恨，封還印綬，更封爲宜城侯”。據此，順帝時都梁曾爲宦官孫程侯國，旋更封而國除。縣名都梁，或與蘭草有關。《水經注·資水》：資水“又逕都梁縣南……縣西有小山，山上有渟水，既清且淺，其中悉生蘭草，緑葉紫莖，芳風藻川，蘭馨遠馥，俗謂蘭爲都梁，山因以號，縣受名焉”。

［8］【今注】路山：山名。又稱唐紇山，即今湖南城步苗族自治縣北青山，資水（即今資江）所出。

［9］【今注】夫夷：縣名。治所在今湖南邵陽市西。侯國置除情形不詳。　故屬長沙：案，《漢書・地理志》記夫夷縣屬零陵郡，長沙無此縣。惠棟《後漢書補注》據以爲“故屬長沙”四字衍。中華本據删，可從。

［10］【劉昭注】《始安郡記》曰縣東有駮樂山，東有遼山。【今注】始安：縣名。治所在今廣西桂林市象山區。侯國置除情形不詳。

［11］【今注】重安：縣名。治所在今湖南衡陽縣西。《漢書・地理志》作“鍾武”，東漢沿用其名，至順帝永建三年（128）更名。侯國置除情形不詳。

［12］【今注】湘鄉：縣名。治所在今湖南湘鄉市。《漢書・地理志》不見此縣名，當爲東漢新置。或以爲乃西漢哀帝建平四年（前3）所置之長沙王子侯國，東漢承之〔參見周振鶴、李曉傑、張莉《中國行政區劃通史・秦漢卷（下）》，第968頁〕。東漢刑徒葬磚銘文有“零陵襄鄉髡鉗唐衆真□”〔胡海帆、湯燕編著：《中國古代磚刻銘文集（下）》，第61頁〕，“襄鄉”當即“湘鄉”。

［13］【劉昭注】《荆州記》，縣東有余水，傍有漁父廟。【今注】昭陽：縣名。治所在今湖南邵東市東北。《漢書・地理志》不見此縣名，當爲東漢新置。或以爲乃西漢哀帝建平四年所置之長沙王子侯國，東漢承之〔參見周振鶴、李曉傑、張莉《中國行政區劃通史・秦漢卷（下）》，第968頁〕。侯國置除情形不詳。

［14］【今注】烝陽：縣名。治所在今湖南邵東市東南。《漢書・地理志》作“承陽”。侯國置除情形不詳。

桂陽郡。高帝置。上領山。在雒陽南三千九百里。[1]十一城，户十三萬五千二十九，口五十萬一千四百三。

［1］【今注】桂陽郡：治郴縣（今湖南郴州市北湖區）。　高帝置：此説有誤。其地漢初屬吴芮長沙國。西漢吕后七年（前181）析長沙國南部數縣之地置爲桂陽郡。　上領山：中華本校勘記以爲，三字於上下文皆不屬，不知爲何縣下山脱攙於此。李慈銘《後漢書札記》卷七亦以爲“上領山在”四字是衍文。或以爲“上嶺山”三字當上屬“高帝置”，如《讀史方輿紀要》卷八二《湖廣八·郴州》“黄岑山”條曰：黄岑山“州南三十六里，即五嶺之一，從東第二騎田嶺也……史載高祖置桂陽郡于上嶺山，又《後漢書》郴有客嶺山，皆黄岑也。”（清·顧祖禹撰，賀次君、施和金點校：《讀史方輿紀要》，中華書局2005年版，第3839頁）所言“史載高祖置桂陽郡于上嶺山”，即司馬彪《續漢書·郡國志》“桂陽郡高帝置上領山”。

郴。有客嶺山。[1]**便**。[2]**耒陽**。[3]有鐵。**陰山**。[4]**南平**。[5]**臨武**。[6]**桂陽**。[7]**含洭**。[8]**湞陽**。有茬領山。[9]**曲江**。[10]**漢寧**。[11]永和元年置。

［1］【劉昭注】《湘中記》曰：“項籍徙義帝於郴而害之，今有義陵祠。又縣南十數里有馬嶺山，山有仙人蘇耽壇。”《荆州記》曰：“城南六里縣西北有温泉，其下流有數十畝田，常十二月下種，明年三月新穀便登，一年三熟（熟，大德本、殿本作‘收’）。”【今注】郴：縣名。治所在今湖南郴州市北湖區。　客嶺山：一名上嶺山、黄嶺山，又稱騎田嶺、臘嶺，在今湖南宜章縣西北部，爲“五嶺”之一。

［2］【今注】便：縣名。治所在今湖南永興縣。

［3］【今注】耒陽：縣名。治所在今湖南耒陽市。

［4］【今注】陰山：縣名。治所在今湖南衡東縣東南。

［5］【今注】南平：縣名。治所在今湖南藍山縣古城鄉腹雷村

（參見曲英傑《水經注城邑考》，第657—659頁）。

［6］【今注】臨武：縣名。治所在今湖南臨武縣東。

［7］【今注】桂陽：縣名。治所在今廣東連州市。

［8］【今注】含洭：縣名。治所在今廣東英德市西北。

［9］【劉昭注】《始興郡記》有昊山。【今注】湞陽：縣名。治所在今廣東英德市東。　茡領山：山名。在今廣東英德市西北。《大清一統志》卷三四一《韶州府》："茡嶺在英德縣西北一百二十里……《後漢志》湞陽縣有茡嶺山，即此。"

［10］【劉昭注】《始興郡記》縣北有臨沅山。【今注】曲江：縣名。治所在今廣東韶關市曲江區。

［11］【今注】漢寧：縣名。在今湖南資興市南。《漢書·地理志》不見此縣名。東漢順帝永和元年（136）新置。據《宋書·州郡志》，三國吴時改曰陽安，晉武帝太康元年（280）改曰晉寧。

武陵郡。秦昭王置，名黔中郡，高帝五年更名。雒陽南二千一百里。[1]十二城，户四萬六千六百七十二，口二十五萬九百一十三。

［1］【劉昭注】《先賢傳》曰："晉代太守趙厥問主簿潘京曰：'貴郡何以名武陵？'京曰：'鄙郡本名義陵，在辰陽縣界，與夷相接，爲所攻破，光武時移東出，遂得見全，先識易號。傳曰"止戈爲武，高平曰陵"，於是改名焉。'"臣昭案：《前書》本名武陵，不知此對何據而出。《荆州記》曰："郡社中木麃樹，是光武種至今也。"【今注】武陵郡：治臨沅縣（今湖南常德市武陵區）。　秦昭王置名黔中郡高帝五年更名：此説不確。里耶秦簡簡文中有"武陵泰守"，泰守即"太守"，可知秦時即置武陵郡。武陵郡楚漢之際屬共敖臨江國，漢初屬吴芮長沙國。西漢文帝後元七年（前157）長沙國除，武陵入爲漢郡。

臨沅。[1]**漢壽**。故索，陽嘉三年更名。刺史治。[2]**孱陵**。[3]**零陽**。[4]**充**。[5]**沅陵**。先有壺頭山。[6]**辰陽**。[7]**酉陽**。[8]**遷陵**。[9]**鐔成**。[10]**沅南**。[11]建武二十六年置。**作唐**。[12]

[1]【劉昭注】《荆州記》曰："縣南臨沅水，水源出牂牁且蘭縣，至郡界分爲五谿，故云五谿蠻。"【今注】臨沅：縣名。治所在今湖南常德市武陵區。

[2]【劉昭注】《漢官儀》曰去雒陽三千里（三，殿本作"二"）。【今注】漢壽：縣名。治所在今湖南常德市東北。《漢書·地理志》有索縣，東漢沿用其名，順帝陽嘉三年（134）更名爲漢壽。亦爲東漢荆州刺史駐地，至劉表爲荆州刺史，徙駐襄陽。獻帝建安五年（200），曹操東征袁紹，偏將軍關羽襲殺袁將閻良，解白馬之圍，曹操上表封之爲漢壽亭侯。

[3]【劉昭注】《魏氏春秋》曰："劉備在荆州所都，改曰公安。"【今注】孱陵：縣名。治所在今湖北公安縣西。東漢獻帝建安二十四年（219），孫權以吕蒙爲南郡太守，封孱陵侯。

[4]【今注】零陽：縣名。治所在今湖南慈利縣東北。

[5]【今注】充：縣名。治所在今湖南桑植縣。

[6]【劉昭注】馬援軍度處（度，大德本、殿本作"渡"）。有松梁山，山有石，開處數十丈，其上名曰天門。【今注】沅陵：縣名。治所在今湖南沅陵縣南。　壺頭山：在今湖南沅陵縣西北高坪縣水田村，位於沅水清浪灘南岸。一説即今湖南張家界市永定區天門山（詳見羅維慶《馬革裹屍何處還——馬援征武陵蠻路綫新考》，載袁曉文、陳國安主編《中國西南民族研究學會建會30周年精選學術文庫·湖南卷》，民族出版社2014年版）。東漢光武帝建武二十四年（48），伏波將軍馬援遠征武陵蠻，受阻於此，次年三月卒。《水經注·沅水》："沅水又東，夷水入焉，水南出夷山，北

流注沅。夷山東接壺頭山，山高一百里，廣圓三百里。山下水際，有新息侯馬援征武溪蠻停軍處。壺頭徑曲多險，其中紆折千灘。援就壺頭，希效早成，道遇瘴毒，終没於此。”

［7］【今注】辰陽：縣名。治所在今湖南辰溪縣西南。

［8］【今注】酉陽：縣名。治所在今湖南永順縣東南。

［9］【今注】遷陵：縣名。治所在今湖南保靖縣東北。

［10］【今注】鐔成：縣名。治所在今湖南靖州苗族侗族自治縣南一帶。

［11］【今注】沅南：縣名。治所在今湖南常德市西南。東漢光武帝建武二十六年（50）置縣。據《水經注·沅水》，馬援大軍進至臨鄉（當屬臨沅縣），築城以固守，後遂以臨鄉及附近之地置縣。地在沅水之陰，故取名沅南。

［12］【今注】作唐：縣名。治所在今湖南安鄉縣北。《漢書·地理志》不見此縣名，據《水經注·沅水》，係東漢析孱陵縣之地新置。本書卷八六《南蠻西南夷傳》載，章帝建初三年（78）冬，“漊中蠻覃兒健等復反，攻燒零陽、作唐、孱陵界中”。據此，作唐縣之設，不晚於此。

長沙郡。秦置。雒陽南二千八百里。[1]十三城，户二十五萬五千八百五十四，口百五萬九千三百七十二。

［1］【今注】長沙郡：治臨湘縣（今湖南長沙市嶽麓區）。西漢爲長沙國，新莽時國絶。東漢初，復長沙國，以劉興爲長沙王。光武帝建武十三年（37）整頓諸侯國，以宗室疏屬稱王不合經義爲由，降劉興爵爲臨湘侯，長沙國遂爲漢郡。傳世文獻中秦有長沙郡，但目前所見秦簡中有洞庭郡、蒼梧郡而無長沙郡。《太平寰宇記》卷一七一《江南道·潭州》引甄烈《湘州記》云：“始皇二十五年並天下，分黔中以南之沙鄉爲長沙郡，以統湘州。”此長沙郡

置郡年恰與蒼梧郡相合，頗疑長沙與蒼梧實指一郡〔詳見周振鶴、李曉傑、張莉《中國行政區域通史·秦漢卷（上）》，第43頁〕。案，二，大德本作“三”。

臨湘。[1]攸。[2]荼陵。[3]安城。[4]酃。[5]湘南。侯國。[6]衡山在東南。[7]連道。[8]昭陵。[9]益陽。[10]下雋。[11]羅。[12]醴陵。[13]容陵。[14]

［1］【今注】臨湘：縣名。治所在今湖南長沙市嶽麓區。東漢光武帝建武十三年（37）起爲劉興臨湘侯國，國除年限不詳。長沙東牌樓東漢簡牘第1004號木牘記録了靈帝光和六年（183）發生在臨湘縣的一件争訟，其所轄亭部有仇重亭（參見鄔文玲《長沙東牌樓東漢簡牘〈光和六年自相和從書〉研究》，《南都學壇》2010年第3期）。

［2］【今注】攸：縣名。治所在今湖南攸縣東北。

［3］【今注】荼陵：縣名。治所在今湖南茶陵縣東北。荼，大德本、殿本作“茶”。

［4］【今注】安城：縣名。治所在今江西安福縣西北。《漢書·地理志》作“安成”。

［5］【劉昭注】《荆州記》曰：“有酃湖，周迴三里。取湖水爲酒，酒極甘美。”《湘東記》曰：“縣西南母山，周迴四百里。”【今注】酃（líng）：縣名。治所在今湖南衡陽市東。

［6］【今注】湘南：縣名。治所在今湖南湘潭縣西南。東漢安帝延光四年（125），中黄門黄龍因擁立順帝有功而被封爲湘南侯，故本志作“湘南侯國”。

［7］【劉昭注】郭璞曰：“山别名岣嶁（岣，大德本作‘峋’）。”《湘中記》曰：“衡山有玉牒，禹案其文以治水。遥望衡山如陣雲，沿湘千里，九向九背，迺不復見。”【今注】衡山：

又名岣嶁山，在今湖南衡山市南嶽區，爲“五嶽”之南嶽。

［8］【今注】連道：縣名。治所在今湖南漣源市東。

［9］【今注】昭陵：縣名。治所在今湖南邵陽市大祥區。

［10］【劉昭注】《荆州記》曰：“縣南十里有平岡，岡有金井數百，淺者四五尺，深者不測。俗傳云有金人以杖撞地，輒便成井。”【今注】益陽：縣名。治所在今湖南益陽市東。

［11］【今注】下雋：縣名。治所在今湖北通城縣西北。東漢安帝延光四年（125），中黄門陳予因擁立順帝有功而被封爲下雋侯。本志不作“下雋侯國”，則順帝永和五年（140）時陳予侯國已除。

［12］【劉昭注】《帝王世記》曰：“有黄陵亭。”《洞中記》亦云二妃之神（洞，殿本作“湘”，底本誤）。劉表爲之立碑。【今注】羅：縣名。治所在今湖南汨羅市西北。東漢和帝永元五年（93），夏陽侯竇瓌徙封爲羅侯，至永元十年自殺，羅侯國除。安帝建光元三年（121），鄧氏外戚敗，上蔡侯鄧騭徙封爲羅侯（《後漢紀》卷一三作“長沙侯”），不食而死，羅侯國除。《三國志》卷四〇《蜀書·劉封傳》載：“劉封者，本羅侯寇氏之子，長沙劉氏之甥也。”據此，東漢末又有寇氏羅侯國，唯置除年代皆不詳。長沙東牌樓漢簡第 1001 號木牘文字有“升羅”，“羅”即羅縣，“升”是一位羅縣縣民，娶臨湘縣女子精姃爲妻（參見鄔文玲《長沙東牌樓東漢簡牘〈光和六年自相和從書〉研究》，《南都學壇》2010 年第 3 期）。

［13］【劉昭注】《荆州記》曰：“縣東四十里有大山，山有三石室，室中有石牀石臼。父老相傳，昔有道士學仙此室，即合金沙之臼。”【今注】醴陵：縣名。治所在今湖南醴陵市。

［14］【今注】容陵：縣名。治所在今湖南攸縣南。

右荆州刺史部，郡七，縣、邑、侯國百一十七。[1]

［1］【劉昭注】《魏氏春秋》："建安二十四年，吴分巫、秭歸爲固陵郡。二十五年，分南郡之巫、秭歸、夷陵、臨沮并房陵、上庸、西城七縣爲新城郡。"

九江郡。秦置。雒陽東一千五百里。[1]十四城，户八萬九千四百三十六，口四十三萬二千四百二十六。

［1］【今注】九江郡：郡治先在壽春縣（今安徽壽縣）。東漢和帝章和元年（87），析九江郡之阜陵、壽春、成德、合肥、浚遒五縣置阜陵國，九江郡治遂徙至陰陵縣（今安徽定遠縣西北）。秦置：本楚淮南地，後歸秦，置郡。秦九江郡界地跨長江南北，至秦始皇二十八年（前219）析其江南之地置廬江郡，九江郡界域有所縮小。楚漢之際，屬英布九江國。西漢高祖五年（前202）改封九江王英布爲淮南王，郡治在六縣（今安徽六安市）。高祖十一年封皇子劉長爲淮南王，九江郡爲淮南國四郡之一，郡治當徙至壽春。文帝前元七年（前173），劉長謀反，淮南國除，九江等四郡歸漢。文帝十二年，徙封城陽王劉喜爲淮南王，九江復歸淮南國。文帝十六年，復徙劉喜爲城陽王，將故淮南國之地一分爲三，封劉安爲淮南王，劉勃爲衡山王，劉賜爲廬江王。故九江郡地屬劉安淮南國。武帝元狩元年（前122），淮南王劉安謀反，國除爲九江郡。

陰陵。[1]**壽春**。[2]**浚遒**。[3]**成德**。[4]**西曲陽**。[5]**合肥**。侯國。[6]**歷陽**。侯國。[7]刺史治。**當塗**。有馬丘聚，徐鳳反於此。[8]**全椒**。[9]**鍾離**。侯國。[10]**阜陵**。[11]**下蔡**。故屬沛。[12]**平阿**。故屬沛。有塗山。[13]**義成**。[14]故屬沛。

［1］【今注】陰陵：縣名。治所在今安徽定遠縣西北。

［2］【劉昭注】《漢官》云刺史治，去雒陽千三百里，與《志》不同。【今注】壽春：縣名。治所在今安徽壽縣。初爲九江郡治所，東漢和帝章和元年（87）之後屬阜陵國，且爲王國治所。質帝永嘉元年（145）還屬九江郡。

［3］【劉昭注】《左傳》哀十二年會吴于橐皋（橐，殿本作“槖”），杜預曰在縣東南。案《宋均傳》，縣有唐后二山。【今注】浚（jùn）遒：縣名。治所在今安徽肥東縣東。

［4］【今注】成德：縣名。治所在今安徽壽縣東南。

［5］【今注】西曲陽：縣名。治所在今安徽淮南市東。《漢書·地理志》作“曲陽”。

［6］【今注】合肥：縣名。治所在今安徽合肥市蜀山區。東漢光武帝建武六年（30），定封揚化將軍堅鐔爲合肥侯。《水經注·施水》記：“夏水出城父東南，至此與肥合，故曰合肥。”

［7］【今注】歷陽：縣名。治所在今安徽和縣。東漢章帝建初四年（79），析出屬下邳國。順帝永建元年（126），爲下邳王子侯國回屬九江郡〔參見周振鶴、李曉傑、張莉《中國行政區劃通史·秦漢卷（下）》，第979頁〕，故本志作“歷陽侯國”。

［8］【劉昭注】《帝王世記》曰：“禹會諸侯塗山。”《皇覽》曰：“楚大夫子思冢在縣東山鄉西，去縣四十里。子思造芍陂。”【今注】當塗：縣名。治所在今安徽懷遠縣南。東漢章帝建初四年（79），析出屬下邳國。順帝永建元年（126），爲下邳王子侯國回屬九江郡，尋國除，故本志爲縣而不作“侯國”〔參見周振鶴、李曉傑、張莉《中國行政區劃通史·秦漢卷（下）》，第979頁〕。馬丘聚：鄉聚名。在今安徽懷遠縣南。　徐鳳：東漢九江郡陰陵縣人。東漢沖帝建康元年（144）聚衆起兵，攻打郡縣，殺略吏民，自稱“無上將軍”，與馬勉等在當塗山修築營壘，建年號，置百官，聲勢盛大。後被下邳人謝安襲擊斬殺。事迹詳見本書卷三八《滕撫

傳》。

［9］【今注】全椒：縣名。治所在今安徽全椒縣。東漢光武帝建武二十七年（51），定封平舒侯馬成爲全椒侯。傳國至其孫馬香，因章帝建初四年（79）全椒縣析出屬下邳國，故徙封爲棘陵侯。順帝永建元年（126），爲下邳王子侯國回屬九江郡，尋國除，故本志爲縣而不作“侯國”〔參見周振鶴、李曉傑、張莉《中國行政區劃通史·秦漢卷（下）》，第979頁〕。

［10］【今注】鍾離：縣名。治所在今安徽鳳陽縣東。東漢章帝建初四年（79），析出屬下邳國。順帝永建元年（126），爲下邳王子侯國回屬九江郡〔參見周振鶴、李曉傑、張莉《中國行政區劃通史·秦漢卷（下）》，第979頁〕，故本志作“鍾離侯國”。

［11］【今注】阜陵：縣名。治所在今安徽和縣西。東漢明帝永平十六年（73），淮陽王劉延謀反之事被發覺，徙封爲阜陵王，以阜陵、浚遒二縣爲食邑，阜陵縣由九江郡轉屬阜陵王國。章帝建初四年（79），阜陵王劉延復因謀反，被貶爲阜陵侯，阜陵侯國還歸九江郡。和帝章和元年（87），復封阜陵侯劉延爲阜陵王，食邑五縣，阜陵縣復屬阜陵王國。質帝永嘉元年（145），阜陵王劉代卒，無子嗣爵，國除，阜陵縣復歸九江郡。桓帝建和元年（147），復立勃遒亭侯劉便親阜陵王，阜陵縣復屬阜陵王國，傳國至獻帝建安中，無子，國除，阜陵復歸九江郡。

［12］【劉昭注】《左傳》成七年吴入州來，杜預曰下蔡縣。【今注】下蔡：縣名。治所在今安徽鳳臺縣下蔡鎮。

［13］【劉昭注】應劭云山在當塗。《左傳》“穆有塗山之會”。【今注】平阿：縣名。治所在今安徽懷遠縣西南。　塗山：今安徽懷遠縣。相傳禹娶塗山氏之女而生啓。

［14］【今注】義成：縣名。治所在今安徽懷遠縣。

丹陽郡。秦鄣郡，武帝更名。雒陽東二千一百六十里。建安十三年，孫權分新都郡。[1]十六城，户十三萬六千五百一十八，口六十三萬五百四十五。

[1]【今注】丹陽郡：治宛陵縣（今安徽宣城市宣州區）。秦鄣郡：秦時分會稽郡西部地，置故鄣郡。其地漢初先後屬韓信楚國、劉賈荆國及劉濞吴國。西漢景帝前元三年（前154）吴國參與"七國之亂"，事敗國除，故鄣郡改屬劉非江都國。武帝元狩二年（前121）江都王劉建謀反，江都國除，其地屬漢。鄣郡於此時增縣四（春穀、宣城、涇縣、陵陽），更名丹揚（參見周振鶴主編《漢書地理志彙釋》，安徽教育出版社2006年版，第270頁）。 新都郡：治始新縣（今安徽歙縣東南）。東漢獻帝建安十三年（208），孫權討平歙縣山賊，分縣境爲歙、始新、新定（今浙江淳安縣西南）、犁陽（今安徽歙縣西南）、休陽（今安徽休寧縣東北）五縣，加上同屬丹陽郡的黟縣，合爲六縣，置新都郡。案，"建安十三年，孫權分新都郡"或爲錯簡誤置於此。曹金華《後漢書稽疑》以爲，"志載郡縣設置之狀，皆以順帝永和五年爲准的，此後變化以小注注之，而不當大注於此也。《吴志·吴主傳》載建安十三年'分歙爲始新、新定、犁陽、休陽縣，以六縣爲新都郡'，故當小注於歙縣之下，未詳何以錯簡於此。"

宛陵。[1]**溧陽**。[2]**丹陽**。[3]**故鄣**。[4]**於潛**。[5]**涇**。[6]**歙**。[7]**黟**。[8]**陵陽**。[9]**蕪湖**。中江在西。[10]**秣陵**。[11]南有牛渚。[12]**湖熟**。侯國。[13]**句容**。[14]**江乘**。[15]**春穀**。[16]**石城**。[17]

[1]【今注】宛陵：縣名。治所在今安徽宣城市宣州區。東漢獻帝建安十七年（212），徙治建業縣（今江蘇南京市清涼山）。建

安二十四年，孫權拜吕範爲建威將軍，封宛陵侯，不久改封爲南昌侯，宛陵侯國除。

［2］【今注】溧陽：縣名。治所在今江蘇溧陽市西北。東漢末獻帝朝廷西居長安時，曾下詔遷徐州刺史陶謙爲徐州牧，加安東將軍，封溧陽侯。建安二十四年（219），孫權封振威將軍潘璋爲溧陽侯。

［3］【今注】丹陽：縣名。治所在今安徽當塗縣東北。

［4］【劉昭注】秦鄣郡所治。《吴興記》曰："中平年（惠棟《後漢書補注》謂當作'中平二年'，諸本皆脱'二'字），分縣南置安吉縣。光和末，張角亂，此鄉守險助國，漢嘉之，故立縣。中平二年，又分立原鄉縣。"【今注】故鄣：縣名。治所在今浙江安吉縣西北。宋人洪适《隸釋》卷一〇《堂邑令費鳳碑》有"故吏故鄣施業字世堅"。

［5］【今注】於潛：縣名。治所在今浙江臨安市西。《漢書·地理志》作"於朁"。顔師古注曰："朁音潛。"

［6］【今注】涇：縣名。治所在今安徽涇縣西北。

［7］【劉昭注】《山海經》曰三天子鄣山在閩西海北，郭璞曰在縣東，今謂之玉山（玉，覆刻殿本作"三王"）。《魏氏春秋》有安勒烏邪山。【今注】歙：縣名。治所在今安徽歙縣。

［8］【劉昭注】《魏氏春秋》有林歷山。【今注】黝：縣名。治所在今安徽黟縣東。黝，一作"黟"。

［9］【劉昭注】陵陽子明得仙於此縣山，故以爲名。【今注】陵陽：縣名。治所在今安徽石臺縣東。光武帝建武年間，徙封定陵新安鄉侯丁綝爲陵陽侯，傳國至其子丁鴻，章帝建初四年（79）徙封爲魯陽鄉侯，陵陽侯國除。獻帝建安二十四年（219），孫權封周泰爲陵陽侯。

［10］【劉昭注】《左傳》襄三年楚子伐吴，尅鳩兹，杜預曰在縣之東。【今注】蕪湖：縣名。治所在今安徽蕪湖市東。光武帝

建武年間，徙封昆陽侯傅昌（傅俊之子）爲蕪湖侯。本書卷二二《傅俊傳》載傅昌“建初中，遭母憂，因上書，以國貧不願之封，乞錢五十萬，爲關内侯。肅宗怒，貶爲關内侯，竟不賜錢”，則蕪湖侯國除於章帝建初年間。章帝章和元年（87），齊王劉晃因罪被貶爲蕪湖侯。傳國至其子劉無忌，和帝永元二年（90）復爲齊王，蕪湖侯國復爲縣。　中江：漢代長江下游支流。歷史時期長江下游有北、中、南三江，北江從會稽郡毗陵縣（今江蘇常州市）北入海；中江從會稽陽羨縣（今江蘇宜興市西南）入海；南江從會稽郡吴縣（今浙江杭州市）南入海。

［11］【劉昭注】其地本名金陵，秦始皇改。建安十六年，孫權改曰建業。十七年，城石頭。【今注】秣陵：縣名。治所在今江蘇南京市江寧區。東漢末孫權改稱建業。案，改名時間，《三國志》卷四七《吴書·吴主傳》記爲“（建安）十六年，權徙治秣陵。明年，城石頭，改秣陵爲建業”，與劉昭注繫於建安十六年（211）稍異。

［12］【今注】牛渚：山名。又稱牛渚圻，即今安徽馬鞍山市西南長江邊采石磯。山石突入長江，爲江防要津。

［13］【今注】湖熟：縣名。治所在今江蘇南京市江寧區東南。侯國置除情形不詳。《漢書·地理志》作“胡孰”。

［14］【今注】句容：縣名。治所在今江蘇句容市。

［15］【今注】江乘：縣名。治所在今江蘇句容市北。

［16］【今注】春穀：縣名。治所在今安徽蕪湖市繁昌區西北。

［17］【今注】石城：縣名。治所在今安徽馬鞍山市東。東漢光武帝建武三十年（54），徙封山桑侯王廣（王常之子）爲石城侯。明帝永平十四年（71），爲楚王英謀反事所牽連，國除。安帝元初六年（119）刑徒葬磚銘文有“丹陽石成髡鉗吴捐”（中國科學院考古研究所洛陽工作隊：《東漢洛陽城南郊的刑徒墓地》，《考古》1972 年第 4 期），“石成”即“石城”。

廬江郡。文帝分淮南置。建武十年省六安國，以其縣屬。雒陽東一千七百里。[1]十四城，户十萬一千三百九十二，口四十二萬四千六百八十三。

[1]【今注】廬江郡：治舒縣（今安徽廬江縣西南）。東漢章帝元和二年（85），改廬江郡爲六安國，徙江陵王劉恭爲六安王。章和二年，劉恭徙爲彭城王，六安國復爲六安郡。　文帝分淮南置：嶽麓秦簡、里耶秦簡中均有“廬江”地名，推斷秦始皇三十五年（前212）之前即已置郡。楚漢之際屬英布九江國。西漢高祖五年（前202）改封九江王英布爲淮南王。其後英布叛亂身死，高祖十一年，漢封皇子劉長爲淮南王，轄九江、衡山、廬江、豫章四郡之地。文帝七年（前173），劉長謀反，淮南國除，廬江等四郡歸漢。　建武十年省六安國：西漢有六安國，新莽時廢除爲六安郡。東漢光武帝建武十三年（37），光武帝省併“西京十國”，六安爲十國之一，但史書有東漢初六安郡太守、六安郡丞記録而無封王信息，故推斷當時已經改國爲郡，衹是還在沿用西漢舊名（詳參錢大昭《後漢書辨疑》“因拜爲六安太守”條、錢大昕《三史拾遺》卷四《後漢書·桓譚傳》“出爲六安郡丞”條）。十年，中華本改作“十三年”。

舒。有桐鄉。[1]**雩婁**。侯國。[2]**尋陽**。[3]南有九江，東合爲大江。[4]**灊**。[5]**臨湖**。侯國。[6]**龍舒**。侯國。[7]**襄安**。[8]**皖**。有鐵。[9]**居巢**。侯國。[10]**六安**。國。[11]**蓼**。侯國。[12]**安豐**。有大别山。[13]**陽泉**。侯國。[14]**安風**。侯國。[15]

[1]【劉昭注】古桐國。《左傳》昭五年吴敗楚鵲岸，杜預曰

縣有鵲尾渚。【今注】舒：縣名。治所在今安徽廬江縣西南。東漢章帝元和四年（87）刑徒磚銘文有“六安舒鬼薪犁錯”〔胡海帆、湯燕編著：《中國古代磚刻銘文集（下）》，第5頁〕 桐鄉：在今安徽桐城市北。西漢循吏朱邑曾任舒縣桐鄉嗇夫（詳《漢書》卷八九《循吏傳》）。

［2］【今注】雩（yú）婁：縣名。治所在今河南固始縣東南。秦代即已置縣。秦封泥有“虖婁丞印”，虖婁即雩婁。侯國置除情形不詳。

［3］【劉昭注】有置馬亭，劉勳士衆散處。【今注】尋陽：縣名。治所在今湖北武穴市東北。東漢安帝元初六年（119）刑徒葬磚銘文有“廬江尋陽髡鉗張午”（中國科學院考古研究所洛陽工作隊：《東漢洛陽城南郊的刑徒墓地》，《考古》1972年第4期）。

［4］【劉昭注】《釋慧遠廬山記略》曰：“山在尋陽南，南濱宫亭湖，北對小江，山去小江三十餘里。有匡俗先生者，出殷周之際，隱遯潛居其下，受道於仙人而共嶺，時謂所止爲仙人之廬而命焉。其山大嶺凡七重，圓基，周迴垂五百里（大德本‘垂’字下有‘三’字）。其南嶺臨宫亭湖，下有神廟。七嶺會同，莫升之者。東南有香爐山，其上氛氳若香煙。西南中石門前有雙闕，壁立千餘仞，而瀑布流焉。其中鳥獸草木之美，靈藥芳林之奇，所稱名代。”《豫章舊志》：“匡俗字君平，夏禹之苗裔也。”【今注】九江：長江東流至尋陽一帶，分爲衆多支流。“九”，極言其多，並非特指。 大江：長江。

［5］【劉昭注】《左傳》曰昭三十一年“吴人侵楚伐夷，侵潛、六，楚沈尹戌帥師救潛”是也（三，殿本作“二”）。潛有天柱山。【今注】潛：縣名。治所在今安徽霍山縣東北。《漢書·地理志》作“灊”。

［6］【今注】臨湖：縣名。治所在今安徽無爲市西南臨湖圩。東漢安帝建光元年（121），樂成王劉萇有罪，廢爲臨湖侯，國除時

間不限，或順帝時尚存，故本志作“臨湖侯國”。

［7］【今注】龍舒：縣名。治所在今安徽舒城縣西南。東漢明帝永平元年（58），封楚王劉英舅父之子許昌爲龍舒侯。

［8］【今注】襄安：縣名。治所在今安徽無爲市西南。

［9］【今注】晥：縣名。治所在今安徽潛山市。《漢書·地理志》作“皖”。李慈銘《後漢書札記》卷七以爲“晥”字爲是。

［10］【劉昭注】《皇覽》曰：“范增冢在郭東。又庭中亞父井，吏民皆祭亞父於居巢庭上，長吏初親事（親，殿本作‘視’），皆祭而後從政，後更造祠於東。”《廣志》曰有二大湖。【今注】居巢：縣名。治所在今安徽桐城市南。東漢明帝永平元年（58），杼秋侯劉般徙封爲居巢侯。據本書卷三九《劉般傳》記載，劉般卒於章帝建初三年（78），其子劉憲、其孫劉子重相繼嗣爵，本志謂“居巢侯國”，當即劉氏侯國。

［11］【劉昭注】《皇覽》曰皋陶冢在縣。【今注】六安國：六安，縣名。治所在今安徽六安市東北。國，陳景雲《兩漢訂誤》卷四以爲當作“侯國”，“國”上脱“侯”字。東漢和帝永元四年（92）刑徒葬磚銘文有“無任廬江六安髡鉗□□”〔胡海帆、湯燕編著：《中國古代磚刻銘文集（下）》，第13頁〕。

［12］【今注】蓼（liǎo）：縣名。治所在今河南固始縣北。侯國置除情形不詳。

［13］【劉昭注】《左傳》昭二十三年吴敗諸侯之師于雞父，杜預曰縣南有雞備亭。【今注】安豐：縣名。治所在今河南固始縣東南。東漢光武帝建武八年（32），以安豐、陽泉、蓼、安風四縣封竇融爲安豐侯，明帝永平五年（62），竇融死，是否傳國於其子竇穆，史書語焉不詳。後竇穆死於獄中，永平十四年，封竇穆之子竇嘉爲安豐侯，食邑二千户。和帝永元四年（92），竇嘉爲竇憲謀叛之事牽連，免少府之職，回其封國。竇嘉卒後，其子竇萬全嗣爵。竇萬全卒，其子竇會宗嗣。本志謂“安豐侯國”，當即竇氏

侯國。

［14］【劉昭注】《廣志》曰有陽泉湖。【今注】陽泉：縣名。治所在今安徽霍邱縣西北。侯國置除情形，史書闕如。《賈武仲妻馬姜墓記》記伏波將軍馬援之女馬姜嫁左將軍賈復第五子賈武仲，生育四女，其中第四女嫁於“陽泉侯劉氏”〔高文：《漢碑集釋》（修訂本），河南大學出版社 1997 年版，第 20—21 頁〕。劉氏或爲宗室子弟，具體不詳。按馬氏卒於殤帝延平元年（106），其時陽泉侯國或仍在。

［15］【今注】安風：縣名。治所在今安徽霍邱縣西南。侯國置除情形不詳。

會稽郡。秦置。本治吴，立郡吴，乃移山陰。雒陽東三千八百里。[1]十四城，户十二萬三千九十，口四十八萬一千一百九十六。

［1］【今注】會稽郡：治山陰縣（今浙江紹興市越城區）。秦置：《史記》卷六《秦始皇本紀》記載：“二十五年，王翦遂定江南地，降越君，置會稽郡。”秦置會稽郡時間在秦王政二十五年（前 222）。　本治吴立郡吴乃移山陰：秦及西漢會稽郡治吴縣（今江蘇蘇州市）。漢初屬韓信楚國，高祖六年（前 201）屬劉賈荆國。高祖十一年荆王劉賈爲淮南王英布叛軍所殺。次年，以荆國地更置吴國，立沛侯劉濞爲吴王，會稽郡屬吴國。景帝三年（前 154）七國之亂，吴爲首謀，事敗國除，其地入爲漢郡。其後復以吴之東陽郡、鄣郡置江都國，徙汝南王劉非爲江都王，會稽郡仍爲漢郡。東漢順帝永建四年（129），分郡境北部十餘縣置吴郡，治吴縣，會稽郡治遂南移至山陰縣。

山陰。[1]會稽山在南，上有禹冢。[2]有浙江。[3]

鄮。[4]**烏傷**。[5]**諸暨**。[6]**餘暨**。[7]**太末**。[8]**上虞**。[9]**剡**。[10]**餘姚**。[11]**句章**。[12]**鄞**。[13]**章安**。故治，閩越地，光武更名。[14]**永寧**。[15]永和三年以章安縣東甌鄉爲縣。**東部侯國**。[16]

[1]【劉昭注】《越絶》曰："句踐小城山陰是也（是，殿本作'城'）。稷山者（者，殿本作'有'），句踐濟戎臺（濟戎，殿本作'齋戒'）。"《吴越春秋》曰："句踐築城已成，怪山自至。怪山者，琅邪海中山也（邪，紹興本作'耶'）。一夕自來，故名怪山。"【今注】山陰：縣名。治所在今浙江紹興市越城區。東漢獻帝建安二十一年（216），孫權封安東將軍賀齊爲山陰侯。

[2]【劉昭注】《山海經》曰："會稽之山四方，上多金玉，下多瑛石（瑛，覆刻殿本作'玦'）。"郭璞曰有禹井。《越絶》曰有重山，句踐葬大夫種。【今注】會稽山：位於今浙江境内紹興、嵊縣、諸暨、東陽等地。秦漢時期的會稽山，多指今紹興市東南之山體。　禹冢：在今浙江紹興市東南會稽山麓。相傳爲大禹葬地，南朝梁時修建禹陵。《史記》卷二《夏本紀》："或言禹會諸侯江南，計功而崩，因葬焉，命曰會稽。"《正義》引《括地志》云："禹陵在越州會稽縣南十三里，廟在縣東南十一里。"

[3]【劉昭注】郭璞注《山海經》曰江出歙縣玉山。【今注】浙江：又稱漸江水，即今錢塘江。源出今安徽與江西交界處的懷玉山，東北流經今安徽屯溪、歙縣，浙江淳安、建德、桐廬、富陽，至杭州市東入海。

[4]【今注】鄮（mào）：縣名。治所在今浙江寧波市東。

[5]【劉昭注】《越絶》曰："有常山，古聖所采藥，高且神。"《英雄交争記》曰："初平三年，分縣南鄉爲長山縣。"【今注】烏傷：縣名。治所在今浙江義烏市。

[6]【劉昭注】《越絶》曰，興平二年分立吴寧縣。【今注】

諸暨：縣名。治所在今浙江諸暨市。

［7］【劉昭注】《越絶》曰西施之所出。《謝承書》有涉屋山（屋，大德本、殿本作“皇”）。《魏都賦》注有蕭山，潘水出焉（潘，大德本、殿本作“潛”）。【今注】餘暨：縣名。治所在今浙江杭州市蕭山區。

［8］【劉昭注】《左傳》謂姑蔑。初平三年，分立新安縣。建安四年，孫氏分立豐安縣。二十三年，立遂昌縣。《東陽記》：“縣龍丘山有九石，特秀林表，色丹白，遠望盡如蓮花。龍丘長隱居於此，因以爲名。其峰際復有巖穴，外如牕牖，中有石林。巖前有一桃樹，其實甚甘，非山中自有，莫知誰植。”【今注】太末：縣名。治所在今浙江衢州市東北。《漢書·地理志》作“大末”。

［9］【劉昭注】漢末分南鄉立始寧縣。【今注】上虞：縣名。治所在今浙江紹興市上虞區。

［10］【今注】剡：縣名。治所在今浙江嵊州市西南。

［11］【今注】餘姚：縣名。治所在今浙江餘姚市。

［12］【劉昭注】《山海經》曰：“餘句之山，無草木，多金玉。”郭璞曰：“山在餘姚南（餘，大德本作‘于’），句章北，故二縣因以爲名。”句踐欲遷吴王於甬東（甬，大德本作“涌”），韋昭曰縣東洲。【今注】句章：縣名。治所在今浙江餘姚市東南。

［13］【今注】鄞：縣名。治所在今浙江寧波市鄞州區東南。

［14］【劉昭注】《晉元康記》曰本鄞縣南之迴浦鄉（錢大昕《廿二史考異》卷一四《續漢書二》以爲“元康”當作“太康”），章帝章和元年立。未詳。【今注】章安：縣名。治所在今浙江臨海市東南。劉昭注以爲章帝章和元年（87）立鄞縣南境之回浦鄉爲章安縣。然《漢書·地理志》會稽郡有回浦縣，與《晉太康記》所言矛盾，錢大昕《廿二史考異·續漢書二》推斷以爲，西漢回浦縣在東漢初曾省入鄞縣爲回浦縣，至此又由鄉升級爲縣。

案，治，殿本作“冶”，底本誤，應據殿本改。

［15］【今注】永寧：縣名。治所在今浙江温州市鹿城區。東漢順帝永和三年（138），以章安縣之東甌鄉置永寧縣。據《宋書·州郡志》，分東甌鄉置永寧縣的時間，一説在順帝永建四年（129）。

［16］【今注】東部侯國：楊守敬《三國郡縣表補正》以爲當作“侯官”。侯官，又作“候官”。西漢邊郡設置若干部都尉，負責本轄區内的軍事守備事務，長官稱都尉，秩比二千石。都尉下轄若干“鄣”（或稱“候官”），長官稱“候”或“鄣候”，秩六百石。都尉治所所在的候官，往往較爲重要。如《漢書·地理志》記載，敦煌郡敦煌縣境内有步廣候官，爲敦煌郡中部都尉治所。或以爲“侯官”實應爲“候官”，其性質與西北張掖屬國及上郡中之候官相同，《續漢志》會稽郡下脱“候官”一城，加上此城，則會稽郡所領十四城之數當相應調整爲十五城，惟候官確址不詳〔參見周振鶴、李曉傑、張莉《中國行政區劃通史·秦漢卷（下）》，第998頁〕。案，“章安故冶閩越地光武更名永寧永和三年以章安縣東甌鄉爲縣東部侯國”，文字錯亂，令人費解。清人楊守敬《三國郡縣表補正》訂正爲：“章安。東冶，故冶，閩越地，光武更名。永寧，永和三年以章安縣東甌鄉爲縣。侯官。”東冶，縣名。治所在今福建福州市鼓樓區。《漢書·地理志》作“冶”。

吴郡。順帝分會稽置。雒陽東三千二百里。[1] 十三城，户十六萬四千一百六十四，口七十萬七百八十二。

［1］【今注】吴郡：治吴縣（今江蘇蘇州市姑蘇區）。東漢前期屬會稽郡，至順帝永建四年（129），分會稽郡浙江水以北諸縣立吴郡。

吴。本國。[1] 震澤在西，後名具區澤。[2] **海鹽**。[3]

烏程。[4]**餘杭**。[5]**毗陵**。季札所居。北江在北。[6]**丹徒**。[7]**曲阿**。[8]**由拳**。[9]**安**。[10]**富春**。[11]**陽羨**。邑。[12]**無錫**。侯國。[13]**婁**。[14]

［1］【劉昭注】《越絶》曰："吴大城，闔閭所造，周四十七里二百一十步二尺（四，大德本作'回'）。又有伍子胥城，居巢城。昌門外闔閭冢虎丘（昌，殿本作'閶'）。穹隆，赤松子所取赤石脂也，去縣二十里。有鹿湖（鹿，殿本作'麋'），欐谿城（欐，大德本作'麗'）。又石城，闔閭置美山（惠棟《後漢書補注》以爲'美山'當作'美人山'）。虞山，巫咸山。"《皇覽》曰："縣東門外孫武冢。又要離冢，縣西南。"【今注】吴：縣名。治所在今江蘇蘇州市姑蘇區。東漢獻帝建安二年（197），封孫策爲吴侯。安帝元初六年（119）刑徒葬磚銘文有"會稽吴髡鉗周恩"〔胡海帆、湯燕編著：《中國古代磚刻銘文集（下）》，第30頁〕，當時吴縣屬會稽郡。　本國：此指吴國，西周封國，姬姓。始祖是周太王之子太伯、仲雍。初都蕃離（一作梅里，今江蘇無錫市東南），後都於吴（今江蘇蘇州市）。春秋後期，破楚勝越，國力强盛。公元前473年爲越國所滅。

［2］【劉昭注】《爾雅》十藪，吴越之間有具區，郭璞曰縣南太湖也。中有包山（包，大德本、殿本作"句"），山下有洞庭，穴道潛行水底，去無所不通，號爲地脈。《越絶書》曰"湖周三萬六千頃"。又有大雷山，小雷山，周處《風土記》曰舜漁澤之所。臣昭案：此僻在成陽是也。又吴伐越，敗之夫椒，杜預曰太湖中椒山是也。【今注】震澤：又名笠澤、具區澤，即今江蘇太湖。

［3］【劉昭注】案今計偕簿，縣之故治，順帝時陷而爲湖，今謂爲當湖。大旱湖竭，城郭之處可識（郭，大德本作"廓"）。【今注】海鹽：縣名。治所在今浙江平湖市東。

［4］【劉昭注】《左傳》襄三年楚伐吴至於衡山（至，大德本

作“王”），杜預曰在縣南。或云丹陽縣之横山（縣，大德本作“又”），去鳩兹不遠，子重所至也。《吴興記》曰：“縣西北其山有項籍祠。興平二年，太守許貢奏分縣爲永縣。”【今注】烏程：縣名。治所在今浙江湖州市西南。靈帝中平末，封孫堅爲烏程侯。

［5］【劉昭注】顧夷曰：“秦始皇至會稽經此（曰秦，底本無，今據諸本補。此，底本作‘比’，今據諸本改），立爲縣（立，底本作‘丘’，今據諸本改）。”《史記》曰，始皇臨浙江，水波惡，乃西百二十里（百，大德本、殿本作“北”），從狹中渡（渡，大德本作“度”）。徐廣曰餘杭也。臣昭案：始皇所過乃在錢塘、富春，豈近餘杭之界乎？【今注】餘杭：縣名。治所在今浙江杭州市餘杭區西南。

［6］【劉昭注】《越絶》曰：“縣南城，在荒地（在荒，殿本作‘古淹’）。上湖中冢者，季子冢也。名延陵墟。”《皇覽》曰暨陽鄉。【今注】毗陵：縣名。治所在今江蘇常州市。　季札：春秋時吴國王子，曾封於延陵，人稱延陵季子。漢於延陵置縣，改稱毗陵。　北江：長江下游入海“三江”之一，在毗陵縣（今江蘇常州市）北東入海。

［7］【劉昭注】《春秋》曰朱方。【今注】丹徒：縣名。治所在今江蘇鎮江市丹徒區東。

［8］【今注】曲阿：縣名。治所在今江蘇丹陽市。

［9］【劉昭注】《左傳》曰越敗吴於檇李，杜預曰縣南醉李城也。干寶《搜神記》曰（干，底本作“于”，今據紹興本、殿本改）：“秦始皇東巡，望氣者云‘五百年後，江東有天子氣’。始皇至，令囚徒十萬人掘汙其地，表以惡名，故改之曰由拳縣。”【今注】由拳：縣名。治所在今浙江嘉興市南。東漢刑徒葬磚銘文有“吴郡由拳髠鉗陳宗”〔胡海帆、湯燕編著：《中國古代磚刻銘文集（下）》，第61頁〕。

［10］【劉昭注】《越絶》曰：“有西岑冢，越王孫開所立，以

備春申君，使其子守之，子死遂葬城中。”【今注】安：王先謙《後漢書集解》引錢大昕説，以爲當爲“婁”字之訛，“婁”脱其上半而成“安”，校者不能是正，疑有脱漏，又增“婁”於“無錫”後，並改“十二城”爲“十三”。李慈銘《後漢書札記》卷七以錢説爲是，但以爲“十三城”中當有“錢塘”。曹金華《後漢書稽疑》以爲“安”或即後來的“東安縣”或“東安郡”，故本志有安縣，有婁縣，並謂吴郡“十三城”，其或不誤。

［11］【今注】富春：縣名。治所在今浙江杭州市富陽區。

［12］【劉昭注】郭璞曰：“縣有張公山，洞密有二堂。”【今注】陽羡：縣名。治所在今江蘇宜興市西南。本志作“邑”，置除情形不詳。《三國志》卷四七《吴書·吴主傳》記載，孫策“既定諸郡，時權年十五，以爲陽羡長”，據此知獻帝建安年間陽羡已不再是邑。

［13］【劉昭注】《史記》曰：“春申君城故吴墟，以自爲都邑。”城在無錫。《皇覽》曰：“吴王太伯冢在吴縣北梅里聚，去城十里。太伯始所居地名句吴。”臣昭案：無錫縣東皇山有太伯冢，民世修敬焉。去墓十里有舊宅、井猶存。臣昭以爲即宅爲置廟，不如《皇覽》所説也。《越絶》曰：“縣西龍尾陵道，春申君初封吴所造。”臣昭案：今見在，自是山名，非築陵道。【今注】無錫：縣名。治所在今江蘇無錫市。據《東觀漢記》卷二《顯宗孝明皇帝》，明帝永平元年（58），封外戚陰盛爲無錫侯。本志作“無錫侯國”，或即陰氏侯國。

［14］【今注】婁：縣名。治所在今江蘇昆山市北。

豫章郡。高帝置。雒陽南二千七百里。二十一城，户四十萬六千四百九十六，口百六十六萬八千九百六。[1]

［1］【劉昭注】《豫章記》曰：“新吴、上蔡、永脩縣，並中

平立（惠棟《後漢書補注》以爲當作‘並中平中立’，諸本於‘立’上脱‘中’字）。豫章縣，建安立。上蔡民分徙此地，立名上蔡。”【今注】豫章郡：治南昌縣（今江西南昌市東湖區）。　高帝置：其地秦時屬廬江郡。楚漢之際屬英布九江國。漢初分廬江郡置豫章郡，先後屬英布淮南國、劉長淮南國。文帝七年（前173）淮南國除，豫章入爲漢郡。

南昌。[1]**建城**。[2]**新淦**。[3]**宜春**。[4]**廬陵**。[5]**贛**。有豫章水。[6]**雩都**。[7]**南野**。[8]有臺領山。[9]**南城**。[10]**鄱陽**。有鄱水。黄金采。[11]**歷陵**。[12]有傅易山。[13]**餘汗**。[14]**鄡陽**。[15]**彭澤**。[16]彭蠡澤在西。[17]**柴桑**。[18]**艾**。[19]**海昏**。侯國。[20]**平都**。侯國。[21]故安平。[22]**石陽**。[23]**臨汝**。[24]永元八年置。**建昌**。[25]永元十六年分海昏置。

[1]【劉昭注】《豫章記》曰：“江、淮唯此縣及吴、臨湘三縣是令（令，殿本作‘也’）。”【今注】南昌：縣名。治所在今江西南昌市東湖區。東漢建安二十四年（219）十二月，丞相曹操上表封孫權爲驃騎將軍，假節領荆州牧，封南昌侯。

[2]【劉昭注】此地立名上蔡者（陳景雲《兩漢訂誤》卷四疑此七字爲衍）。《豫章記》曰：“縣有葛鄉，有石炭二頃，可燃以爨。”【今注】建城：縣名。治所在今江西高安市。《漢書·地理志》作“建成”。

[3]【今注】新淦：縣名。治所在今江西樟樹市。

[4]【今注】宜春：縣名。治所在今江西宜春市袁州區。東漢章帝永元元年（89）刑徒葬磚銘文有“豫章宜春完城旦梁東”〔胡海帆、湯燕編著：《中國古代磚刻銘文集（下）》，第9頁〕。

［5］【劉昭注】興平元年，孫策分立廬陵郡。【今注】廬陵：縣名。治所在今江西泰和縣西北。

［6］【今注】贛：縣名。治所在今江西贛州市西。　豫章水：即今江西贛江。

［7］【今注】雩（yú）都：縣名。治所在今江西于都縣北。漢封泥有“虖都之印”，“虖都”即“雩都”。楊樹達《漢書窺管》以爲，“封泥作虖者是，志文作雩者，音近誤字也”（科學出版社1955年版，第151頁）。

［8］【今注】南野：縣名。治所在今江西贛州市南康區西南。

［9］【今注】臺領山：山名。又稱臺嶺、梅嶺、大庾嶺，在今江西大余縣與廣東南雄市之間，是出入嶺南的交通要隘。爲“五嶺”之一。“領”同“嶺”。

［10］【今注】南城：縣名。治所在今江西南城縣東南。

［11］【劉昭注】建安十五年，孫權分立鄱陽郡，治縣。【今注】鄱陽：縣名。治所在今江西鄱陽縣東。　鄱水：即今江西鄱陽縣南鄱江。　黄金采：東漢朝廷設置在鄱陽縣的專門機構，主要負責黄金開采冶鑄，與鹽官、鐵官、銅官相類。漢代豫章郡特别是鄱陽縣盛産黄金。《史記》卷一二九《貨殖列傳》載“豫章出黄金”，《集解》徐廣曰：“鄱陽有之。”《正義》引《括地志》云：“江州潯陽縣有黄金山，山出金。”《漢書·地理志》豫章郡“鄱陽”下本注曰：“武陽鄉右十餘里有黄金采。”

［12］【今注】歷陵：縣名。治所在今江西德安縣東北。

［13］【今注】傅昜山：又作傅陽山、博陽山。在今江西德安縣西北。李慈銘《後漢書札記》卷七以爲即今之廬山。昜，古“陽”字。

［14］【今注】餘汗（gàn）：縣名。治所在今江西餘干縣。

［15］【今注】鄡（qiāo）陽：縣名。治所在今江西鄱陽縣西北鄱陽湖中。

［16］【今注】彭澤：縣名。治所在今江西湖口縣東。

［17］【今注】彭蠡澤：湖澤名。古彭蠡澤在今湖北黄梅縣、安徽宿州市以南、望江縣西境長江北岸尤感湖、大官湖、泊湖一帶。後人以長江以南的鄱陽湖爲彭蠡澤。

［18］【今注】柴桑：縣名。治所在今江西九江市南。

［19］【劉昭注】《左傳》哀二十年吴公子慶忌所居。【今注】艾：縣名。治所在今江西修水縣。

［20］【劉昭注】在昌邑城。《豫章記》曰："城東十三里，縣列江邊，名慨口，出豫章大江之口也。昌邑王每乘流東望，輒憤慨而還，故謂之慨口。"【今注】海昏：縣名。治所在今江西南昌市。西漢宣帝元康三年（前63）封故昌邑王、廢帝劉賀爲海昏侯，宣帝神爵三年（前59）國除。元帝初元三年（前46）紹封劉賀子劉代宗爲海昏侯。新莽時廢絶，東漢時復爵。《漢書》卷六三《武五子傳》記載劉代宗爲海昏侯之後，"傳子至孫，今見爲侯"，意謂班固父子撰寫《漢書》時，海昏侯國尚存。宋洪适《隸釋》卷一七《吉成侯州輔碑》碑主州輔卒於東漢桓帝永壽二年（156）十二月，碑陰題名有"故海昏侯相謝泉"。本志謂"海昏侯國"，或即劉氏侯國。據考古發現，海昏侯墓地在今江西南昌市新建區大塘坪鄉觀西村，侯國都城在今南昌市新建區鐵河鄉紫金城遺址，海昏縣治亦當在其附近。

［21］【今注】平都：縣名。治所在今江西安福縣東南。宋洪适《隸釋》卷六《平都相蔣君碑》碑主曾任"平都侯相"，東漢桓帝元嘉二年（152）卒於任上，知當時平都尚爲侯國。東漢刑徒葬磚銘文有"豫章平都髡鉗李英"〔胡海帆、湯燕編著：《中國古代磚刻銘文集（下）》，第61頁〕。

［22］【今注】故安平：西漢有安平侯國，東漢沿用"安平"縣名，後改爲平都。

［23］【今注】石陽：縣名。治所在今江西吉水縣西北。《漢

書·地理志》不見此縣名。據《水經注·贛水》，東漢和帝永元九年（97）分廬陵縣之地立石陽縣。

［24］【今注】臨汝：縣名。治所在今江西撫州市臨川區西南。《漢書·地理志》不見此縣名。東漢和帝永元八年（96）設置。

［25］【今注】建昌：縣名。《漢書·地理志》不見此縣名。東漢和帝永元十六年（104）分海昏縣之地立建昌縣。《太平寰宇記》卷一一二《江南西道·南康軍》建昌縣下引雷次宗《豫章記》曰："後漢永元中分海昏立建昌縣，以其户口昌盛，因以爲名。又中分海昏、建昌立新吴、永修二縣。建安中又分立西安縣。"

右揚州刺史部，郡六，縣、邑、侯國九十二。